법은
고치라고 있다

법은
고치라고 있다
-新경세유표-

강효백 지음

나의 문학은 외로움이고 사학은 그리움이다.
철학은 새로움이고 미학은 서러움이다.
전공인 법학은 올바름에 대한 사무침이다.

학문은 세상의 모든 마침표를 물음표로 바꾸는 데서 시작한다.

머리말

대한민국은 '촛불'이라는 세계에서 가장 평화로운 혁명의 역사를 썼다. 무능하고 부패한 지도자를 권좌에서 끌어내린 과정을 전 세계가 부러운 눈으로 지켜봤다. 프랑스혁명보다 훨씬 세련되고 아름답게 국민이 이 나라의 주인임을 여실히 보여준 것이다. 우리의 자존감과 자신감은 높아졌고, 그래도 정의는 반드시 이긴다는 교훈을 이 땅의 아이들에게 가르칠 수 있다는 희망이 움트는 듯했다. 하지만 혁명의 완성의 길은 멀고도 험하다는 것을 실감하고 있는 요즘이다. 적폐의 뿌리가 우리가 상상했던 것보다 훨씬 깊고 넓게 자리하고 있음을 뼈저리게 느끼고 있다.

민자권입법(民自權立法): 백성이 스스로 법을 만들어 따른다. -정약용, 『신포의(身布議)』

법이란 본래 백성의 뜻에 따라야 한다. 악법이 백성의 삶을 현저히 괴롭힐 경우, 백성은 스스로 법을 고치거나 만들어 쓸 수 있다는 혁명적 입법론이다.

필자가 200년 전 다산 정약용의 말을 오늘날 다시금 꺼내 든 이유다. 1817년 다산은 『경세유표(經世遺表)』를 통해 행정기구의 개편을 비롯해 관제·토지제도·조세제도 등 모든 제도개혁의 원리를 제시했다. "털 하나 머리카락 하나 병들지 않은 게 없다. 지금 개혁하지 않으면 반드시 나라가 망할 것이다(今不改 必亡國)." 서문에서 그가 말했듯이 우리가 촛불을 들지 않았다면 필시 나라가 망했을 것이다. 촛불로 세상을 바꿨듯이 '법이 그러니 어쩔 수 없다'는 체념과 자조 섞인 말을 이제 쓰지 말기로 하자. 국민은 깨어났고 세상은 하루가 다르게 변하는데 낡고 썩은 법과 제도를 그대로 두는 것은 말이 안 된다. 더 이상 속지 말자. "악법도 법이다"라고 소크라테스가 말했는가 여부는 하나도 중요하지 않다. 극소수법만 악법이고 대다수 법은 좋은 법이니 대중들은 무조건 따르라는 교활한 지배자들이 던진 궤변에 더 이상 속지 말자.

야간주거침입 절도범은 10년 이하 징역의 실형을 살아야 하나 천인공노할 강제추행범은 1500만원 이하의 벌금만 물면 그만인 식인 악법들이 현행 2018년 대한민국 법전에 수두룩하다.

사실 "악법도 법인가?" 화두는 "살인마도 사람인가?"와 같다. 현답이 나올 수 없는 우문이다.

존재와 가치를 혼동시킨 관념유희 프레임이다. "살인마도 사람이되(존재), 사람답지 않은 사람이다(가치)." "악법도 법이되(존재), 법답지 않은 법이다(가치)." 우리에게 필요한 건 악법적 요소를 제거해 나가는 개선 의지와 그 실천이다.

법은 지키라고 있지만 고치라고도 있다. 법은 절대불변의 수학 공식이 아니다. 무조건 암기 해석하고 적용하라고만 있는 게 아니다. '물(氵)이 흘러가듯(去)' 法은 사회발전에 보조를 맞추어 끊임없이 개선해가라고 있는 것이다.

법이 귀에 걸면 귀걸이 코에 걸면 코걸이거나 형평성을 잃으면 그건 이미 법이 아니다. 법이라는 신비화된 이름으로 지배집단이 피지배집단에 가하는 폭력일 뿐이다.

언어가 의식을 지배한다. 법은 사회라는 경기장에서의 룰이다. 법은 누구나 알기 쉬워야 한다. 법이 어렵게 느껴지는 원흉은 일본식 한자어를 한글로 직역한 법률용어 때문이다. 강산이 7번이나 바뀌는 세월이 흘렀으나 일본식 법률용어는 의구하다. 일례로 법률이나 제도, 시스템이나 규칙을 만들 경우 '제정'이라는 용어 대신 시대착오적 용어인 '도입'이라는 서술어를 쓴다. 이는 하루빨리 '제정'으로 바로잡아야 한다. 본래 일본이 19세기 후반 메이지 유신 이후, '탈아입구(脫亞入歐)' 즉 아시아로부터 탈출한다는 명목으로 유럽의 모든 과학기술과 자금, 문물과 법제를 '도입'하려 했을 당시에나 쓰던 케케묵은 용어다. 설령 그 법제가 외국으로부터 도입된 것이라도, 세계 10위권 내의 신흥강국 대한민국의 위상과 실정에 맞게 창조적으로 제정·시행하여야 할 것 아닌가.

법조문의 암기 해석에 몰입하는 해석법학이 '악법도 법이다'의 핏물로 가득 찬 레드오션이라면 미래의 비전과 플랜을 법제화하는 입법학은 '좋은 법 만들기'라는 광범위하고 깊은 잠재력을 지닌 참신한 블루오션이다. 진정한 법학이란 이공계의 발명품이나 예술계의 창작품처럼 '세상을 고르고 밝게 하는 좋은 법 만들기' 하는 학문이다.

진정 세상을 바꾸고 싶은가? 그러면 먼저 제도를 바꿔라. 제도를 개혁하면 의식도 개혁된다. 먼저 의식을 개혁한, 즉 깨어난 소수의 엘리트가 오늘보다 나은 내일을 위해 '제도를 개혁'하면 민중들의 의식도 자연스레 개혁된다.

그러나 사회과학만으로 세상을 변혁시키기는 어렵다. 인류사회는 인간 심성의 심오하고 원대한 문학·사학·철학·미학 등 다양한 인문학적 고뇌의 결정물을 제도화하여 실천하는 의지와 함께 발전한다.

니체는 『짜라투스트라는 이렇게 말했다』에서 이렇게 말했다. "민족을 창조해내고 그 민족에게 신앙과 사랑을 제시한 자는 국가가 아니다. 창조하는 자, 즉 초인(Übermensch)에 가장 근접한 자, 그의 이름은 입법가이다."

칼 대신 필을 쥔 문협(文俠)을 지향하는 사회과학도의 한 사람으로서 필자는 니체가 갈파한 '입법가'를 이렇게 정의하고자 한다. 기존의 모든 법제를 끊임없는 의문과 준열한 비판정신으로 끊임없이 담금질하여 새로운 사회의 룰(법)과 시스템(제도)을 창조, 즉 법제를 개혁하는 자.

조선시대 대표 실학자이자 제도개혁가인 정약용이 경세치용 실사구시의 정신으로 꾸준히 그런 삶을 관철해 온 것처럼, 이런 사고에 기반에 필자는 그동안 사회이슈로 대두되어온 여러 주제의 골을 파고 북돋우어 탈고와 기고를 거듭해왔다. 이 책은 지난 25년간 칼럼과 인터뷰, 강의록과 강의 카페, 국회회의록, 강의참관기와 SNS, 저술과 논문 중에서 손이 가는 대로 골라 정리한 문선이다. 대개는 당시의 시간성을 살려 원문 그대로 실었지만 변화된 내용은 일부 수정했다. 그동안 써온 글들을 일일이 정리하다 보니 주마등처럼 스치는 과정과 결과가 떠올라 감회가 새롭기도 하다. 때로는 내용전달에만 치중하여 표현력이 떨어지는 부분도 눈에 띄는 것은 사실이나 실체적 진실 추구와 제도개혁을 위한 시대적 소명의식은 단 한 번도 저버린 적이 없다.

나에게 생명을 준 부모님과 그 생명을 보람차게 해준 스승님들께 감사드린다. 그리고 "아무개는 그의 스승 강아무개보다 백배 훌륭하다." 후일 이런 평가를 받을 나의 제자 대다수에게 이 책을 바친다. 특히 추천의 글을 써주신 한국문화예술계의 숨은 거장 김상수 작가님과 이 책을 출판해주신 한국학술정보(주) 채종준 대표님과 편집을 맡아 수고해주신 이아연 대리에게 심심한 사의를 표한다.

2018년 5월

경희대학교 서울캠퍼스에서

영고삼[1] 문협[2] 강효백(姜孝伯)[3]

/

추천의 글

　강효백 교수의 『법은 고치라고 있다-新경세유표』는 200년 전 다산 정약용이 기존 제도의 모순을 개혁할 필요성을 제시한 것처럼 법과 현실의 괴리를 파고들어 차라리 법의 혁파를 제안한다. 이는 '악법은 고쳐야 한다'는 차원을 넘어 정의롭지 못한 법과 법의 운용은 법도 아니고 법관도 아니라는 직언(直言)이다. 이는 한국현대사에서 박정희 전두환의 헌정 유린이 21세기 2018년 오늘 전 대법원장 '양승태 무리'에 의해 총체적으로 다시 벌어졌다는 엽기적(獵奇的)이고 충격적인 현실은 한국 사회를 사는 시민들이 법의 복종과 법의 불복종 갈림에 서게 할 만큼 심각한 법의 위기를 초래했음을 직시할 것을 요청하는 태도이다.

　정의는 법을 운용하는 법관들에 의해 파괴됐고 공공의 선(善)은 찌그러졌다. 민주주의 헌법을 구성하는 기본정신과 제도들이 계속해서 구체적으로 연쇄적으로 침탈당한 오늘 현실에서는 사회 정의를 일으키기 위해서라도 법에 대한 불복종은 시민의 기본 태도임을 자각할 것을 제도개혁파 법학자 강효백은 제안한 것이다. 시민 불복종이 아니라면 법을 바로잡을 수 없다고 판단되는 오늘의 법 현실은 양승태의 대법원이 기존의 대법원판결과 상반된 괴이한 법리로 국가의 법적 책임을 부인하는 연속적인 판결에 대한 시민의 저항은, 법도 법관도 바꾸어야 한다는 전제에서 법은 고정 태(固定 態)가 아닌 생물(生物)이고, 법관과 법은 "고치라고 있다"가 강효백의 진언(眞言)이다. 이는 법학자가 사회 전복(顚覆)을 뜻하는가? 아니다. 이는 기존의 법과 제도 개혁을 주창하는 사회과학도로서의 강효백이 사회에 참여하는 태도이다.

법이 정의의 이념을 완전히 배반하는 경우에는 정의의 가치가 먼저이고 그 어떤 실정법도 법으로서의 기본 자격을 잃는다. 이러한 현실에서 과연 법에 복종할 의무가 있는가? 하는 기본 물음은 시민의 의무임을 강효백은 환기한다. "법은 절대불변의 수학 공식이 아니다. 사회발전의 보조에 맞춰 부단히 개선해나가는 것이다. '기존 법이 그러니 어쩔 수 없다. 무조건 따르라'는 주술(呪術)일 뿐이다. 깨어나자."

법관이 버젓이 정의를 배반하는 잘못된 판결을 한다면 법관도 바꾸고 "법은 고치라고 있다"가 법학을 핵심으로 하는 융복합 인문사회과학자 강효백이 한국사회에 전하고자 하는 절실한 메시지이다.

- 김상수 작가

목차

제1장

법제1: 제도

- 율여조양(律呂調陽): 법은 세상을 고르고 밝게 만든다.

  - 천자문

- 세상을 바꾸고 싶은가? 그러면 먼저 제도를 바꿔라. 제도를 개혁하면 의식도 개혁된다.

  - 강효백

- 법은 안정되어야 하지만 결코 정지되어서는 안 된다.

  - R. 파운드

- 동서고금을 막론하고 민초들 때문에 망한 나라는 없다. 언제 어디서나 망국의 공통분모는 고위층의 부정부패. 국가의 흥망성쇠는 고위층의 부패방지를 위한 제도적 장치와 그 작동상태에 따라 달려 있다.

  - 강효백

- 세상은 날로 변하는데 낡고 썩은 법을 그대로 둔다면 국가는 쇠망하고 사회는 타락하고 백성은 고통으로 신음한다.

  - 다산 정약용

- 법(法)은 칼의 강제성, 률(律)은 저울의 형평성을 뜻한다. 법 없인 살 수 있어도 률없인 살 수 없다. 법보다 률이 우위인 '률치(律治)주의' 국가사회를 건설하자.

  - 강효백

'법' 없인 살아도 '률' 없인 못살아

'법'=강제성, '률'=형평성…'율치주의'로 나아가야

정의(正義)란 뜻의 'Justice'는 로마 신화에 나오는 '정의의 여신' 유스티치아(Justitia)에서 나왔다. 유스티치아의 원조는 그리스 신화 속 정의의 여신인 디케(Dike)다. 법의 상징으로 오늘날 가장 많이 쓰이는 게 디케의 조형상이다.[4) 디케는 한 손에는 칼을, 다른 손에는 저울을 쥐고 있다. 칼은 엄정한 강제성을, 저울은 공정한 형평성을 나타낸다. 디케의 칼은 늘 추상 같고 저울은 늘 기울어짐이 없다. 세계 각국의 디케 상에는 대개 눈을 가리는 띠를 두르고 있다. 이는 판결에서 주관성을 배제하겠다는 뜻으로 풀이된다.

우리나라 대법원 본관에도 디케 상이 있는데 눈을 뜬 상태로, 칼 대신 법전을 들고 있는 게 특이하다. 하지만 국내외 동서고금을 막론하고 디케 상은 두 가지 공통적인 특징이 있다. 첫째, 항상 저울을 들고 있다는 것. 둘째, 칼이나 법전을 든 손보다 저울을 든 손이 위에 위치한다는 것. 이는 강제성의 칼보다 형평성의 저울이 우선하고 우선해야 한다는 법의 정신을 말해주려는 건 아닐까?

세상에 이음동의어는 없다. '법률'의 '법(法)'과 '률(律)'은 다르다. '법'과 '률'은 엄밀히 말해 동의어라기보다는 유사어이다. 중국 사상 최초의 사전인 '설문해자(說文解字)'에 의하면 법은 곧 형벌의 '형'(刑)을 뜻한다. 法의 고자(古字)는 灋이다. 물 수(氵)와 '해태 치(廌)'와 '갈 거(去)'의 세 글자가 합쳐진 것이다. '물'은 사회변화의 흐름에 맞춤을 의미한다.5) '해태'는 시비선악을 가리는 능력을 갖고 사악한 자를 뿔로 처박는 정의의 동물이다. '去'은 문자 그대로 악을 제거하는 것, 즉 잘못된 것을 벌하는 강제성이 내포돼 있다.

'律'은 원래 중국 고대음악의 음률에서 나왔다. 12음 중 양6음을 '률'이라 하며 음6음을 '여(呂)'라 한다. '설문해자'는 '률'이 균포(均布)를 뜻한다고 했다. 균포란 악기소리의 강약과 청탁을 조율하는 것처럼 세상을 고르게 하는 형평성이 함축돼 있다. '률'은 전국시대 말엽 진 나라 재상 상앙이 '법'을 '률'로 사용하면서부터 한률, 당률, 명률, 청률에 이르기까지 역대 황조의 기본법전을 '률'이라고 이름 붙였다.

우리나라에서도 삼국시대부터 조선말엽까지 '률'이 법률을 대표했다. 선조들의 한문 학습의 입문서였던 '천자문(千字文)'의 8번째 구절도 '율여조양(律呂調陽, 법은 세상을 고르고 밝게 만든다는 의미)'이 나온다. 여기서 주목해야 할 점은 법의 이념과 기능을 세상을 '바르게'가 아닌, '고르고 밝게 한다'는 법의 형평성을 강조했다는 사실이다.

이처럼 동양에서도 디케의 '칼'과 '저울'의 그것처럼, '법'은 강제성을 '률'은 형평성을 뜻했다. 디케가 칼보다 저울을 더 높이 치켜들 듯 '률'의 함의가 '법'에 비하여 높고 넓고 우선했다.

『성경』 역시 '법률'이라 하지 않고 '율법'이라 하고 있다. 다만 서양에서는 정의의 여신상으로 법의 강제성과 형평성이 '칼'과 '저울'로 형상화되어 있는 반면, 동양에서는 '법'과 '률'이라는 문자로 직접 표현된 것이 다르다면 다른 점이다.

이렇게 진리는 때로는 굽이굽이 돌아 먼 데서나 찾을 수 있는 게 아니다. 바로 지금 여기 우리 생활 속에 생생하게 실존하고 있다.

세상에 법 없이 살 수 있는 사람은 없다. 흔히들 말하는 "법 없이 살 수 있는 사람"이라는 말은 사실 법 원래 의미의 '형벌' 없이도 살 수 있는 사람이라는 의미다. 다시 말해서 강제성의 '법' 없인 살 수 있어도 형평성인 '률' 없인 살 수 없다. 법률이 '법'의 강제성만 강요하고 '률'의 형평성을 잃는다면 그것은 이미 법률이 아니다. 법률이라는 신비화된 이름으로 지배집단이 피지배집단에게 가하는 폭력일 뿐이다.

이제 우리는 단순히 법조문에 의한 지배를 지향하는 형식적 법치주의에서 실질적 평등과 같은 정의의 실천을 요구하는 실질적 법치주의 국가로 나아가야 한다. 법의 생명은 형평성이다.

강제성의 '칼의 법'에 무조건적 복종만을 강요하기보다 형평성의 '저울의 률'이 우위에 서서 인간의 존엄성과 정의를 실현하는 '율치(律治)'주의 국가사회를 만들어가자.[6]

공수처 설치, 더 이상 미룰 수 없다

신임 검사는 집무실에서 피의자를 성폭행하고, 지검 중견 검사는 표리부동한 개혁 꼼수를 벌이다 들통 났다. 고검 부장검사는 조폭으로부터 뇌물을 받고, 검찰총장은 재벌 봐주기를 지시했다고 한다. 검찰의 위신과 존재 이유가 발바닥에서부터 허리, 가슴에서 머리끝까지, 총체적으로 붕괴되고 있는데도 검찰의 상황인식과 태도, 일처리는 갈수록 가관이다.

특히 성폭행 검사에게 강간죄나 업무상 위력 등에 의한 간음죄 대신 뇌물수수 혐의로 기소를 고집하고 있는 검찰에 국민은 철저히 절망하고 있다. 이에 필자는 몇 가지 근본적인 지적과 함께 대안을 제시하고자 한다.

우선, 검찰개혁은 일제 잔재 척결 차원에서 강력하게 추진되어야 한다. 필자는 열람 가능한 현 유엔 회원국 193개국의 검찰 제도를 전수 분석한 결과, 우리 검찰과 같은 수사권과 수사종결권, 기소 여부를 마음대로 결정하는 기소재량권, 자기들 치부는 은폐하거나 대충 넘어갈 수 있게끔 검사만이 공소 제기할 수 있는 기소독점권에다 경찰에 대한 수사지휘권까지 싹쓸이하듯 장악하고 있는 나라를 찾지 못했다.

일본도 70년 전에 철거한 제왕적 검찰 구조를 가진 국가는 지구상에 대한민국밖에 없다. 21세기 대한민국이 일제 군국주의 시대의 형사소송법 체계를 온전히 고수하고 있다는 사실은 치욕적이 아닐 수 없다. 더구나 법원과 경찰은 물론 국가정보원까지 과거사를 반성하고 사과했으나 검찰만은 오불관언, 안하무인을 자랑하고 있다. 어쩌면 이런 것까지 일본 극우세력과 닮았는지 몸이 떨린다. 21세기 대한민국에서 '오빠 강남스타일'은 괜찮지만 '검찰은 일본 제국주의 스타일'만은 안 된다.

다음, 검찰개혁은 검찰 내부가 아닌, 국민에 의한 개혁과 그 실천을 통해 이루어져야 한다. "이번 일을 뼈를 깎는 자성의 기회로 삼자" 등의 구두선에 불과한 자성론은 물론, 내부 감찰시스템 점검, 상설특검제 설치 신중 검토 등등 검찰발(發) 미봉책 내지 지연책에 식상한 지 이미 오래다. 국민들은 이렇게 묻고 싶다. "검찰이여, 아직도 깎을 뼈가 남았는가?" 검찰의 말 그대로 조직의 뼈대에 치명적 문제가 있는데 피부에 연고만 바르고 있을 수도 없고, 그렇다고 스스로 자신의 뼈를 깎아낼 용기와 결단력은 더욱 없어 보인다. 이제 타인에 의한 외과적 수술, 즉 국민에 의한 개혁을 강제하여야만 할 임계점에 이르렀다.

끝으로 검찰의 기소권과 수사권을 분리·견제하는 제3의 독립적 기관 설치가 절실하다. 과거의 중앙정보부나 국가안전기획부는 '나는 새도 떨어뜨린다'고 할 정도로 센 권력기관이었다. 하지만 지금의 검찰은 '나는 비행기도 멈추게 한다'고 해도 과장이라는 생각이 들지 않을 만큼 무소불위의 권력을 휘두르고 있다.

견제 없는 절대권력은 절대적으로 부패하는 법이다. 우리나라처럼 일제식민지의 뼈아픈 역사를 겪은 대만도 기득권의 온갖 반대를 무릅쓰고 2006년 3월에 검사와 법관을 포함한 고위공직자의 범행에 대한 기소권과 수사권을 지닌 '특별정사조(特別偵伺組)'를 설치, 성공적으로 운영하고 있다. 역사만큼이나 뿌리 깊은 중국식 부패를 몰아내고 현대판 포청천 관아로 유명한 홍콩의 '염정공서(廉政公署)'는 물론, 싱가포르의 부패조사청(CPIB), 호주의 반부패청 ICAC(NSW), 영국과 뉴질랜드의 중대비리조사청(SFO), 유럽연합의 부패방지총국 (OLAF), 프랑스의 부패예방청(SCPC) 등이 그러한 기관들이다. 이 제 우리도 검찰과 법관을 비롯한 고위공직자를 독립적으로 수사하 고 기소할 수 있는 기관인 '고위공직자비리수사처' 설치가 시급하 다.[7] 더 이상 미룰 수 없는 시대적 과제이다.[8]

'근로자'를 '노동자'로 바로잡아야

'남자와 숙녀'라는 말을 들어본 적이 있는가? '남자와 여자' 아니면 '신사와 숙녀'라 해야지, 세상에 한쪽으로 기운 부실 건축물 같은 어 구가 어디 있는가 고개를 갸우뚱할 것이다. 그렇다면 '사용자와 노 동자' 대신 '사용자와 근로자'라는 용어는 눈과 귀에 익어 아무렇지 않은가?

5월1일 메이데이(May day), 노동절을 맞이할 때마다 필자의 가슴 속에는 억누를 수 없이 궁금한 의문부호가 돋아난다. "왜 우리나라 에서만 노동자의 날이 아닌 '근로자의 날'로 부르는 걸까? 사용자는 가치중립적 용어인데 왜 노동자 한쪽에만 가치개입적 수식어인 '부 지런할 근(勤)'을 붙여 부르는 걸까?"

근로기준법 등 노동법령에는 근로자를 공식 법률용어로 사용하고, 일반 사회과학 서적에는 노동자라는 용어의 출현 빈도가 높다. 노동 자는 대개 노동자 측에서 선호하는 반면, 사용자 측에서는 근로자를 선호하는 편이다. 둘 다 의미가 비슷하고 사는 데 별 지장이 없는데 둘을 혼용하자는 의견이 많다.

필자는 갑과 을, 사용자와 노동자, 현재와 미래를 위해 근로자를 노동자로 고쳐 불러야 한다고 생각한다. 그 이유를 들겠다. 우선 왕과 신하, 채권자와 채무자, 공무원과 민간인, 교사와 학생 등 동서고금을 통해 모든 신분관계 내지 갑을관계의 주체의 명칭은 그 실질은 차치하더라도 일단 가치중립적이고 대등한 곳에서부터 출발하는 것이 정상이다. 노동자(勞動者·laborer)는 일을 통해 상품이나 용역을 생산하는 사람으로 노동력을 제공받는 쪽을 사용자라고 하는 점에서 대등한 개념으로 지칭된다. '근로자(勤勞者·worker)'는 육체노동이나 정신노동의 대가로 받는 소득으로 생활하는, 사용자에게 종속된 개념의 '근면한 노동자'를 이른다.

정의로운 사회라면 모름지기 사회적 약자층을 배려해야 한다. 정의로운 사회는 도덕적으로 정당화될 수 있는 차별이 존재하는 사회, 즉 사회적 약자를 우대하기 위한 사회경제적 차등이 허용되는 사회이며 이러한 사회를 실현하기 위해 생겨난 대표적 법 영역이 바로 노동법이다. 노동법의 존재 이유가 갑(사용자)과 을(노동자) 간의 실질적인 대등한 관계를 형성하기 위한 것일진대, 오히려 을에게만 '부지런히 일하는 노동자'라는 의미의 족쇄를 채우는 법률 스스로 배임상태에 빠져있다.

우리 사회의 불편한 진실인 사용자의 갑질을 정당화해주는 '근로자'를 공식용어화함으로써 자신한테 필요한 '모범 근로자' 양성에만 주력하고 있다는 사실에 우리는 주목해야 한다. 종속적인 의미를 지닌 근로자라는 용어는 사용자에게 갑질을 유발하는 격이다. 진정 사용자는 기계와 같이 부지런히 일하는 근로자만 진정한 노동자로 취급하는가? 그래도 사용자와 근로자를 고수하고 싶으면 갑 측도 마음씨 좋은 사용자라는 뜻의 호업주(好業主)로 바꿔 '호업주와 근로자'로 불러야 균형이 맞지 않을까? '근로'라는 용어 자체는 일제강점기 일본이 우리나라 사람을 강제노역에 동원하면서 조직한 '근로정신대'에서 유래했다. '근로자'라는 한자어는 중국과 대만은 물론, 일본 노동법에서도 삭제된 지 오래된 일제강점기의 유물이다.

이처럼 동북아 한자문화권을 비롯한 세계 각국의 입법례와 국제노동기구(ILO) 등 국제기구에서도 찾기 힘든 '근로자'를 우리만 외톨이같이 법률용어로 고수할 가치가 있는가? 갑을관계 주체의 대등성과 글로벌 스탠더드에도 부합한 '노동자'로 바로잡아, 행여 국제사회에서 '한국은 노동자 탄압국'이라는 실상과 다소 다른 오해의 소지를 불러일으킬 위험성을 원천적으로 차단할 필요가 있다.[9]

블루오션, 입법학을 열자

최근 한 언론사에서 오는 4월 총선출마 희망자들에게 왜 국회의원을 하려 하느냐고 물었다. "내 기업을 지키기 위해", "직장생활에서 한계를 느껴서", "고향을 살리기 위해", "새 대통령을 국회에서 보좌하기 위해", "사람을 안 만나면 외로워서", "그동안 내 말이 남에게 안 먹힌 게 국회의원이 아니었기 때문에", "그동안 누릴 건 다 누렸기 때문에", "안 해본 사람은 모르는 쏠쏠한 재미가 있기에" 등 대부분 솔직하게(?) 답변했다.

국회의원의 존재이유는 무엇인가? 한마디로 좋은 법을 만들고 나쁜 법을 좋은 법으로 고치는 '입법'이다. 그런데 만약 이들이 신입사원 면접시험에서 이렇게 말했다면 틀림없는 낙방감일 것이다. 입사의 동기가 이처럼 경망하고 불순한데 어느 회사에서 받아주겠는가? 하나같이 내로라할 명사에 속하는 인사들에게서 왜 이토록 몰염치한 망언을 들어야 하는가? 참담하다.

이제껏 우리의 인문사회과학, 그중에서도 법학은 '미네르바의 부엉이'처럼 어떤 문제 상황에 직접 개입하여 대안을 제시하지 못하고 사건이 일어난 다음에야 토를 달고, 해석하는 법해석학에만 치중하여 왔다. 법의 제정과 개정에 대한 문제는 '입법론에 맡긴다'라는 표현으로 방치하고 외면해 왔다. 구체적으로 말하자면 사법과 행정에 관한 전문지식은 로스쿨과 대학의 법학과나 행정학과에서 습득하지만 입법학을 체계적으로 교육·훈련하는 곳은 찾기 어렵다.[10] 이미 있는 법을 해석·적용·집행하는 사법과 행정의 지평에만 웅크리고 앉아서 법의 사회통제와 분쟁해결 기능에만 치중하고 사회변화 기능은 경시하여왔다. 소금과 브레이크의 역할에만 몰입하고 빛과 액셀러레이터의 역할은 망각하여 온 것이다.

그 결과 우리 사회는 낡은 제도를 고수하기 위한 반대 논리에는 강하나 새로운 시대에 맞는 입법에 대해서는 무관심하거나 적대적일 수밖에 없게 되었고 법의 제·개정이 제1의 존재 이유인 국회의 원마저도 '입법의 염불'보다는 '이권의 젯밥'에만 관심을 가질 수밖에 없게 되었다.

입법학은 법을 창조하는 실천의 과정으로서 법해석학처럼 이미 있는 법을 해석하고 적용하는 것이 아니라 그 법을 비판함으로써 새로운 법률을 만들려는 것이다. 올바른 법학의 과제는 미래에 대한 인식을 과거에 대한 인식만큼 구체적으로 설계하고 창조하는 것이어야 한다. 미래 지향적인 국가사회의 시스템 설계는 입법학을 통해 가능하다고 생각한다.

지금 하버드와 예일 로스쿨 등 미국의 로스쿨을 비롯한 선진국의 법학연구와 교육은 입법학에 주력하고 있다.[11] 그리고 "잊힌 것 외에 새로운 것은 없다"라는 잠언대로 우리 역사상 특히 개국 초기나 중흥기에 활발히 꽃피웠던 학문도 입법학이라고 할 수 있다. 입법학은 국가사회의 현실적 문제를 다루는 법과 제도개혁에 관한 구체적 지식이나 실천적 구현을 탐구하는 경세치용과 일맥상통한다. 조선시대의 태종, 세종, 영조, 정조 등 명군들과 정도전, 조광조, 이이, 김육, 정약용[12] 등 대표적인 경세가들은 모두 입법학자이자 제도 창조가라고 할 수 있다. 또한 법해석학이 '악법도 법이다'의 핏물로 가득 찬 레드오션이라면 입법학은 '좋은 법 만들기'라는 광범위하고 깊은 잠재력을 지닌 참신한 블루오션이다. 법학의 블루오션에서의 성취는 기존의 법률과 판례의[13] 되새김질에 의해서가 아니라 미래의 비전과 플랜을 법제화하는 '제도창조'에 의해서 얻어지는 것이다.

따라서 우리의 법학교육은 법의 사용자와 해석자의 배출에만 노력하여 온 자세에서 탈피해 법의 제작자, 다시 말하면 입법가를 양성하는 데도 신경을 써야 할 때라고 생각한다. 어떻게 하면 국가사회 발전에 가장 바람직한 영향을 부여할 수 있는 좋은 법과 제도를 만들 것인가라는 시각에 입각하여 정교한 법해석학에 필적할 수 있는 시스템 디자인학, 제도 창조학, 즉 입법학의 부흥이 절실하다.[14]

'기업의 헌법' 회사법 제정 시급하다

"참 이상하다. 중국은 상법도 없는 나라인데, 글로벌 500대 기업 중 100개가 중국 기업이라니" 달포 전 '땅콩회항' 사건으로 재벌의 규범의식이 회자될 무렵 필자가 참석한 학회에서 한 저명한 상법교수의 탄식이다. "중국에 상법은 없어도 주로 민간 회사를 적용 대상으로 한 기본법인 '회사법'을 비롯해 국유기업, 외자기업, 사영기업, 합자기업, 향진기업, 집체기업, 조합기업, 1인 기업 등 기업의 소유구조 유형별 맞춤형 회사법이 무려 12개나 있지 않는가? 그렇다면 우리나라는?" 필자는 속으로 반문했다.

21세기 글로벌 기업 국가 시대, 실제 사업에서는 헌법보다 더 중요한, 기업의 헌법인 회사법과 관련한 세계 각국의 입법 상황은 어떠할까? 주요 20개국(G20), 경제협력개발기구(OECD) 34개국, 유럽연합(EU)과 EU 회원국 28개국, 나아가 유엔 회원국 193개국의 입법례를 전수 분석해볼 요량으로 한 달여를 몰입해 조사해보았다.

우리나라처럼 회사법 없이 상법만 있고, 상법의 일부에 회사법을 더부살이시키고 있는 입법례를 발견하지 못했다. 그리고 우리 학계 일각에서 상법 체제 내에서 회사법 규정을 개선하자는 견해는 있었지만 기업의 권리와 이익을 보장하고 사회적 책임을 규율하는 기본법으로서의 독립된 회사법을 제정하자는 주장은 외마디도 들을 수 없었다. 오히려 이런 생각이 들었다. "참 고생이 많구나, 한국 기업들. 회사법도 없는 나라에서 글로벌 500대 기업이 17개나 나오다니." 미국 중국 EU 등 이른바 'G3'는 물론 영국을 비롯한 캐나다, 호주, 뉴질랜드, 싱가포르 등 영연방국가들은 애초부터 상법 없이 개별 회사법 모델을 채택하고 있다. 미국은 연방국가로서 상업조직에 관한 입법권은 각 주(州)에 있기 때문에 통일적인 회사법은 없으나 가장 다양하고 선진적인 회사법을 갖고 있다. 각 주가 자기 주에 가급적 많은 수의 회사를 유치하기 위해 회사법에 최대한의 자율성을 부여하는 경쟁을 벌이고 있다. EU도 회사 제도가 빠르게 발전함에 따라 전체 EU 차원의 경쟁력 있는 회사법을 만들 필요성이 제기돼 2006년 신회사법을 제정·시행하고 있다. 영국은 일찍이 1862년 회사법을 제정하고 1985년 대폭 개정했다.

독일, 프랑스, 네덜란드, 벨기에, 스웨덴, 일본 등 대륙법계 국가는 상법 제정 시에 회사법을 상법의 부문법으로 더부살이시키다가 개별법으로 독립시켰다. 일본은 1899년 독일 상법을 모방해 제정한 상법 속에 회사법을 뒀으나, 2005년 더 이상 토끼굴같이 옹색한 상법 속에 코끼리처럼 방대한 회사법을 욱여넣을 수 없다면서 독립 회사법을 제정하고 기존 상법의 회사 관련 규정을 전부 삭제해버렸다.

우리나라는 일본 상법을 모델로 삼아 1962년 상법을 제정한 이후 수차례 개정한 상법의 버전 역시 그보다 몇 년 앞서 개정된 일본 상법 버전이었다. 2011년 대폭 개정한 상법의 주요 내용, 회사 지배구조, 주식 제도와 재무 관련 제도, 합병의 유연성 확보, 강제주식매도와 매수청구제도 신설 등 대부분도 일본의 회사법을 모델로 개정한 것이다. 그런데 2005년 이후 일본은 회사법을 독립법으로 제정하면서 그 체계와 내용을 대대적으로 혁신해왔지만 우리나라는 옛 일본식 상법 체계를 그대로 답습하며 상법 제3편에 회사법을 반 백 년이 넘도록 사글세 내놓듯 하고 있다.

우리나라만 유독 19세기 낡고 노쇠한 상거래 법 체계에 21세기 새

기업, 새 산업, 새 시장 창출을 보장하는 회사법을 품고 있어야 하는 이유는 무엇인가? 세상은 날로 변하는데 낡은 법제를 그대로 둔다면 국가는 쇠망하고 사회는 타락하게 마련이다. 입법가들은 당리당략과 이권 추구 삼매경에서 깨어나 글로벌 스탠더드에 부합하며 현실에 기반을 두고 미래를 여는 '회사법'을 제정할 것을 촉구한다.15)

<세계 각국의 회사법 존재형태>16)

	한국	일본	미국	중국	EU	영국	프랑스	독일	스위스
상법전	●	X	X	X	X	X	●	●	X
민법전	X	X	X	X	X	X	X	X	●
회사법	X	●	●	●	●	●	●	●	X

'법률용어 국어화' 시급하다

어느 날 한 청년이 백범을 찾아왔다. 이봉창이라고 하는 이 청년은 독립운동에 참여하고 싶다고 했다. 그러나 백범은 이 청년이 우리말과 일본말을 섞어 쓰고 임시정부를 가정부(假政府)라고 왜식으로 부르는 미심쩍은 부분이 있어, 오늘은 이미 날이 저물었으니 내일 다시 만나자고 했다. 다음날 이봉창은 상하이에 온 뜻을 이렇게 말했다. "제 나이가 이제 서른 한 살입니다. 앞으로 서른 한 해를 더 산다 하여도 지금까지보다 더 나은 재미는 없을 것입니다. 인생의 목적이 쾌락이라면 지난 31년 동안에 인생의 쾌락이란 것을 대강 맛을 보았습니다. 이제부터는 영원한 쾌락을 위해서 독립 사업에 몸을 바칠 목적으로 상하이에 왔습니다." 이봉창의 이 말에 백범의 눈에는 눈물이 찼다.

이봉창 의사의 의거로부터 80년이 지났고, '가정부'가 아닌 '임시정부'의 법통을 이어받은 대한민국이 탄생한 지 70년이 되었다. 그러나 '가처분', '가압류', '가집행' 등의 일본식 법률용어는 여전히 노익장을 자랑하고 있다. 이들을 원래의 의미에 맞는 '임시처분', '임시압류', '임시집행'이라고 바꾸면 큰일이라도 나는 것인가?[17] 어디 그뿐인가? 각하, 간주, 구술, 궁박, 기속, 내역, 명세, 변제, 병합, 원본, 차압, 최고, 하자, 해태, 흠결…. 헤아릴 수 없을 만큼 많은 일본식 용어를 그대로 사용하고 있다. 법조인 양성과 선발 자체도 일본식 교과와 제도의 모방이니 무슨 말이 더 필요하겠는가.[18]

우리 법조문을 일반 사람이 이해하기 어려운 까닭은 법 제정 당시 일제의 법조문을 토대로 만들어졌기 때문이다. 강산이 일곱 번이나 바뀌는 기나긴 세월이 흘렀으나 일본식 법률용어는 의구하다. 외국에서는 한국의 법제를 대륙법계가 아닌, 일본법계의 아류로 구분하고 있는 실정이다.

"일본식 용어 정비는 충분한 시간이 필요하기 때문에 이를 '중장기 과제로 추진'하고 있다"는 식의 수십 년 동안 되풀이해온 당국자들의 상투어가 귓전에 맴도는 것 같다.

왜 중장기 과제로 추진해야만 하는가? 이봉창 의사가 그때 영원한 쾌락을 위해 거사하지 않고, 그냥 말초적인 쾌락을 위하여 31년을 더 살고 또 다시 31년을 더 살았을 세월보다 긴 세월이 어찌 단기란 말인가? 의지만 있으면 단숨에 할 수 있다. 생활과 밀접한 우리 법률용어에 일본식 용어가 21세기 오늘날까지도 남아있는 현실은 치욕적이다.[19] 백범과 이봉창을 비롯한 수많은 순국선열의 영령들에 부끄럽지 않은 후예로서 반만년 한민족, 역사 앞에 바로 서기 위해서는 일제의 잔재를 훌훌 털어버려야 한다. 법률용어, 하루빨리 우리 말다운 모습으로 새롭게 태어나야만 한다.[20]

도(道) 이름을 바꾸자

서울에서 경부고속도로를 타고 1시간쯤 남행하면 '충청남도'라고 쓰인 도로 표지판이 반긴다. 게서 좀 더 내려가면 '충청북도'를 알리는 도로 표지판이 눈에 들어온다. 어라, 분명 남쪽으로 줄곧 내려왔는데 '북도'라니? 한참을 더 남행하면 다시 '남도'였다가 대전을 남동쪽으로 휘감아 돌아 충청도의 최남단에 들어서면, 또다시 충북 옥천군과 영동군에 들어선다. 동서남북 방위 감각이 마구 헝클어진다. 해가 동쪽에서 뜨고 서쪽으로 지는 것이 사실이라면 충남은 '충청서도'로, 충북은 '충청동도'로 불러야 마땅하지 않을까? 방위의 정확성을 중시했던 우리 선조들인데 도대체 무슨 곡절이 있는 걸까?

우리가 현재 부르는 도(道)의 이름은 조선시대 태종이 고려 시절 5도 양계를 혁파하여 당시 농경지 면적을 기준으로 전국을 8도로 재편한 것에서 비롯된다. 알다시피 충청도는 충주와 청주, 강원도는 강릉과 원주, 경상도는 경주와 상주, 전라도는 전주와 나주, 황해도는 황주와 해주, 평안도는 평양과 안주, 함경도는 함흥과 경원 등 각 도에 소재한 두 중심도시의 앞 글자를 딴 것이다.

조선 왕조가 방향감각을 잃은 채 허우적거리며 망국의 심연으로 곤두박질치던 1896년. 명성황후가 시해당한 뒤 고종이 신변 위협을 느껴 러시아공사관으로 피신을 가 있던 아관파천 시절이다. 점령지를 잘게 쪼개어 통치하려는 습성이 있는 제정 러시아의 입김 때문이었을까? 정권을 장악한 친러파는 8도 중 5도를 남·북도로 구분, 13도제로 행정구역 개편을 단행하였다. 그렇게 창졸간에 획정된 도명이 일본강점기를 거쳐 지금까지 내려오는 것이다.

한편 광복 이후 인구의 도시 집중과 교통·통신의 급속한 발달로 생활권과 행정권의 괴리현상이 심화되자 정·관·학계 일각에서는 현행 '시·도-시·군·구-읍·면·동' 3단계 지방행정 체제를 '광역시-기초행정구역' 2단계로 간소화하자는 개편안을 꾸준히 제기했다.

그러나 행정구역을 개편한다고 행정중복이 사라지고 효율성이 높아지는 것은 아니라며 전국을 60~70개의 광역시로 쪼개면 오히려 지자체의 경쟁력이 약화된다는 우려의 목소리도 작지 않다. 행정구역 개편의 실행에는 지자체 간의 이권 다툼과 지역이기주의, 전통에 대한 국민의 애착, 선거구 변화를 둘러싼 정쟁으로 변질될 우려 등 넘어서야 할 산이 첩첩이라 쉽지 않을 것 같다. 따라서 행정구역 개편 문제는 쉬운 것부터, 할 수 있는 것부터 점진적으로 추진해 나가야 한다고 생각한다. 이와 같은 견지에서 우선, 도명이라도 현실에 맞게 바꾸길 제안한다. 동서고금을 통틀어 충청남북도처럼 방위마저 틀리게 이름 붙인 행정구역의 예를 아직 찾지 못했고, 붕어빵에 붕어가 없듯 지금의 충남에는 충주와 청주가 없고 경남에는 경주와 상주가 없다.

지방행정 구역은 삼국시대에서 신라·발해(남북국)시대, 고려에서 조선에 이르기까지, 왕조가 바뀔 때마다 개편·개명되어 왔다. 그런데 조선이 망하고 일제강점기를 거쳐 왕국이 아닌 공화국, 대한민국이 탄생한 지 70년이 되었는데도 지방행정 구역은 거의 변함이 없다. 중앙정부 조직은 새 정부가 들어서는 5년마다 한 번꼴로 개편·개명되는데 국토도 남북으로 갈라져 대치하는 세계 유일 분단국이라는 처지도 답답한 일인데 도명마저 남북으로 갈라놓은 경계는 분열과 대립의식을 알게 모르게 국민 가슴에 새겨 놓을 수 있다.[21] 끝으로 이제는 이름만 들어도 지긋지긋한 지역대립 구도가 연상되는 경상·전라·충청 등 낡은 도 이름에 대한 600여 년 묵은 집착을 버려야 할 때가 되었다. 그리하여 조국의 품에 현실에 기반하고 미래로 향하는 참신한 도의 이름과 제도를 선사하자.[22]

대륙붕법 입법 시급하다

21세기 해양시대, 세계 각국은 해양자원보호에 매진하고 있다. 중국은 덩샤오핑 집권 이후 해양성 국가로의 대전환을 이룩했으며 2006년 후진타오 정권에서는 '중국의 해양대국화건설'을 선포해 제주·이어도 등에서 갈등이 심화되고 있다. 1996년 일본은 '배타적 경제수역 및 대륙붕에 관한 법률'을 제정하고 1998년에는 중국이 '배타적 경제수역 및 대륙붕법'을 제정했다. 그러나 동북아 3국 중 우리나라만 대륙붕법이 없는 실정이다.

유엔해양법협약상 배타적 경제수역과 대륙붕은 상호 별개의 해양관할수역으로 양립되어있다. 해양법 제5부 배타적 경제수역은 상부수역의 생물자원의 이용 보존 등 어업권에 관한 사항을 집중적으로 규율한 반면, 해양법 제6부 대륙붕은 해저와 하층토에 부존된 천연가원의 탐사 및 개발 등 광업권에 관한 사항을 전문적으로 규정하였다.

중국은 '배타적 경제수역 및 대륙붕법(1998)'을 제정하였으나 한국은 '배타적 경제수역법(1996)'만 제정하였고 대륙붕의 범위 및 경계획정 방법을 규정하는 대륙붕법 대신에 해저자원을 석유와 가스로만 한정한 '해저광물자원개발법(1970)'을 시행하고 있다. 이렇게 별도의 '대륙붕법' 제정 없이 '해저광물자원개발법'의 적용만으로는 대륙붕에 대한 권리를 충분히 실현시킬 수 없다. 육지영토면적의 최소 2.2배에서 최대 3.5배에 달하는 광활한 대륙붕의 부존자원에 대한 국가의 권리를 주장할 수 있는 국내법적 근거가 없는 '입법의 불비 상태'에 대해 한국의 학계는 문제 제기를 하지 않고 있다.

우리가 '대륙붕법'을 제정해야 할 이유는 '배타적 경제수역법'만으로는 대륙붕의 석유와 천연가스에 대한 주권적 권리를 주장할 수 있는 국내법적 근거로 하기에는 부족하기 때문이다. 또 상대국과의 협상력을 제고하기 위해 대륙붕의 범위와 대륙붕의 경계획정 방법을 명시한 국내법적 근거인 '대륙붕법'이 필수이기 때문이다.

따라서 해양법협약의 제5부 배타적 경제수역과 제6부 대륙붕을 각각 별개로 국내법화한 러시아의 개별 해양법 모델을 참조하여 입법적 개선을 추진해야 한다. 즉, 해양법협약 제6부 제76조-85조를 프레임으로 하여 21세기 해양시대 제2영토라고 불리는 대륙붕에 대한 우리의 주권적 권리를 극대화할 수 있는 규범을 담은 '대륙붕법'을 새롭게 제정하고 1996년 제정한 '배타적 경제수역법'은 개정 시행되어야 한다. 한중 양국은 배타적 경제수역 경계문제를 '한중어업협정(2000)'을 체결하여 잠정적으로 해소했다. 이에 따라 한국의 '배타적 경제수역법'은 어업권에 초점을 맞춘 법제로서 해저의 다양한

광물자원을 확보하는 국내 법적 근거가 취약한 실정이다. 또한 대륙붕의 해저자원을 배타적 경제수역의 생물, 무생물 자원에 포괄되어 200해리 배타적 경제수역 내의 대륙붕은 의미가 없는 까닭에 대륙붕법 없이 배타적 경제수역법만으로 충분하다는 일각의 견해는 법제의 불비에 대한 인식의 오류이다. 따라서 한국은 해양법협약 수준의 국내법적 근거를 마련하는 것이 바람직하며 향후 중국과의 대륙붕 경계획정협상에서 제주-이어도 해역의 제4광구를 비롯한 황해와 동중국해의 다양한 해저자원개발에 대한 우리의 권리를 명확히 주장할 '대륙붕법'을 마련하는 것이 바람직하다.23)

성범죄 벌금 올려야

물가는 폭등하고 성범죄는 급증하는데 전자팔찌라도 채워 놓았는지 세월이 흘러도 꿈쩍도 안 하는 게 있다. 각종 성범죄 처벌법상의 벌금액수가 그것이다. 그중 세 개만 골라 예로 들어보자.

첫째, 1994년에 제정된 성폭행특별법 제13조(공중밀집장소에서의 성추행)는 대중교통수단, 공연, 집회 장소, 기타 공중이 밀집하는 장소에서 사람을 추행한 자는 1년 이하의 징역 또는 300만 원 이하 벌금에 처한다고 규정하고 있다. '1년간의 자유박탈'과 '300만 원의 재산손실'을 각각 양팔저울에 올려놓고 선택적으로 부과하도록 한 입법 취지를 도무지 이해할 수 없다. 한편으로 한 학기 대학등록금보다 싼 벌금만 물면 얼마든지 지하철에서 성추행을 저지를 수도 있는 이 법조문이 널리 알려질까 두렵기조차 하다

둘째, 1995년에 개정 실시 중인 형법 제298조(강제추행죄)에 의하면 폭행 또는 협박으로 사람을 성추행한 자는 10년 이하의 징역 또는 1,500만 원 이하의 벌금에 처해진다. 죄질이 추악한 강제추행범에게 중형 승용차 한 대 값보다 못한 액수의 죗값을 치를 수 있도록 한 규정을 지금까지 유지하고 있는 까닭은 또 무엇인지, 태산처럼 무거운 죄를 저지른 강제추행범에게 깃털처럼 가벼운 벌금이 얼마큼의 위협과 고통을 가할 수 있으며 범죄에 대한 규범적 의식을 환기시킬 수 있겠는가?

셋째, 2004년 9월 제정된 성매매특별법, 즉 성매매 알선 등 행위의 처벌에 관한 법률 제21조에 이르면 숨이 턱 막힌다. 성 매수자에게 1년 이하의 징역이나 300만 원 이하의 벌금·구류 또는 과료에 처한다고 되어있다. 여기에서 과료는 2,000원 이상에서 5만 원 미만의 벌금을 의미한다. 성 매수자에게 생맥주 한 잔 값도 못한 금액만 물면 그저 그만일 수도 있도록 해놓고서는 성매매를 뿌리 뽑을 특별법을 제정했다고 그토록 호들갑을 떨었는지….

인권침해요소 등 여러 가지 문제가 있음에도 불구하고 급증하는 성범죄를 막기 위하여 전자발찌 법안까지 통과시킨 마당에 이처럼 비현실적인 벌금액수를 더 이상 방치해 둘 수 없다. 성범죄자는 일반인에 비해 신체의 자유를 박탈당하는 데 대한 공포감이 덜한 반면 재산을 잃는 것에 대한 공포감은 더하다는 게 범죄 심리학계의 분석이다. 자신이 범한 죄를 속죄하는 '속죄금'의 성격이 강한 형벌인 벌금형은 징역형이나 전자발찌를 채우는 처벌보다도 더욱 강한 범죄예방 효과와 충격 효과를 기대할 수 있다. 범죄자와 피해자의 인권을 침해하지 않을 뿐만 아니라 집행방법이 간단하며 납부금액이 국고에 귀속되는 등 장점이 많다.

따라서 나는 성범죄의 예방력을 강화하고 법 경시 풍조를 차단하기 위하여 벌금 액수를 화폐가치의 변동에 적합한 액수로 대폭 인상할 것을 제안한다. 빈부에 따른 부담의 형평성 문제는 성범죄자와 성범죄자 가족의 경제력에 비례하여 벌금을 부과하는 등 탄력적으로 벌금형을 운용하도록 제도화할 것을 제안한다. 또한 한·일·중 동북아 3국 중 유독 한국만 강제추행범과 아동강제추행범에 대해 징역형과 벌금형을 선택적으로 부과하도록한 형사법을 개정하여 징역형과 고액의 벌금형을 병과하도록 형벌을 대폭 강화할 것을 제안한다.[24)]

<한·일·중 강제추행범 형벌 대조표>

		한국	일본	중국
강제추행범	형벌	· 10년 이하의 징역 또는 1천 5백만 이하의 벌금	· 6개월 이상에서 10년 이하의 징역	· 5년 이하 징역 또는 강제노동
	벌금형 대체가능성	가능	불가능	불가능
	근거조항	형법 제298조	형법 제298조	형법 제236조
아동강제추행범	형벌	· 5년 이상 징역 또는 3천만원~5천만원 벌금	· 3년 이상 징역	· 10년 이상 징역, 무기징역 또는 사형
	벌금형 대체가능성	가능	불가능	불가능
	피해자 연령기준	13세 미만 사람	13세 미만 사람	14세 미만 사람
	근거조항	성폭행특별법 제7-2조 3항	형법 제178조	형법 제237조

'대한민국은 성범죄 공화국' 강제추행도 벌금형

"시간은 21세기, 공간은 한국. 굶주림을 견디지 못한 장발정은 어느 늦은 밤 이웃집에 침입한다. 찹쌀떡을 훔치다가 체포되어 10년형의 선고를 받게 된다. 만기 출소한 장발정은 열심히 노력한 끝에 공장장 겸 시장이 된다. 후일 방탕에 빠진 그는 7세 여자아이를 성추행한 죄로 검찰에 기소된다. 장발정 시장은 사건을 고위검사를 지낸 전관예우를 받는 한 유력 변호사에게 의뢰한다. 덕분에 벌금 1천만 원을 선고받는 것으로 사건은 마무리된다. 지금 장발정은 차기 국회의원을 꿈꾸고 있는 한국의 신흥재벌 중의 하나이다."

이는 필자가 영화 '도가니'와 '레미제라블'을 보고 난 충격을 우리나라 법 현실에 빗대어 합성해본 패러디이다. 그러나 아래 열거한 두 가지 죄와 벌을 서로 비교해보면 21세기 대한민국 법 현실에서는 얼마든지 실제로 발생할 수도 있는 패러디 아닌 패러디라는 것이 문제의 핵심이다.

o 야간주거침입절도죄 형벌: 10년 이하의 유기징역 (형법 제330조)

o 아동.청소년강제추행죄 형벌: 2년 이상의 징역 또는 1천만~3천만 원 벌금 (아동 및 청소년 성보호에 관한 법률 제7조 3항)

대한민국은 성범죄의 천국이라고 해도 과언이 아닐 만큼, 성범죄에 대한 처벌이 너무나 가볍다. 우리나라 네티즌들은 추악한 성범죄자에 대해 실형은커녕 몇 백만 원의 벌금을 구형하고 선고하는 검사와 판사를 비난하는 댓글을 달면서 울분을 토하고 있다. 법조문 이전에 인간으로서 도리와 양심을 지키며 살아온 사람이라면 가지고 있는 상식이라는 판단력과 정의감이라는 법감정에 비추어 보아 가벼운 처벌이라는 생각이 들기 때문이다. 그러나 검사와 판사 등 법조인들보다는 낡고 썩은 법을 개선하지 않고 있는 입법자들의 책임이 더 크다고 생각한다.

"세상은 날로 변하는데 낡고 썩은 법을 그대로 두면 국가는 쇠망하고 사회는 타락하고 백성은 불행하게 된다." 다산 정약용의 질타를 굳이 들지 않더라도 성범죄에 대한 우리나라 솜방망이 형벌 규정을 볼 때 과연 우리나라 위정자들과 입법자들은 성범죄를 방지하고 응징할 의지가 있는 것인가 회의가 든다. 같은 동북아 문화권이자 이웃인 일본과 중국의 성범죄의 죄와 벌을 비교해보아도 '성범죄 조장공화국'인지 '성범죄 장려공화국'인지 의심이 들 만큼 우리나라의 성범죄에 대한 형벌은 너무도 가볍고 부실하며 시대착오적이다. 세 개만 골라 예를 들어보자.

· **인면수심의 강제추행범에게 1,500만 원 이하의 벌금이 웬 말이냐?**

첫째, 강제추행죄, 1995년에 개정, 실시 중인 형법 제298조(강제추행죄)에 의하면 폭행 또는 협박으로 사람을 성추행하는 자는 10년 이하 징역 또는 1,500만 원 이하의 벌금에 처해진다.

'10년간의 자유박탈'과 '1,500만 원의 재산손실'을 각각 양팔 저울에 올려놓고 선택적으로 부과하도록 한 입법 취지는 무엇인가? 인간의 탈을 쓰고 차마 저지를 수 없는 추악한 범죄인 강제추행범에게는 강남 아파트 한 평 값만도 못한 액수의 벌금을 물면 그만일 수 있는 규정을 지금까지 유지하고 있는 까닭은 또 무엇인가? 태산처럼 무거운 죄를 저지른 강제추행범에게 깃털처럼 가벼운 벌금이 얼마큼의 위협과 고통을 가할 수 있으며 범죄에 대한 규범적 의식을 환기시킬 수 있겠는가?

그리고 앞의 장발정 패러디에서처럼 야간절도 주거침입죄를 범한 자는 벌금형 대체가능성도 없는 10년 이하의 징역형을 달게 받아야 한다. 강제추행죄보다 야간절도 주거침입죄가 더 중대한 범죄로 처벌되는 법조문의 철학적 기저에는 인간의 존엄성과 성적 결정권보다 자본가들의 사유재산의 보호가 훨씬 중요했던 19세기 천민자본주의 배금주의 사상이 뿌리 깊게 자리 잡고 있는 것은 아닌지?

일본의 강제추행죄 형벌은 6개월 이상 10년 이하 징역이다(일본 형법 제176조 상단). 중국의 강제추행죄 형벌은 5년 이상 징역이다(중국형법 제237조 1~2항). 한국과 달리 일본과 중국 두 나라 모두 벌금형 대체가 원천적으로 불가능한데다가 한국에 비해 훨씬 중한 징역형을 부과하고 있다.

· 인간이길 포기한 아동·청소년강제성추행범에게 1천만 원의 벌금이라니

둘째, 아동·청소년강제성추행죄. 2013년에 제정 실시중인 아동 및 청소년 성보호에 관한 법률 제7조 3항에 이르면 숨이 턱 막힌다. 폭행 또는 협박으로 아동 및 청소년을 성추행하는 자는 2년 이상의 징역 또는 1천만 원~3천만 원 벌금에 처한다고 되어있다. 일반 성인에 대한 강제추행죄도 추악하기 짝이 없는 범죄인데, 악마가 아닌 다음에야 인간으로서는 더 이상 악할 수 없는 극악무도한 범죄인 아동과 청소년에 대한 강제추행죄를 '또는 1천만 원~3천만 원 벌금'에 처한다고 규정하다니.[25]

이런 식이라면 살인범도 '5년 이상 징역 또는 5천만 원 이하의 벌금'으로 처벌한다고 규정하는 게 일관성이 있지 않을까. 광주인화학교 사건을 영화화한 '도가니'가 불러일으킨 사회적 분노를 치유하기 위한 제도적 개선책의 결과물이 고작 이 정도라는 말인가. 이래서 아동강제성추행죄의 형벌이 이따위라서, 그제는 밀양, 어제는 광주, 오늘은 남원, 내일은, 모레는 또 어디 계속 '도가니'는 끊이지 않고 생겨나는 것이다.

"아동강제추행범에 처벌 역시 한국과 달리 일본과 중국 두 나라 모두 벌금형 대체가 원천적으로 불가능하다." 일본의 아동강제성추행죄 형벌은 일반강제성추행과 같은 6개월~10년 징역이지만 가중처벌하도록 규정하고 있다(일본형법 제176조 후단). 중국의 아동강제성추행범은 사형, 무기, 10년 이상 징역으로 죄의 대가를 달게 받아야 한다(중국형법 제237조 3항). 실제 중국은 아동강제성추행범에게 대부분 무기 또는 사형으로 엄단하고 있다. 참고로 중국의 명률과 청률, 우리나라 조선시대 형률에 의하면 10세 이하의 여자아이를 범했을 때는 화간이나 강간을 불문하고 무조건 목을 베는 참수형으로 다스렸었다.26)

· 살인죄만큼 무거운 중죄 강간죄의 형벌이 강도죄와 같다니

셋째, 강간죄. 폭행 또는 협박으로 사람을 강간한 자는 3년 이상의 유기징역에 처한다(형법 제297조). 강간은 피해자에게 중대한 육체적 정신적 고통을 주며 오랜 시간이 지난 후에도 심각한 트라우마를 남긴다. 강간죄는 친 세세직으로 싱빔쇠 가운데 기징 무기운 중

죄로서 거의 모든 국가권력에 의한 엄벌대상이다. 우리나라 형법은 강간범에 이르러서야 '또는 얼마 이상 얼마 이하'의 벌금형 대체 조항이 사라졌다. 그런데 여기에도 짚고 넘어가야 할 문제가 하나 있다. 타인의 재산을 강제적으로 취득한 강도범(징역 3년 이상 형법 제333조)과 사람의 (주로 여성)의 성적 결정권을 강제로 박탈한 강간범의 형벌이 동일하다는 것이다.

인간사회에서 발생하는 흉악범죄에서도 천인공노할 악질의 반인륜적 행위인 강간범의 형량을 어찌 타인의 물건을 강취한 강도죄와 동일한 죄형에 처하는 것으로 규정하고 있는가? 이 역시 여성 또는 사회적 약자의 성을 물건으로 취급하던 19세기 천민자본주의의 잔재 아닌가?

일본은 강간죄를 단순강간죄와 집단강간죄를 구분하여 전자는 3년, 후자는 4년으로 처벌하고 있다. 중국도 강간범을 죄질이 경할 경우 3년 이상 10년 이하의 징역, 중할 경우 사형, 무기징역, 10년 이상의 징역으로 구분하여 처벌하고 있다. 하지만 중국 법현실에서는 주로 중형으로 강간죄를 다스리고 있다. 특히 섬마을 여교사 윤간사건처럼 윤간범이나 2008년 조두순사건 같은 아동강간범은 대부분 검거된 후 1년 안에 형장의 이슬로 사라지게끔 하고 있다.

중국에서 강간범이 항소하더라도 감형되는 판례[27]는 거의 없기에 그들은 1심 확정 후 대부분 항소를 포기하고 법의 심판을 달게 받을 마음의 준비를 한다. 중국은 강간범과 마약사범, 폭탄테러범 등을 범한 사형수를 확정판결 후 45일 이전에 사형을 집행하고 있다. 참고로 중국형법 제20조 제3항은 강간에 대하여 행한 방위행위가 불법침해자에게 사상의 결과를 발생시켜도 과잉정당방위에 속하지 않으며 형사책임을 지지 아니한다고 규정하고 있다. 즉 자신을 강간하려고 드는 가해자를 죽여도 괜찮은 무한정당방위를 보장하고 있다.

· 성범죄관련 형법조항은 최대의 악법, 개정이 시급하다[28]

비판 없는 발전은 없다. 그러나 대안 없는 비판은 맹종보다 해롭다. 천학비재한 필자 개인적 대안은 다음 두 가지다.

제1안, 징역형을 강화하는 대신 벌금형을 폐지하는 안이다. 추악한 성범죄를 '그까짓 돈 몇 푼으로 때우면 그만이다는 생각을 애초부터 못하게 하도록 벌금형 대체 가능성을 원천 봉쇄하는 대신에 징역형을 강화할 것을 건의한다. 피해자에게 정신적 육체적 고통을 평생토록 가하는 강간죄의 죄형을 최소한 물건을 강제로 빼앗는 강도죄보다는 중한 징역형으로 높일 것을 제안한다. 살인죄 5년 이상 징역과 강도죄 3년 이상 징역의 중간인 최소 4년 이상 징역형으로 강간죄의 형벌을 강화할 것을 제안한다. 그리고 섬교사 성폭행사건처럼 윤간범과 2008년 조두순 사건 같은 추악한 아동강간범에게는 무기 또는 사형에 처할 수 있도록 형벌을 대폭 강화할 것을 제안한다.

ex ① 강제추행범; 1년 이상 10년 이하의 징역(특수절도죄의 죄형과 동일), ② 아동·청소년강제추행범; 3년 이상 징역(강도죄의 죄형과 동일), ③ 강간범; 4년 이상 징역(강도죄와 살인죄의 최저형의 중간), ④ 윤간범과 아동강간범; 무기징역, 사형(강도살인범에 준함)

제2안, 징역형과 벌금형을 함께 병과하는 안이다. 성범죄에 대해 징역형과 벌금형을 선택적으로 부과하던 '또는'을 '과'로 바꿔 징역형과 벌금형을 병과히도록 히는 방안을 제안한다. 그리고 성범죄의 예방력을 강화하고 법 경시 풍조를 차단하기 위하여 벌금액수를 화폐 가치의 변동에 적합한 액수로 대폭 인상할 것을 건의한다. 빈부에 따른 부담의 형평성 문제는 성범죄자와 성범죄자 가족의 경제력에 비례하여 벌금을 부과하는 등 탄력적으로 벌금형을 운용하도록 하는 방안도 검토해 볼 것을 제안한다. 이를테면 초범은 전 재산의 5분의 1을, 재범은 전 재산의 3분의 1을, 3범은 전 재산을 벌금으로 부과

ex ① 강제추행범 초범; 10년 이하 징역 및 전 재산의 5분의 1 벌금형 부과 ② 아동·청소년강제추행죄 재범; 3년 이상 징역 및 전 재산의 3분의 1 벌금형 부과

끝으로 국회의원의 존재이유는 좋은 법을 만들고 악법을 '호법(好法)'으로 개정하는 것이다. 악법 하면 으레 국가보안법 따위를 떠올리는데 이는 적절치 않다. 이른바 '극소수 종북세력(?)' 외에는 국가보안법에 저촉될 국민이 몇 명이나 되겠는가? 돈 몇 푼만 벌금으로 물면 얼마든지 성범죄를 저지를 수도 있는 법조문이 널리 알려질까 두렵기조차 한 성폭행 관련법들이 바로 악법들이 아니고 무엇이겠는가?[29]

미국, 중국, 일본, 독일, 프랑스 등 주요국가의 인구비례별 의원수보다 훨씬 많은 300명이나 되는 국회의원들이 마땅히 해야 할 일을 9명의 헌법재판소 재판관들에게 떠넘기는 일은 그만두어야 한다. 쓸데없는 정쟁이나 하라고, 헌법재판소의 결정을 놓고 이러쿵저러쿵 뒷말이나 하라고, '입법의 염불'보다 '이권의 잿밥'에만 탐닉하라고, 국민의 혈세로 고액의 세비를 주는 것이 아니다.

성범죄에 대해 벌금형을 징역형과 선택적으로 부과하는 현행 형벌조항을 개정하여 징역형과 병과하도록 성범죄 처벌을 강화하든지,

성범죄에 대한 형벌조항에서 벌금형을 아예 폐지하는 대신 징역형을 대폭 강화하는 방안으로 개정하든지, 국회의원은 비싼 몸값에 걸맞은 활약을 펼치길 기대한다.[30]

세금영수증과 복권을 통합하자[31]

국민의 혈세를 착복한 거액의 세금 횡령이 전국적 현상이라는 사실에 국민들은 커다란 충격과 분노에 휩싸였다. 국가의 기강으로 보나 대부분 청렴하고 성실한 공무원들의 명예와 사기로 보나, 법치주의의 관점에서 보더라도 세금 비리는 모두 찾아내어 철저히 무제한 응징하여야 한다고 생각한다. 그러나 사실 참신하고 혁명적인 제도장치 마련과 전산화 등으로 구조적 비리를 척결하지 않고서는 그런 자리에 앉은 공무원도 온갖 청탁과 회유에서 온전할 수 없을 것이다. 평범한 사람들이 모두가 주인공들인 자유민주주의 사회에서「까마귀 노는 곳에 백로야 가지 말라」는 식으로 홀로 독야청청하고 홀로 비범한 공무원만을 요구하는 것도 무리가 아닐 수 없다.

따라서 이제는 총체적 부정부패의 전형인 세금비리의 근절책에 보다 획기적이고 근본적인 제도화의 모색이 있어야 한다고 믿는다. 이와 관련하여 외환보유고 세계 제5위의 번영을 누리며 세계화·지방화에 앞선 대만에서 성공적으로 실시 중인「통일발표」를 우리 실정에 맞게 창의적으로 도입하여 시행할 것을 적극 제언한다.

「통일발표」는 영수증과 복권을 절묘하게 통합시켜 놓은 것으로 정부에서 화폐의 기의 마찬가지 비중과 방법으로 직접 제조 기워 배빈

관리하는 것이다. 대만에서는 순수한 의미의 복권은 엄격히 금지되어 있으나 돈을 주고받는 모든 거래행위(껌 하나를 사더라도)와 조세 납부 시에는 영수증의 상단에 복권번호(예시:ws12345678,wr06374951)가 기재되어있는 「통일발표」를 모든 소비자와 납세자에게 반드시 발급하게 하고 있다. 영수증(복권)은 두 달에 1회씩 주요 일간지에 당첨번호를 발표하는데 1등 당첨액은 한화로 수억 원이 넘으며 당첨율도 상당히 높다.

우리도 이처럼 영수증과 복권을 과감하게 통합하여 발행해 영수증복권제를 실시한다면 아래와 같이 여러모로 조세부정을 자연스레 봉쇄하여 국가경쟁력을 강화할 수 있으며 개혁과 제도화에 따르는 고통도 진정시키는 '보이지 않는 약손'이 될 수 있을 것이다.

이 같은 제도가 시행되면 첫째, 가짜 영수증발급을 방지할 수 있다. 법무사가 영수증을 변조할 수 없으며 메모지로 즉석 영수증을 만들어 주고 세금을 통째로 삼키는 경우도 발생하지 않을 것이다. 과거 실속이 없으니 시들해질 수밖에 없었던 '영수증 주고받기 운동' 따위의 운동 아닌 억지운동을 할 필요도 없다. 소비자와 민원인들은 수억 원의 횡재가 숨어있을지 모르는 복권이나 다름없는 영수증을 두 눈을 반짝이며 잘도 받고 잘도 보관할 것이다. 제도가 이런데 영수증을 주지 않거나 허위로 영수증을 발급해줄 공무원이나 판매자가 어디 있겠는가?

둘째, 무자료거래나 엉터리 영수증을 조작하는 금전등록기가 사라지고 정확한 직-간접세의 조세근거자료를 확보할 수 있어 탈세와 세금횡령으로 인한 국가재원의 막대한 누수현상을 원천적으로 봉쇄할 수 있을 것이다.

셋째, 영수증(복권)을 발급할 여건이 못 되는 지하경제는 도태되고 건강하고 투명한 유통질서를 확립할 수 있을 것이다.

넷째, 공익기관이 복권을 남발하여 국민의 사행심을 조장하고 일확천금을 꿈꾸는 한탕주의를 부추긴다는 비난의 우려를 불식시킬 수 있을 것이다.

다섯째, 자칫 부담스럽고 귀찮게 느껴지는 세금의 납부행위가 행운을 내포한 복권(영수증)을 얻게 되는 것으로 연결되어 그것이 그다지 싫지만은 않은 일로 전환되게 하며, 복권만을 따로 살 때 느낄 수 있는 멋쩍음과 쑥스러움을 완화하는 심리적 완충효과도 얻을 수 있을 것이다.

여섯째, 누구나 한번쯤 가져볼 수 있는 횡재에 대한 기대심리를 상거래와 세금납부에 슬기롭게 접합시킨 이 제도는 건전한 소비생활을 활성화하여 생산력을 촉진하고 국가경쟁력을 더욱 강화하는데 크게 기여할 것이다.

이처럼 영수증=복권제를 우리나라 실정에 맞게 창조적으로 조속히 실시한다면 추상적 슬로건만 요란하고 구체적인 정책이 미비한 병증, 전 사회에 만연한 도덕 불감증, 공직에 대한 불신뿐만 아니라 우리사회의 수많은 뿌리 깊은 난치병을 별다른 통증 없이 효과적으로 치유할 수 있는 '보이지 않는 약손'이 될 수 있을 것이다.[32]

세금영수증 복권제와 지하경제 양성화

제도의 목적을 효과적으로 달성하기 위해서는 그 제도를 운용하기 위한 긍정적인 유인동기가 있어야 한다.33) 세정의 투명성 확대를 위한 강제적 수단이 가지는 한계점을 보완하기 위해서는 적절한 인센티브의 제공을 통하여 경제행위자 스스로 행위를 바꾸도록 하는 제도적 장치가 마련되어야 한다. 지하경제가 성행하는 까닭은 세원을 감추기 위해서 영수증을 발급하지 않기 때문이다. 영수증의 적정한 수수는 전 단계 세액공제법과 영수증 정부제출제를 채택하고 있는 한국과 대만 양국에서 부가가치세의 성패를 좌우하는 사활적 과제이다. 한국의 내국세에서 최대비중을 차지하는 부가가치세의 탈루세액은 7조 8천억 원(2011년)으로 최근 국세청이 지하경제 양성화를 통해 강도 높은 세무조사를 통해 재원을 확보하겠다는 연간 추가세수목표액 6조 원을 초과하는 액수이다.

이에 필자는 낮은 세율을 유지하면서도 세수를 증가시키고 탈루세를 최소화하여 자국의 지하경제 양성화에 많은 기여를 하고 있는 대만의 영수증복권제를 창조적으로 재도입할 것을 제안한다. 이는 단순한 재도입이 아니라 과거 한국이 시행한 바 있던 영수증복권제의 성과와 문제점을 심층 분석하여 새로운 차원의 영수증복권제를 제정, 시행할 것을 제안한다.

영수증복권제의 성패는 영수증복권에 대한 법적 재정적 보장성에 달려있다. 우선 <부가가치세법>에 영수증복권제 실시를 의무규정화하고, 연간 부가가치세 세수총액의 1%(2011년 부가가치세수입 기준 5천 2백억 원)를 복권제운영에 소요되는 예산으로 충당하는 조항을 명기하여야 한다. 이렇게 충분히 확보된 운영예산(2007년 영수증복권운영예산의 약 70배)으로 현금이든 카드든 거의 모든 거래에 영수증 복권제를 실시하되, 당첨금과 당첨율을 대폭 높이고 적극적인 홍보활동을 전개해나가야 할 것이다. 구체적으로 1등 당첨금을 5억 원으로 설정하여 영수증복권의 상징성과 홍보효과를 높이고, 최하 당첨금을 10만 원으로 설정하여 당첨에 대한 기대감을 높여 영수증 수취율 제고로 귀결시켜야 할 것이다.

영수증을 성실하게 발급하는 사업자에 대해 적절한 인센티브를 부여하는 한편, 영수증복권발급에서부터 당첨금 수령에까지 이르는 번잡한 레드 테이프를 제거하여 소비자의 개인정보를 보호하고 영수증복권에 대한 접근성을 강화하여야 한다. 끝으로 영수증복권 세부운영규정은 그 실질적 내용이 납세의무자의 권익에 관련되는 내용이므로 국세청 고시의 행정규칙이 아닌, 기획재정부 장관의 부령, 즉 법규명령으로 격상시켜 제정, 시행할 것을 제안한다.[34]

<한국-대만 영수증복권제의 법적 · 재정적 보장성 대조표>[35]

구분	한국	대만
근거법률	부가가치세법	영업세법(부가가치세법)
근거법률 조항	부가가치세법 제32-4	영업세법(부가가치세법) 제58조
근거법의 법적보장성	허용규정, 임의성 재량성 규정	의무규정, 강행성 기속성 규정
운영규정의 존재양태	국세청 고시 (행정규칙)	재정부 부령 (법규명령)
소요예산확보 규정	없음	연간 영업세 총수입액의 3%

상속세율은 낮추고 법인세율은 높이고

2017년 글로벌 슈퍼리치 TOP 100 가운데 15명이 중국인이다. 반면에 한국인은 하나도 없고 일본인은 2명뿐이다. 중국갑부 상위순위 1,500명의 총재산이 우리나라 연간 국내총생산(GDP)의 1.5배에 육박하고 있다. 지금 중국 땅에는 약 10만 명의 억만장자(부동산을 제외한 개인자산 약 170억 원 이상)를 비롯한 약 150만 명의 천만장자 군단들이 계속 돈을 쓸어 담고 있다. 이처럼 중국은 부자가 많은 나라다. 단순히 부자가 많다기보다는 부자를 만들어내는 세법, 회사법, 무역법, 투자법 등 법과 제도를 잘 갖춘 나라다.

2017년 말 현재 베이징 택시의 70%는 아반테(중국이름, '이란트')나 소나타 등 현대기아차가 차지하고 있다. 이는 우리나라 자동차가 가격대비 성능, 연비 등이 좋아서겠지만 전 정치국상무위원 겸 당기율심사위원회 주임(권력서열 제6위) 왕치산(王岐山, 1948~)[36]의 공로도 잊어서는 안 된다고 생각한다. 왕치산은 2004년 베이징 시장 재임 당시 현대차 아반테를 베이징 시의 표준공식택시로 지정했다.

2006년 4월 현대기아차 정몽구 회장이 상속세 포탈 혐의로 구속되었다는 소식이 중국전역의 언론매체에 크게 보도되었다. "한국의 상속세율은 얼마나 되는가?" 베이징 대학 천(陣) 모 교수는 자신이 얼마 전 구입한 승용차도 한국의 현대차라면서 내게 물었다.

"약 30~40%로 알고 있다." 우리나라 세법상 30억 이상 재산의 상속세율이 50%인줄 몰랐던 나는 어림짐작해 답했다. "뭐, 상속세율이 30~40%나 된다고! 정말 그렇다면 한국은 자본주의 국가가 아니다. 일전에 '상도'는 소설이라 긴가민가했지만 상속세율에서 확실히 알겠네. 한국은 둘도 없는 사회주의국가다! 상속세의 과세이념은 부의 집중억제일진데 자본주의 국가를 표방하는 한국이 어떻게 그렇게 높은 상속세율을 부과할 수 있지? 아마 당신이 잘 못 알고 있을 거야"라며 천 교수는 고개를 좌우로 크게 흔들면서 외쳤다. "이 중국 친구는 끄덕하면 우리나라를 사회주의국가라 놀리는데 재미들렸나보군." 속이 상한 나는 "그렇다면 당신네 나라 '자본주의 국가 중국'의 상속세율은 얼마쯤 되는데?" 빈정거리듯 응수했다.

"중국의 상속세와 증여세 세율은 0%다. 기업소득세(법인세)의 일반세율은 25%이다. 기업인이라면 누구라도 법인세보다는 상속세나 증여세에 신경이 많이 쓰일 것이다. 기업인에게 상속세와 증여세는 없애는 대신 법인세율은 좀 높이 부과하면 된다. 국가가 재원이 필요하면 기업에 대해 세금을 걷으면 되잖아. 하물며 자본주의 국가라는 한국이 개인의 상속사유재산에까지 무슨 논리와 근거로 그렇게 많은 세금을 부과하는가?"라며 천 교수는 마치 자기에게 닥친 억울한 일이라도 되듯 화를 내며 투덜거렸다.

"명색이 사회주의 국가 중국인데, 상속세율이 0%라니!" 나는 속으로 혼잣말하며 놀란 표정을 감추려고 애썼다. 소설 『상도』 때와는 달리 더 이상 대꾸도 할 수 없었다. 기업인은 아니지만 내가 한번 기업인의 처지가 되어서 생각해보니 천 교수의 지적에 일리가 있어서였다.

나중에 알고 보니 우리나라 최고상속세율은 50%로 일본과 함께 세계에서 제일 높다. 우리나라 세법상 상속세의 과세표준금액은 1억 원 미만은 10%, 1~5억 원은 20%, 5~10억 원은 30%, 10~30억 원은 40%, 30억 원 이상은 50%가 적용된다(증여세율도 상속세율과 동일). 참고로 주요국가의 최고 상속세율은 미국 40%, 독일 30%, 네덜란드 23%, 덴마크 15%, 대만 10%이다. 중국(홍콩 포함)은 원래부터 상속세가 없고 호주, 뉴질랜드, 멕시코, 러시아, 스웨덴, 싱가포르, 캐나다 등 세계 각국은 상속세를 폐지하는 추세에 있다.

따라서 중국인 중에 세계적 갑부가 많은 이유 중의 하나는 중국과 싱가포르, 홍콩은 상속세 0%, 대만은 10% 등 중화권에 상속세가 없거나 매우 낮기 때문이 아닐까? 반대로 한국과 일본에 세계적 갑부가 적은 까닭은 50% 고세율의 과도한 상속세 부담 때문이 아닐까?

우리나라가 세계 최고 상속세율을 유지하고 있는 웃지 못 할 이유 중 하나는 '법제 선진국(?) 일본 따라 하기' 때문으로 추론된다. 일본경제의 장기 침체 원인의 하나도 '상속세율 50%'처럼 글로벌 스탠더드에 부합하지 않은 낡은 법제들을 고수하고 있기 때문은 아닐까?

상속세의 과세근거는 국고수입의 목적보다는 소득과 재산의 재분배와 부의 집중억제를 주목적으로 한다. 살아서도 개인소득에 대해 소득세가 부과되고 죽어서도 개인재산에 상속세가 부과된다면 이는 생사를 초월하는 '이중과세'가 아닌가. 상속세율 50%라면 상속받은 재산을 절반이나 처분해야 한다는 말인데 저축할 의욕이 나겠는가. 높은 상속세율은 재산축적 의지를 약화하고 낭비를 초래한다. 재산구성을 유동화하며 산업구조를 취약하게 하고 기업인의 탈·누세와 재산의 해외도피 등 탈법·불법행위를 조장하는 부작용이 있다. 높은 상속세율은 기업인을 탈·누세 관련 범죄자 또는 범죄예비음모자로 전락시키고 국민경제를 도탄에 빠트리는 혹독한 세금, 즉 '가렴(苛斂)'이다.

'상속세율 0%의 사회주의(?) 중국과 세계최고의 상속세율 50% 자본주의(?) 한국'에서 나는 한중 양국의 기업들이 그리는 희비쌍곡선의 변곡점을 가늠해보며 200년 전 다산 정약용의 탄식을 떠 올린다. "세상은 날로 변하는데 낡은 법제를 그대로 두면 국가는 쇠망하고 사회는 타락하고 백성은 고통으로 신음한다." 다산이 살던 19세기 초에 세상이 '날로 변했다면 우리가 살고 있는 21세기 현재 세상은 '분' 단위가 아니라 '초' 단위로 변하고 있다고 해도 과언이 아니다.

그런데도 우리나라는 초고율의 상속세를 고수한 채로 오로지 법인세에만 몰입, 법인세율을 높이느니 마느니 톱으로 박을 켜는 듯 몇 년째 지루한 소모성 논쟁만 계속하고 있다.

상술한 바와 같이 우리나라의 상속세율은 세계 최고로 높다. 그러나 우리나라의 법인세의 일반세율은 22%로 세계주요국가에 비해 낮은 편이다. 미국 35%, 프랑스 34.4%, 일본 28.05%, 중국과 네덜란드 25%, 영국 23%에 비해 낮다.37) 이에 필자는 우리나라도 기업인의 투자의욕을 고취시키고 복지를 위한 재원확보 차원에서 상속세를 아예 폐지하거나 상속세율을 대폭 낮추는 대신 법인세를 글로벌 스탠더드에 부합하게 2~3%가량 높일 것을 제안한다. 이런 게 바로 '누이 좋고 매부 좋고, 정부 좋고 국민 좋고, 부자 좋고 서민 좋고' 아니겠는가.38)

Dreaming to Recreate Law

Professor Kang Hyo-baik was the first person to question the authenticity of the photo of Yoon Bong-gil. Recently, Professor Kang's assertion turned out to be true. He was also at the embassy working as a Consul General when the Chinese police illegally entered the Korean embassy in Beijing to arrest defectors in 2002. Currently, he in working as a law professor at Kyung Hee University where he received his Bachelor's degree. He believes that law is not just a subject to be studied but should be used to create a better world. Recently he played an important part in beginning the exchange between Kyung Hee University and Renmin University in China which has a prominent law school.

He chose law as his undergraduate major because he thought law was 'academics for justice.' "I want to save the poor and the weak by studying law," said Kang. Despite those expectations, he was disappointed at the lack of fundamental legal studies after he entered legal studies after he entered university. That is why he encourages students to actively think about the subject they are learning and ask many critical questions. Also, he was interested in Korean poetry, *sijo*.

"I liked *sijo* since it had a certain form and structure just like the law does. My hobby of writing *sijo* even helped me receive the Minister's Prize in the government officials literary contest. I think the enthusiastic tone of my voice is due to my interest in sijo," said Kang.

It was after graduation and passing the national Diplomatic Service Examination that he came to pay attention to China. He was given a chance to study abroad at the government expense. While most of the others in the Foreign Service chose to study in America, he chose Taiwan. "Many people tried to persuade me to study at an American graduate school. However, I thought the Korean government would soon establish diplomatic ties with China. Therefore, I chose Taiwan which had many similarities with China," he said.

Having received a doctoral degree from Taiwan, he was sent to China as a diplomat and he found many things that Korea could learn from China. "Chinese undergraduate students who majored in law were required to create laws of their own instead of just writing a thesis for graduation. I think that is a more effective way to get students interested in law and get them studying more." said Kang. Also, he mentioned that China is good at promoting pluralism and open mindedness.

"When one looks at the masks used in Bejing opera, we can see colors on them. There are colors representing good and evil personalities. Nevertheless, all the masks are painted in both the good and evil colors. Good and evil characters are distinguished only by whether there are more good colors or bad colors. That means Chinese people have a pluralistic way of thinking." he said.

Although he thinks that there are many things that we can learn from China, he basically believes that Korean students have the ability to excel. "In the Olympics games, Korea placed first if wo consider Korea's population when count the number of medals," said Kang. "If Korean students participate more actively in presentations, they would be able to better develop their talents," he added. He also gave advice for young students participate more actively in presentations, they would be able to better develop for young students who will go through tough competition in the global world. "It is good that students try hard to learn foreign languages, but just learning foreign languages by themselves is not enough. It is more important to get a grasp of foreign countries' political, economic, or geographical situation," said Kang.

Professor Kang has now become one of the few Korean experts on Chinese law with his unique perspective, but there is a more ambitious dream he wants to achieve. "I want to teach students that they can not only learn law as it is, but also create laws to design a better society. My deepest dream as a professor is to see my pupils surpass me, so that Korean law can continue to advance," he said.[39]

정의(正義) 아포리즘 15선

1. 의를 위하여 박해를 받은 자는 복이 있나니 천국이 그들의 것임이라.

       - 예수

2. 정의는 이롭고 불의는 해롭다(義利 不義害).

       - 묵자

3. 정의란 남을 방해하거나 간섭하지 않는 것이다.

       - 플라톤

4. 세상이 무너져도 정의는 세워라.

       - 칸트

5. 정의는 진실의 실현이다.

       - 주베르

6. 정의는 무엇과도 대체될 수 없어 비싸게 친다.

       - 케베드

7. 정의의 정체와 지연은 불의다.

       - 랜러

8. 정의 없는 힘은 폭력이고 힘 없는 정의는 무효하다.

- 파스칼

9. 정의는 강자의 이익일 뿐이다.

- 트라시마코스

10. 자기편에 유익한 게 정의다.

- 호르바트

11. 정의가 독점될 때 독선이 된다.

- 지학순

12. 울음은 울어야 더 서러워지는 것이요, 정의는 내놓고 부르짖어야 높아 가는 법이다.　　- 함석헌

13. 피해를 입은 사람들보다 피해를 입지 않은 사람들이 더 분노하면 그 사회는 정의로운 사회다.

- 한국 초등학교 4학년 어린이

14. 불의는 참아도 불이익은 못 참는다.

- 한국의 광고 카피라이터

15. 정의를 위해서라면 모든 걸 잃고도 후회하지 않아야 정의가 구현된다.　　- 강효백

제2장

법제2: 개헌

· 혁고정신(革故鼎新): 낡은 것을 뜯어고치고 솥을 새 것으로 바꾼다.

- 주역(周易)

· 시는 감성의 法이고 법은 이성의 詩다. 우리나라에서 가장 아름다운
  이성의 시는 "대한민국의 주권은 국민에게 있고 모든 권력은 국민
  으로부터 나온다.(헌법 제1조 2항)"이다.

- 강효백

· 사람들은 헌법을 신성불가침인 모세의 '계약의 궤'인 양 여긴다. 헌
  법은 인간사고의 발달과 항상 보조를 맞춰나가야 한다.

- T. 제퍼슨

· 국가의 과거는 사법으로 반추되고 국가의 미래는 입법으로 명료해
  진다.

- 강효백

· 기저귀와 정치인은 자주 바꿔줘야 한다.

- 마크 트웨인

· 국회의원 임기 4년 너무 길다. 미 하원의원 임기처럼 2년 임기로 개
  헌하라.

- 강효백

헌법 '전문', '대통령', '변호사'

> 배움(學)이란 뭔가? 깨닫는 거다. 깨달음(覺)이란 뭔가? 그릇됨(非)을 깨
> 닫는 거다. 그릇된 건 어떻게 깨달을 건가? 평소 사용하는 말(言)에서
> 그릇됨을 깨달아야 한다.
>
> — 정약용 / 『아언각비(雅言覺非)』

· 헌법전문

우리나라 헌법 조문 앞에 있는 글을 일본 헌법의 그것과 같이 '헌
법전문'이라 한다. 그런데 한글을 전용하는 우리나라 일반인들은 헌
법전문이 헌법의 머리글을 가리키는 '전문(前文)'인지, 헌법 전체 조
문을 의미하는 '전문(全文)'인지 구별하기 어렵다. 반면에 한자를 병
용하는 일본은 '前文'과 '全文'과의 구별에 별다른 문제가 없다.

국민 모두 주인인 민주국가에서는 법은 소수 기득권층의 전유물
이 아니다. 법이란 누구든지 이해하기 쉬워야 한다. 우리 법조문을

일반 사람이 이해하기 어려운 까닭은 법 제정 당시 일제의 법조문을 토대로 70여 년 전에 쓰던 일본식 한자어를 '법률용어'로 받들어 법 조문에 차용하였기 때문이다.[40] 더구나 헌법은 국가의 최고규범이 자 근본대법이다. 헌법 머리글은 헌법의 제정목적, 제정과정, 국가적 질서형성에 관한 지도이념 등을 규정하고 있으며 형식상 단순한 공 포문이나 선언문이 아닌 헌법의 일부분을 구성하고 있다. 그것은 헌 법본문의 개별적인 조문과 상호유기적인 관계를 가지며 하나의 통 일된 가치체계를 형성한다. 이러한 헌법의 첫머리부터 머리글인지 전체 조문인지 알기 어려운 전문이라는 일본식 용어를 사용하는 현 실은 부끄럽지 않은가? 필자는 헌법 개정 시에 헌법 '전문'을 헌법 '서문' 또는 헌법 '머리글'로 바로잡기를 제안한다.

· 대통령

요즘 우리나라 일각에서는 총체적 국정 유린 사태를 제왕적 대통 령제 헌법 탓으로 돌리며 2원 집정부제나 내각책임제로 개헌하자고 주장하고 있다. 그런데 헌법을 여러 차례 정독해 보아도 대통령(大統 領)이라는 제왕적 직명 하나만 빼고는 제왕적 대통령제를 규정한 조 항은 찾기 어렵다. 위정자 자기네들이 헌법과 법률을 위반하여 국정 을 마음대로 농단해놓고는 애먼 헌법 탓하고 있는 것은 아닐까?

우리는 대개 군주국과 공화국[41]의 국가원수(또는 대통령제의 행 정부 수반)를 각각 '왕'과 '대통령'으로 부르고 있다. 대왕은 후세가 세종대왕, 광개토대왕, 알렉산더대왕처럼 위대한 업적을 세운 왕에 게만 붙이는 존칭이다. 대통령은 그의 업적에 상관없이 모두 큰 '大

자가 붙은 대통령으로 부르고 있다. 대통령의 원래 직명은 '통령'이었다. 근대 일본은 프랑스의 제1공화정 (1799년~ 1804년) 최고 통치자인 나폴레옹의 직명을 '통령'으로 번역했다. '대통령'은 페리제독이 1854년 일본을 강제로 개항시킬 때 교부한 친서의 주인공 프랭클린 피어스 'President'에게 일본 측이 존칭 접두사 '대'자를 붙여 부른 때부터 시작된 것으로 추정되고 있다.[42]

오늘날 세계에서 '大統領'이라는 한자어를 쓰는 나라는 한국과 일본 단 두 나라 뿐이다. 더구나 군주국 일본은 다른 나라 공화국의 국가원수를 칭할 때만 사용한다. 자기 나라의 국가원수를 '대통령'이라는 이른바 제왕적 직명으로 부르는 나라는 대한민국이 유일하다.

언어가 의식을 지배한다. 잘못된 용어는 의식을 오염시킨다. 제아무리 큰 회사, 도시, 대학의 장이라 하더라도 '대사장', '대시장', '대총장'이라 하지 않는다. '대통령'에서 권위주의적 존칭 접두사 '대'를 떼어 내어 '통령'으로 바꾸자. 그리하여 위대한 업적을 이룬 왕에 한해서 대왕으로 부르듯 위대한 업적을 세운 '통령'에 한해서만 '대통령'으로 존칭하여 부르는 몫은 후세에 맡기기로 하자.

· 변호사

19세기 말 서양의 문물이 봇물이 터진 것처럼 동북아에 들이닥치자 일본은 원래 중국 한자에 없던 서양의 'democracy'를 '民主'로, 'liberty'를 '自由'로 표기하는 등 걸작으로 평가할 만한 용어를 번역해 냈다. 그러나 'lawyer'를 '변호사'로 번역한 것은 문제가 많다고 필자는 생각한다.[43]

미국과 유럽에서 'lawyer'는 재판에서의 변호뿐만 아니라 기업법률 자문을 하면서 다양한 분야에 걸쳐 법률서비스를 제공하는 전문가로 통한다. 그런데 일본은 재판에서 변론만 하는 송무업무 종사자라는 어감을 주는 '변호사'로 번역, 원어의 의미를 왜소화시키는 후과를 초래했다.

'변호사'라는 직업 명칭만으로는 세상을 밝고 고르게 조율하는 법률 전문가라는 함의를 담기에 턱없이 부족하다. 로스쿨 출신의 'lawyer'들의 원활한 사회진출을 위해서라도 '재판에서 변호만 하는 사람'의 어감을 주는 '변호사'라는 직명을 바꿀 필요가 있다고 생각한다. 재판 송무뿐만 아니라 의료·교육·경영·노무·세무·전문기술·문화예술 등등 다양한 분야에 걸쳐 사회적 약자를 위해 법률서비스를 제공하는 전문가를 의미하는 '율사(律師)' 또는 '법률사(法律師)', 그것도 아니면 원어 발음 그대로 '로이어'로 개칭하는 게 어떠할까?[44]

헌법 제3조 영토조항

헌법 제3조를 손질할 필요성이 있다. '대한민국의 영토는 한반도와 그 부속도서로 한다'는 조항은 미래 중국과의 북방영토협상에서 족쇄가 될 수 있다. 만일 중국이 "당신네 영토는 한반도라고 헌법에까지 명시해놓고 왜 남의 땅을 넘보느냐"고 한다면 무슨 논거로 항변하겠는가?

• 실패는 죄가 아니다. 목표가 없거나 낮은 것이 죄다

1919년 상하이 대한민국임시정부에서 공포한 임시헌법 제3조는 '대한민국의 강토는 구한국의 판도'로 규정했다. 1944년 충칭(重慶)으로 천도한 대한민국임시정부의 최종헌법, 즉 헌장 제2조는 '대한민국 강토는 대한의 고유한 판도'라고 규정하였다. 즉 최초 임시헌법의 '구한국(Old Korea)의 판도'가 최종 임시헌법 '대한(Great Korea)의 고유한 판도'로 해상도와 배율이 더욱 뚜렷해지고 확대되고 있다. 한반도는 물론 간도를 비롯한 북방영토의 주권회복을 국가목표로 설정하였음을 알 수 있다.

오늘날 남과 북, 분단의 좁고 답답한 프레임에 갇혀 체제의 우위를 주장하는 시대는 끝난 지 30년이 넘었다. 이제는 통일 이후의 상황변화에 대한 준비에 전념해야 할 때다. '북한은 물론 간도를 포함한 '큰 한국-대한(大韓)의 영토의식'을 함양하여야 한다고 생각한다.

"대한민국의 영토는 한반도와 그 부속도서로 한다"의 헌법 제3조는 남북이 갈라지던 해방공간에서 통일의 염원을 담은 소중한 조항이라고 할 수 있다. 그러나 1948년 헌법제정안 초안 검토 시에 제헌의원 일부는 "대한민국 영토를 반도라고 쓴 것은 일본의 의도를 따른 것이다. 간도의 모든 권리는 한민족에게 있기 때문에 당연히 우리 국토로 편입해야 할 것"이라고 개정을 촉구했던 사실을 상기해야 할 것이다. 더구나 갈수록 노골화되는 중국의 간도를 포함한 동북공정 공세에 헌법 제3조는 독소조항으로 작용할 위험성이 매우 크다.

일반적으로 인식하는 한반도는 압록강-두만강 이남지역으로 의미하므로 우리 헌법은 이미 간도지역을 포기한다고 말하고 있는 것이나 다름없다. 혹자는 영토조항을 헌법에 규정한 세계 각국의 헌법례가 거의 없다는 점을 들어 영토조항을 헌법에서 아예 삭제해버리자고 말한다. 그러나 영토조항을 완전히 지워버린다면 중국과 일본 등제3국에게 북한에 대한 내정간섭을 하지 말라고 요구할 수 있는 헌법상 근거를 스스로 제거하는 꼴이 된다. 따라서 필자는 향후 헌법을 개정할 때 임시정부 최종헌법인 헌장 제2조를 원용하여 '대한민국의 영토는 한반도와 간도를 아우르는 대한의 고유한 판도로 한다'라고 규정할 것을 제안한다. 만일 이러한 개헌이 중국과의 관계 등을 감안하여 번거롭다면 우선 '한반도와 부속도서는 대한민국의 영토다'로 개헌하거나 가칭『영토 기본법』을 제정하여 '헌법상의 한반도는 간도 등 북방영토를 포함하는 개념'이라는 것을 명기한 조항을 규정할 것을 제안한다.[45]

연임제 개헌 서둘러야 하는 이유[46]

연말에 새로운 대통령 당선자가 출현할 것이다. 그러나 누가 되더라도, 설령 세종대왕과 광개토대왕이 다시 태어난다 하더라도 대통령 단임제의 현행 헌법 아래에서는 성공을 낙관하기 어렵다. 연임제 개헌을 서둘러야 한다. 그 이유를 들겠다.

첫째, 대통령제 특히 대통령 중(연)임제는 미국, 러시아 등 83개국이 채택하고 있는 세계 보편적 제도다. 단임제 국가는 한국, 필리핀, 멕시코, 볼리비아, 온두라스, 파나마 등 6개국. 하나같이 정치 후진국들뿐이다. 우리는 정치·경제·사회·문화 거의 모든 분야에서 미국의 것을 벤치마킹하면서도 초강대국 미국을 낳은 통치구조 시스템 중 최고 명품으로 평가받는 중임제는 왜 안 따르는지, 그와 거꾸로 1회성 정부가 펼치는 1회성 정책에 경제가 이리저리 흔들려온 후진국 약소국들 하고 왜 같은 멍에를 쓰고 있는지 그 이유를 모르겠다.

둘째, 21세기에 맞는 새 틀이 필요하다. 우리가 직선단임제를 실시한 지난 20년 동안 국제정세와 국민의식 수준은 경천동지의 대변화를 겪어왔다. 중국은 1982년 전면 개헌한 이래 헌법을 4번이나 뜯어 고쳐왔다. 일본도 국제 사회의 초강대국으로 부활하기 위하여 개헌을 추진하고 있다. 중국과 일본의 개헌 움직임은 21세기 변혁의 중심인 동북아에서 주도권을 잃지 않으려는 전략이다. 그런데 우리만 여전히 낡은 틀에 스스로 옭매여 있으려는가?

셋째, 레임덕을 최소화할 수 있다. "이래도 5년, 저래도 5년, 딱 한 번 5년, 아무리 길어도 5년." 단임제는 취임 당일부터 레임덕에 빠져들게 되는 (불량) 시스템이다. 임기 4~5년차에 이르면 대통령은 마치 대입수능을 망친 고3이 막연히 졸업식 이후를 기다리는 것처럼 잔여임기를 보내게 되는 현상의 악순환, 한 마디로 국가적 비극이다.

넷째, 안정적인 국정운영이 가능하다. 국정이 단막극도 아닌, 토막극 상황은 피할 수 있다. 중장기 국책사업의 수립과 지속적 추진이 활성화된다. 장기 집권의 역기능 한 가지 면만 피하려다 보니 우리 대통령 재임 가능 기간은 세계에서 두 번째로 짧아졌다. 온두라스는 4년 임기의 대통령 단임제다. 세계에서 두 번째로 짧은 재임가능기간 5년 단임제 대통령에게 원대하고 지속가능한 중장기 국가전략사업계획 수립과 그 실천을 기대하는 건 무리다.

다섯째, 중간평가가 가능하다. 미국의 대통령은 4년 임기 후 중임
제를 통해 국민의 평가를 받게 하고 이전 정권에서 진행하던 것을
이어나갈 수 있게 한다. 현행 단임제는 대통령 임기를 1회로 제한함
으로써 국정 최고책임자를 자유롭게 선택하고 유임시키는 국민의
기본권 침해 소지도 없지 않다. 늘 실패한 정권, 단절된 정권에 익숙
해진 우리 국민에게 중임제 개헌은 새로운 활력소가 될 것이다.

여섯째, 개헌은 올해가 최적기이다. 대통령과 국회의원의 임기가
20년 만에 딱 한번 마주치게 되는 이번 기회를 놓쳐서는 안 된다.
지금 우리의 처지가 밤하늘의 혜성을 기다리듯 또다시 20년을 기다
릴 만큼 한가하지 않다. 정치일정상 개헌하기에 시간이 촉박한 것도
아니다. 현행 헌법도 초안 마련에서부터 국민투표 확정까지 3개월
만에 만들어진 것을 감안하면 시간은 충분하다.[47]

<단임제와 연임제의 장단점 비교표>

	현행 5년 단임제	4년 연임제(1회한)
1	○ 제왕적 대통령제 - 차기 선거가 필요 없기 때문에 오만과 타성에 빠지기 쉬움 ○ 분절적 독재정치의 반복 - 과거 장기독재의 폐해는 막을 수 있으나 국정의 단막극 내지 토막극화를 초래 - 중장기 국가전략수립 및 실행 곤란	○ 성실한 행위를 유도하는 동기를 부여 - 이번에 잘해야 다음에 또 뽑아 주리라는 기대에 최선을 다함. 못하면 4년, 잘하면 8년 ○ 중장기 국가전략수립 및 실행의 활성화
2	○ 국민에 의한 평가 원천적 차단 - 국민에 의한 심판의 길을 처음부터 제도적으로 막아 민주적 정당성의 이념 그 자체를 경시 ○ 정부가 국민의사에 잘 반응하지 않게 됨 - 여소야대 정부가 들어서면 더 그 상태가 심각.	○ 국민에 의한 평가와 중간평가 가능 ○ 민주정치의 본질적 요청에 적합 - 대통령에 대해서 국민이 선거를 통해 평가의 기회를 갖는 것은 대통령직선제 민주정치의 본질적 요청
3	○ 수동적 관객민주주의 - 국민은 선출당시 1회만 참여민주주의 가능, 임기종료 때까지 수동적 관객으	○ 참여민주주의(participatory democracy)가능

	로 전락 - 대기업과 결탁한 메스미디어에 의한 정확한 국민의사 반영 왜곡가능	
4	ㅇ 중남미 후진국형(현재 6개국) - 한국, 필리핀, 파나마, 온두라스, 볼리비아, 멕시코 * 페루와 칠레는 중임제와 연임제로 개헌	ㅇ 세계 보편적 제도(현재 92개국 채택) - 95개 대통령제 국가 중 미국 러시아 비롯한 85개국 채택 - 프랑스 등 2원집정제 7개국 포함하면 총 92 개국 채택
5	ㅇ 연임제한 없는 국회의원 지자체의원, 3선 가능한 지자체장의 재임기간과의 불평등 * 단임제 실시하는 멕시코는 대통령, 상 하의원 의원의 재선 금지 ㅇ 5년 단임제는 세계에서 두 번째로 짧 은 대통령재임 가능기간	ㅇ 대통령 임기의 적정화 (4년~8년)
6	ㅇ 단왕폐래斷往閉來(과거를 단절하여 앞 날을 막음) ㅇ 중시조(中始祖) 콤플렉스 - 역사바로세우기(김영삼) 제2의 건국(김 대중) - 정권 재창출 여부와 상관없이 개혁이 라는 이름하에 정치보복 또는 전임정 권과의 단절	ㅇ 계왕개래繼往開來(과거를 계승하여 미래를 개척) ㅇ 정치보복 최소화
7	ㅇ 차등임기제의 폐해심각 - 현행헌법은 대통령 임기를 5년으로 하 고 또 한편 국회의원의 임기는 4년으로 하고 있는 바, 헌법규정에 있어서 대통 령교체기와 국회의 교체에 있어 계획성 없는 갈등적 주기 설정은 평화적 정권 교체에 따른 공백기를 가중케 함.	ㅇ 좌기 차등임기제의 폐해 극소화
8	ㅇ 임기시작부터 사실상 레임덕 시작	ㅇ 레임덕 최소화 - 초임4년 레임덕현상 없으며 재선될 경우라도 초임4년 재임2년 6년은 레임덕 최소화
9	ㅇ 1회성 정부의 1회성 정책에 경제 불 안과 투자위축 조장, 정경결탁 조장	ㅇ 경제가 정치권력으로부터 받는 영향 최소화 - 경제 안정과 투명성제고 투자활성화 도모
10	ㅇ 국민이 원하는 대통령을 선출하고 유 임시키는 기본권 침해소지	ㅇ 국민이 원하는 유능한 대통령 재선시킬 자 유보장 - 국민이 그 지도자를 선택할 권리를 가지는 것이야말로 '진정한 민주주의'

노 대통령이 '대통령 4년 연임제 개헌'을 제안한 이유

노무현 대통령이 2007년 1월 9일 제안한 대통령 4년 연임제 개헌을 놓고 정치권을 중심으로 논란이 일었다. 왜 노 대통령은 임기 1년을 남겨놓은 시점에서 개헌을 제안했을까?

전 세계에서 대통령(중심)제를 실시하고 있는 95개국 중에서 우리나라와 같은 단임제를 실시하고 있는 나라는 6개국에 불과하다. 6개국에는 우리나라를 비롯 필리핀, 멕시코, 볼리비아, 온두라스, 파나마가 포함된다.

경희대 강효백 국제법무대학원 교수는 경향신문 2007년 1월 8일자(노무현 대통령의 개헌안 제안 하루 전날)에 기고한 '중임제 개헌 서둘러야 하는 이유'에서 "우리는 정치·경제·사회·문화 거의 모든 분야에서 미국의 것을 벤치마킹하면서도 초강대국 미국을 낳은 통치구조 시스템 중 최고 명품으로 평가받는 중임제는 왜 안 따르는지, 그와 거꾸로 1회성 정부가 펼치는 1회성 정책에 경제가 이리저리 흔들려온 후진국 약소국들 하고 왜 같은 멍에를 쓰고 있는지 그 이유를 모르겠다"고 지적했다.

강 교수는 중임제를 채택해야 하는 이유로 △세계적으로 단임제를 채택하고 있는 국가는 후진국·약소국들임 △중국과 일본의 개헌움직임에 발맞춘 21세기에 맞는 새 틀 필요 △국가적 비극인 레임덕 최소화 △안정적 국정운영과 중간평가가 가능 △대통령과 국회의원 임기가 마주치는 20년만의 적기 등을 들었다.

· 1987년 개헌의 목적은 군사독재 장기집권 방지

1987년 26년간의 군부독재를 물리친 6월 민주항쟁의 결과로 탄생한 9차 개헌 헌법의 목적은 무엇보다 독재와 장기집권 방지에 있었다. 당시 정치권에선 대통령 임기를 두고 6년 단임제(민정당)와 4년 중임제(통일민주당)로 의견이 갈리었으나 군사독재의 장기집권과 연임에 대한 우려가 작용하면서 5년 단임제로 타협이 이뤄졌다.

그러나 1987년 이후 4차례의 대통령선거를 거치면서 절차적 민주주의가 확립되고 1997년, 여야 간 정권교체와 2002년 국민경선 등을 거치면서 우리나라에서 선거 이외의 방법으로 정치권력을 창출한다는 것은 거의 불가능한 게 현실이 됐다.

세계 정치자유도를 매년 평가하는 미국 프리덤하우스는 2005년 정치적 자유 측정에서 한국을 세계 선진민주국가들과 함께 최상위등급인 1점에 위치시켰다. 그러나 우리나라의 정치일정은 대선, 총선, 지방선거의 임기와 선거주기가 서로 달라 재임 대통령은 5년 임기 중에 정권 평가적 성격을 갖는 선거를 3번씩 경험하고, 이렇게 잦은 선거는 정당의 정치행위를 선거에 맞추게 함으로써 정쟁이 일상화·구조화되어 국력낭비와 국정혼란의 주요 요인으로 작용한다. 1987년 이후 20년 동안 대선, 총선, 지방선거 중 하나도 실시하지 않은 해는 8년(89년, 90년, 93년, 94년, 99년, 01년, 03년, 05년)뿐이었다.

또, 우리나라 단임제의 경우 정권 후반기에 대권경쟁이 본격화되면서 정당정치가 약화돼 5년 단임제로 선출된 대통령마다 대선이 있던 마지막 해에 모두 여당에서 탈당하는 불운을 경험했고 목격해왔다.

1987년 9차 헌법 제정 당시 주요목표였던 독재정권의 장기집권 출현이 불가능해진 상황에서 연임제로의 개헌을 통해 국정의 효율성과 책임성, 안정성을 추구하는 것이 21세기가 요구하는 시대정신에 합당하다고 볼 수 있다.[48]

토목보다 헌법을 건설하자

중국 역사상 모두 245명의 황제가 군림하였다. 사람들은 그중에서 최고의 명군은 당태종 이세민을, 최악의 폭군은 수양제 양광을 꼽는다.

당태종은 평소 백성은 물이고 군주는 배라고 말했다. 물은 배를 띄우기도 하지만 뒤엎기도 한다. 배를 무사히 저어가고 싶다면 항상 물을 신경 써야 한다는 것이다. 백성을 섬기는 위민정신이 배어 나오는 현군의 어록이다. 하지만 그가 베스트 황제로 숭앙받는 진짜 이유는 민본주의 치국이상을 현란한 언사로만 표현한 데 그친 것이 아니라 그것을 제도화하여 실천한 데 있다. 당태종은 갖은 악법을 폐지하고 3성6부제, 주현제, 과거제 정비와 함께 조세·군역의 감면 등 민생을 위한 좋은 법제를 많이 창제하였다. 특히 그의 재위시절에 확립된 당률(唐律)은 후대 황조들의 기틀이 되었을 뿐만 아니라 한국과 일본 등 동양사회의 제도발전에 지대한 공헌을 하였다.

수양제는 즉위하자마자 대대적인 토목건설을 일으켰다. 그는 연인원 1억 5,000만여 명의 백성을 동원하여 만리장성을 새로이 쌓게 하였으며, 수문제가 중단시킨 대운하 공사를 재개시켰다. 황제 전용의 거대한 용주(龍舟)를 대운하 양안에서 8만여 명의 백성들이 밧줄로 끌고 다니게 하는 패악을 저질렀다. 그는 선대로부터 물려받은 정치경제적 기반을 자기과시용 토목공사와 대외원정에 탕진해 버려 결국 부하에게 교살당하고 수나라도 단명하고 말았다. 수양제의 무덤은 장쩌민 전 주석의 고향인 양저우(揚州) 교외 후미진 숲속에 '양광지묘'라 쓰여진 초라한 빗돌 하나를 앞세우고 쪼그리고 앉아 있다. 능이 아닌 묘로 불리는 유일한 황제의 무덤이라는 사실에서 그의 악정에 후세가 얼마나 몸서리를 쳐왔는지 알 듯하다.

중국 최고와 최악 황제 둘 다 '건설'에 힘썼으나 최고 명군은 '제도건설'에, 최악 폭군은 '토목건설'에 몰두하였다. 둘 다 '배'와 '물'의 키워드로 함축되지만 당태종호는 물(민심)을 항상 보살펴 중국사의 바다에 빛나는 항해를 하였고 수양제호는 물을 업신여겨 분노한 민심의 파도에 침몰하고 말았다.

현재 중국은 당태종 치세 시의 영광의 재현을 위하여 경제건설 제일주의에서 제도건설, 즉 법과 제도에 의한 의법치국(依法治國)의 국가로의 전환을 강력하게 추진하고 있다. 과거 최고지도층이 이공계 출신 일색이었던 것과는 달리, 시진핑과 리커창 등 최고지도층 다수가 법학도와 법학박사 출신이라는 변화는 눈여겨볼 대목이다.

2008년 2월 출범한 이명박호는 지금 성난 민심의 노도에 흔들리고 있다. 초·중·고 어린학생들조차 촛불을 들고 거리로 나서고 있다. 그러나 필자는 이명박호가 겸허히 국민의 소리를 수렴하여 회생의 전기를 마련할 것을 바란다. 국정 어젠다를 '토목건설'에서 '제도건설'로, 코페르니쿠스적 대전환을 할 것을 제언한다.

버려야 구한다. 대운하 등 국민 다수가 반대하는 토목건설에 대한 집착을 과감히 던져버리고 헌법의 리모델링(개헌)을 비롯한 민생을 안정시키는 제도건설에 힘쓰자. 현행 헌법은 20여 년 전 중남미 정치후진국에서 운용되던 대통령단임제 통치프레임을 기초로 하여 가건물 세우듯 3개월 만에 뚝딱 만들어진 것이다. 개헌은 지난 대선 당시 후보들의 다짐을 받은 바 있으며 이미 국민적 공감대를 형성하고 있다. 나폴레옹은 자신의 영원한 명예는 40번의 승전이 아니라 자신의 법전이라고 말했듯 그의 정치군사적 업적은 덧없으나 나폴레옹법전은 여전히 높은 평가를 받고 있다. 세계 최고수준의 첨단빌딩을 건설하듯 우리도 각계각층의 지혜를 민주적으로 수렴하여 새로운 시대정신을 담은 참 좋은 헌법을 건설하자.49)

문재인 대통령 발의 헌법 개정안 요약(2018. 03. 26.)50)

2018년 3월 26일 문재인 대통령이 발의한 헌법 개정안을 간략히 요약하면 다음과 같다. 헌법전문(서문)에 '4·19'를 '4·19혁명'으로 바꾸고 '부마민주항쟁, 5·18민주화운동, 6·10항쟁' 등을 추가했다.

총강 제3조 영토조항에 '수도를 법률로 정한다'는 조항을 신설했다. 정부부처 등의 재배치와 수도 이전의 필요성에 대비한 헌법적 근거 마련을 위해서다.51) 기본권과 국민주권을 확대·강화했다. 일부 기본권 주체를 '국민'에서 '사람'으로 바꾸고, '생명권 및 신체와 정신을 훼손당하지 않을 권리, 자기정보통제권'을 신설했다. 검사만이 영장을 청구할 수 있는 검사의 독점적 영장 청구권 조항을 삭제했다.52)

헌정 사상 처음으로 권력의 감시자로서, 입법자로서 직접 참여하고자 하는 국민의 요구에 따라 국민이 법률안을 발의하는 국민발안제와 국민이 국회의원을 소환할 수 있는 국민소환제를 신설했다.

또한 '모든 국민은 적정한 삶의 질을 유지할 수 있도록 사회보장을 받을 권리를 가진다'고 규정했다. '인간다운 생활을 할 권리' 등으로 포괄해 규정하던 국민의 권리를 '장애·질병·노령·실업·빈곤 등으로 초래되는 사회적 위험으로부터 벗어나 적정한 삶의 질을 유지할 수 있도록 사회보장을 받을 권리', '임신·출산·양육과 관련하여 국가의 지원을 받을 권리' 등으로 구체화했다.

변화하는 환경 속에서 장기적 국가과제를 일관성과 연속성을 갖고 추진하기 위해 '대통령 4년 연임제'를 규정했다. 다만 문재인 대통령이 연임 시도 의혹을 불식하기 위해 개헌안 부칙에 '개정 헌법 시행 당시의 대통령 임기는 2022년 5월 9일까지 하고, 중임할 수 없다'라고 명시했다.

대통령의 우월적 지위에 대한 우려 해소 차원에서 국가원수로서 지위를 삭제했다. 선거에서 유효투표 총수의 과반수를 얻은 사람이 없을 경우 결선투표 실시를 규정했다. 대통령이 자의적인 사면권을 행사할 수 없도록 특별사면을 행사할 때에도 사면위원회 심사를 반드시 거치도록 했다. 헌법재판소장을 헌법재판관 중에서 호선하는 것으로 개정해 대통령의 인사권을 축소했다. 국무총리의 권한 강화를 위해 '대통령의 명을 받아'라는 문구를 삭제해 국무총리가 책임지고 행정각부를 통할하도록 했다.

대통령 소속인 감사원을 독립기관으로 하였다. 감사위원 전원을 감사원장의 제청으로 대통령이 임명하던 것을 감사위원 중 세 명을 국회에서 선출하도록 하여 대통령의 권한은 줄이고 국회의 권한은 강화했다. 국회의원 10명 이상의 동의를 받아야만 정부가 법률안을 국회에 제출할 수 있도록 하여 국회의 입법권을 강화했다. 선거연령을 18세로 낮추고 선거결과를 민심과 부합시키기 위해 '국회의 의석은 투표자의 의사에 비례하여 배분되어야 한다'는 규정을 신설했다.

선거운동의 자유를 최대한 보장하기 위해 '누구든지 자유롭게 선거운동을 할 수 있고, 다만 후보자 간 공정한 기회보장을 위하여 필요한 경우에 한해 법률로 제한할 수 있도록' 선거운동에 관한 규정을 바꿨다.

국회의 예산심의권 강화를 위해 예산법률주의를 명기했다. 국회에 충분한 예산심사 기간을 주기 위하여 정부의 예산안 국회 제출시기를 현행보다 30일 앞당겼다. 법률로 정하는 조약을 국회 동의를 받도록 해 대통령의 조약 체결·비준권에 대한 국회 통제를 강화했다.

대법관은 대법관추천위원회의 추천을 거쳐 대법원장이 임명 제청하도록 하고 일반법관은 법관인사위원회의 제청과 대법관회의의 동의를 거쳐 대법원장이 임명하도록 했다.

기존에 대법원장이 행사한 헌법재판소 재판관 3인, 중앙선거관리위원 3인의 선출권을 대법관회의로 이관했다. 일반법관의 임기제를 폐지하여 법관의 신분 보장을 강화하고 재판의 독립성과 중립성을 높였다. 다만, 이로 인한 폐해를 막기 위해 '해임'을 새로이 포함시켰다.

사법의 민주화를 위해 법률로 정하는 바에 따라 배심 또는 그 밖의 방법으로 국민들이 재판에 참여할 수 있도록 규정했다.[53] 평시 군사재판을 폐지하여 군사법원은 비상계엄 선포 시와 국외 파병 시에만 설치·운영하도록 함으로써 국민의 기본권 보장을 강화했다.

'지방자치단체'를 '지방정부'로 지방자치단체의 집행기관을 '지방

행정부'로 명칭을 바꾸고 자치행정권과 자치입법권, 자치재정권을 강화하거나 보장했다. 중앙정부와 지방정부의 소통을 위해 '국가자치분권회'를 신설했다.

부동산 투기 억제, 주택난 해결, 양극화 해소를 위해서 "국가는 토지의 공공성과 합리적 사용을 위하여 필요한 경우에만 법률로써 특별한 제한을 하거나 의무를 부과할 수 있다"라고 규정, 토지공개념을 헌법에 명시했다.

국민소환제 대신 국회의원 임기 2년으로 개헌하라

• 기저귀와 정치인은 자주 바꿔줘야 한다.

- 마크 트웨인

기원전 487년 고대 그리스의 정치지도자 클라이스테네스는 도편추방제를 실시했다. 아테네 시민들은 위험인물의 이름을 도자기 조각에 적어 비밀투표를 해서 6,000표 이상이 집계되면 그 자를 국외로 10년간 추방했다. 이러한 도편추방제는 민주적 대개혁의 하나로 시작되었지만, 시대의 흐름에 따라 정적을 추방하기 위한 정쟁의 수단으로 변질되는 등 각종 부작용으로 인하여 제도 시행 70년 만인 기원전 417년에 폐지되었다.

2018년 3월 26일 한국의 문재인 대통령은 국민소환제를 명시한 개헌안(제45조 2항)을 발의했다. 국민소환제란 국민이 투표로 선출한 대표 중에서 임기가 끝나기 전에 국민이 투표에 의하여 파면시키는 제도다. 고대 그리스의 도편추방제에서 유래한 이 제도는 21세기 현대에는 영국, 나이지리아, 베네수엘라, 에콰도르 등 10여 개국 등에서 채택하고 있다.

그러나 현대의 국민소환제 역시 선거인구의 폭발, 정치적 무관심, 행정기능의 확대 등으로 인해서 그 의미를 상실하고 있다. 실제로 영국에서 국민소환제로 소환된 의원은 단 한 명도 없다. 국민소환제는 권력분립주의와 대의민주주의 원칙에 배치되는 데다가 고대 그리스의 도편추방제의 폐단과 같이 정적을 제거하는 수단으로 악용될 소지가 있기에 뼈대만 남고 내용은 없는 형해화(形骸化)된 제도로 전락한 지 이미 오래다.

더구나 한국이 일본 지방자치단체의 주민소환제를 벤치마킹하여 2007년 7월부터 실시 중인 지방자치단체장과 의원들에게 적용되는 주민소환제 역시 유명무실한 제도로 드러나고 있다. 2017년 말 현재까지 하남시장, 제주특별자치도지사, 경상남도지사, 과천시장, 삼척시장, 구례군수 등 총 7차례 주민소환이 시도된 적이 있으나 제도 시행 절차상의 각종 레드 테이프와 불협화음의 발생, 주민들의 외면과 투표율 미달로 무산된 바 있다.

이에 따라 필자는 실효성이 낮은 국민소환제 대신 국회의원 4년 임기를 미국 하원의원 임기와 같이 2년으로 개헌할 것을 제안한다. 임기를 2년으로 단축하면 좋은 점 몇 가지를 들겠다.

첫째, 국민에 의한 평가를 자주 받게 해 국회의원의 토호화를 억제한다. 현행 국회의원 4년 임기는 타락하기 딱 좋은 세월이다. 4년이란 긴 세월은 급변하는 현대 사회에서 선량(選良)이 초지를 일관하기 어렵게 하는 너무 긴 임기다. 생업에 바쁜 국민들의 기억력을 희미하게 만드는 너무 긴 임기다. 4년이란 임기는 평소에 민의와 괴리되는 언행을 자행하다가 선거전 몇 주만 허리를 90도로 굽히고 시장바닥을 돌아다니며 사람행세를 하면 다 잊고 또 찍어주겠지 라는 고약한 심보를 갖기 쉽게 한다. (그래도 실제 당선되는 경우가 적지 않다.)

둘째, 대통령의 재임가능 기간과의 불균형을 일정부분 해소할 수 있다. 우리나라 선출직 공직자 중 5년 단임제 대통령의 재임가능 기간이 제일 짧다. 국내뿐만이 아니라 세계에서 두 번째로 짧은 대통령 임기다(온두라스 대통령 임기 4년 단임제). 반면에 4년 임기[54]에 연임제한 없는 국회의원의 재직 가능 기간은 무제한으로 종신이다. 20대 국회에서 5선 이상 다선의원이 16명이나 된다. 이들은 20년 넘게 국회의원을 하면서 얼마나 많은 입법성과를 내었던가? 이들 중 상당수는 22년씩이나 국민의 피를 빨면서 국회의 존재이유인 입법은 게을리 하고 각종 이권개입과 악행을 일삼는 특권귀족 토호가 되어 국가의 등골만 파먹고 있지는 않은가? 참고로 5선 이상 의원들의 20대 국회 1차년도 본회의 통과 대표발의 건수는 0.38건에 불과하여 거의 개점휴업 직무유기 상태다.

셋째, 중장기 국가전략사업계획의 수립과 그 실행을 위해 안정적 국정운영에 필요한 비교적 긴 임기가 부여돼야 하는 대통령에 반해 항상 변화하는 민의를 살피고 그 민의에 부합하도록 노력하고 평가받아야 하는 국회의원의 임기는 2년이면 필요충분하다.[55] 그래서일까? 세계 초강대국 미국 대통령의 임기는 4년 중임제인데 비교하여 하원의원 임기는 대통령 임기의 반 토막인 2년이다.

넷째, 잘못 선출된 국회의원으로 받는 고통의 시간이 단축되고 비용이 절감된다. 혹자는 잦은 선거로 비용이 많이 든다는 점을 내세우는데 이는 한마디로 장기군사독재 시절의 궤변이다. 선거비용을 절약하려면 차라리 종신제나 세습제를 하는 게 좋지 않은가? 박정희 정권은 선거비용을 핑계 삼아 4년 직선제를 6년 체육관 간선제로 개악하여 사실상 종신 대통령에 등극하는 유신독재를 감행했다. 덤으로 국회의원 임기도 4년에서 6년으로 늘려 준 바 있다.

끝으로 법제의 생명은 형평성과 합리성이다. 국회의원 임기를 2년으로 줄이는 개헌과 아울러 국회의원의 불필요한 각종 특권을 박탈하고 세비를 최저임금 수준으로 낮추고 입법실적에 따라 성과급으로 전환하는 제도적 장치를 마련할 것을 제안한다. 나아가 대통령과 지방자치단체장 임기 4년 연임제(통산 8년)로, 국회의원과 지방자치단체의원 임기 2년 4선한(통산 8년)으로 개헌을 검토할 것을 촉구한다.[56]

공수처를 헌법기관으로 개헌하라

고위층의 부정부패는 국가를 패망으로까지 인도한다. 권력을 사유화하려는 시도와 맞물릴 때는 더 위험하다. 대한민국이 처한 위기의 본질이다. 초대형 부패 사건이 터질 때마다 우리는 검찰을 바라본다. 그러나 부패방지의 책무를 다하지 않고 깊은 잠에 빠져있는 국가기관이 있다. 바로 감사원이다. 감사원 기능을 제대로 살려야 대형비리를 사전 예방할 수 있다.

문재인 현직 대통령을 제외한 1987년 체제 이후 역대 대통령에 대한 지지율 중 최고기록은 제15대 대통령 김영삼, 1993년 2, 3분기 YS의 지지율인 83%다. 평소에 '인사가 만사다'를 외쳐온 YS의 집권 1년차 인사는 절묘했다. 그중에서 대쪽 이회창 대법관을 감사원장으로 임명한 것은 묘수 중의 묘수였다. 이때 이회창 감사원장을 주축으로 비리공직자척결, 금융실명제, 역사바로세우기, 고위 공직자 재산 공개 등 쾌도난마의 반부패 정책을 밀어붙였다.

대한민국을 자동차에 비유하면 감사원은 브레이크라고 할 수 있다. 감사원은 국가가 전복되는 사고 발생을 사전에 차단하기 위한 고성능 ABS브레이크 시스템으로 작동해야 한다. 그런데 우리나라의 감사원은 이회창 원장 이후 제 기능을 하지 않음에 따라 대한민국은 25년간 브레이크가 없는 자동차가 된 셈이다. 지금 대한민국 최악의 직무유기 헌법기관은 감사원이다. 검찰을 최악의 직권남용 법률기관으로 비난하고 있지만, 원흉은 감사원의 지독한 직무유기 때문이다.

· 꿩(부패) 잡는 매(독립감찰기관)가 필요하다

조선시대(司憲府), 고려시대(御史臺), 신라시대(司正府) 적에도 일반인과 고위공직자에 대한 형벌은 투 트랙 시스템이었다. 민주공화국 대한민국이 1% 상층부에 대한 범죄를 일반검찰, 특별검찰, 특별수사관, 특수부 등 본질은 '셀프 감찰'에 더 이상 맡기면 안 된다. 감사원이 직무유기에서 벗어나 본연의 기능을 할 때 고위층의 부정부패 척결도 가능하다.

검찰과 법원 등 권력기관의 고위공직자들의 부패가 임계점에 달했는데도 평균 5년에 한 차례씩 대법원장 또는 검찰총장의 사과문을 발표하며 셀프 감찰을 고수하고 있다. 또한 공직자비리수사처(약칭 '공수처') 대신에 법률을 제정하여 이를 근거로 특별감찰관실을 실시했음에도 불구하고 박근혜 정부는 특별감찰관과 감찰담당관을 전원 해임하여 제도 자체를 파괴해버렸다.

수백 명에서 수만 명의 부하직원을 거느린 장관이 휘하 직원 9명의 국회의원을 부러워할 수밖에 없는 까닭은 크게 두 가지. 하나는 4년 임기가 헌법에 보장되어 권력자의 눈치를 장관만큼 볼 필요가 없고, 또 하나는 식물국감이라는 비판을 받지만 20일간 국가권력기관을 감사하는 국정감사권을 누릴 수 있기 때문이라고 한다. 그런데 1년 365일 감사권을 누릴 수 있고 5년 단임제의 대통령을 제외하고는 행정부소속 공직자로서 헌법에 유일하게 임기가 보장된 감사원장과 감사위원들(4년, 1차한 중임가능)은 요즘 어디서 무엇을 하고 계실까? 헌법에 단 한 조문, 한 글자도 없는 '청와대 민정수석'은 저토록 눈부신 존재감을 펼쳤건만.

꿩이 꿩을 잡을 수 없듯 조직 내 감찰부서가 같은 조직의 부패를 척결할 수 없다. 꿩(부패) 잡는 매(독립감찰기관)가 필요하다. 비리 고위공직자에 기소권과 수사권을 지닌 공수처 설치 추진과 병행하여 현행 헌법상 국가감찰기관 감사원을 깊은 잠에서 깨워야 한다.

· 감사원을 제6부 헌법기관으로 격상하라

2018. 3. 26. 문재인 대통령이 발의한 개헌안에 따르면 대통령 소속인 감사원이 독립기관으로 분리됐다. 감사위원 전원을 감사원장의 제청으로 대통령이 임명하던 것을 감사위원 중 3명을 국회에서 선출하도록 하여 국회의 정부에 대한 통제권을 더욱 강화했다.

그러나 학계 일각에서는 현행 헌법상 감사위원 7명 가운데 3명을 국회에서 선출해도 대통령이 감사원장을 임명하고 나머지 과반을 감사원장이 제청하는 한 감사원은 대통령의 영향 아래 있을 수밖에 없다고 지적하고 있다.

이에 필자는 감사원을 독립헌법기관 즉, 입법, 행정, 사법, 헌법재판소, 선거관리위원회 등 기존 5부 헌법기관에 더한 제6부 헌법기관으로 격상시켜 국가 최고 사정·감찰기관 감사원에 걸맞은 준사법권을 부여하고 감사원장의 지위를 국무총리급으로 격상시키는 헌법개정을 제안한다.

아울러 공수처의 설립 지위 권한 등을 헌법에 명기할 것을 제안한다. 법률을 근거로 설립한 특별감찰관실 자체가 파괴되어 버린 전철을 밟지 않기 위해서라도 공수처는 법률차원보다 높은 헌법 차원으로 보장되어야 한다고 생각한다. 끝으로 공수처를 입법 행정 사법부가 아닌, 독립헌법기관 감사원의 예하에 설치하여 권력형 비리 척결의 최전선에 서게 하는 방안을 첨언한다.[57]

<2017년 말 현재 대통령중심제의 단임제와 연임제,
내각제의 국가원수의 신분, 이원집정부제>

대통령중심제		내각제			이원집정부제
구분	연임제	단임제	국가원수의 신분		프랑스, 터키, 불가리아, 포르투갈, 헝가리, 폴란드, 핀란드, 몰도바
			군주, 총독	대통령	
주요 국가	미국, 러시아, 브라질 등 대다수 국가	한국, 필리핀, 멕시코, 볼리비아, 온두라스 파나마	일본, 영국, 캐나다, 호주 등 영연방	독일, 이탈리아, 인도 등	
국가수	99개국	6개국	37개국	25개국	7개국
비고	* 단임제 채택 국가 한국을 제외한 기타 5개국 모두 2017년 말 현재 1인당 GDP 평균 4,000달러 이하		* 내각제 국가의 국가원수의 신분은 선출직인 대통령보다 세습직인 군주와 영국 국왕이 지명하는 총독이 다수		* 프랑스, 터키

* G20 정상회의 회원국

대한민국, 남아프리카공화국, 독일, 러시아, 멕시코, 미국, 브라질, 사우디아라비아, 아르헨티나, 영국, 유럽연합 의장국, 이탈리아, 인도, 인도네시아, 일본, 중국, 캐나다, 터키, 프랑스, 호주

* OECD 회원국

대한민국, 호주, 오스트리아, 벨기에, 캐나다, 칠레, 체코, 덴마크, 핀란드, 프랑스, 독일, 그리스, 헝가리, 아이슬란드, 아일랜드, 이스라엘, 이탈리아, 일본, 룩셈부르크, 멕시코, 네덜란드, 뉴질랜드, 노르웨이, 폴란드, 포르투갈, 슬로바키아, 슬로베니아, 스페인, 스웨덴, 스위스, 터키, 영국, 미국

자아성찰적 법언(法諺) 15선

1. 저주받으리라. 율법사여, 너희는 지식으로 들어가는 열쇠를 갖고서 너희 자신도 들어가지 않고 들어가려는 사람들까지 막았다.
   - 예수

2. 법률은 거미줄과 같다. 약자는 걸려서 꼼짝 못 하지만 강자는 뚫고 나간다.
   - 아나카르시스

3. 내가 맨 먼저 해야 할 일은 법률가 놈들을 모조리 때려죽이는 일이다.
   - 세익스피어

4. 법은 언제나 부자에게는 유용한 것이고 가난뱅이한테는 해로운 것.
   - 장자끄 루소

5. 법률은 항상 침체하는 경향이 있다. 벽시계와 마찬가지로 가끔 청소하고, 밥을 주고, 정확한 시간에 맞추어야 한다.
   - 헨리 비처

6. 법관의 살을 벗겨보라. 사형집행인이 나타날 것이다.
   - 빅톨 위고

7. 법조인, 남의 재산을 뺏기 위해 그들만이 알 수 있는 은어를 주고받는 자들.
   - 톨스토이

8. 법조인, 사회발전을 가로막는 가장 악질적인 무리들.

　　　　　　　　　　　　　　　　　　　　- 아놀드 베넷

9. 장사의 요령을 익혀 그 지식을 두고두고 소중하게 간직하는 영
　　악한 무리들, 저주받으리라, 로이어여!

　　　　　　　　　　　　　　　- 프레드 로델 예일대학 교수

10. 법 앞에서는 지위나 친소의 차이를 두어서는 안 된다.

　　　　　　　　　　　　　　　　　　　　- 상앙(商鞅)

11. 형벌이란 악인을 응징하여 형벌 없는 세상을 만들기 위한 것
　　이다. '형기우무형(刑期于無刑)'　　　　　- 서경(書經)

12. 법 아래에서 만인은 평등해야 한다. 군주는 입법자지만 법은
　　자의적인 것이 아니며 군주도 법에 구속되어야 한다.

　　　　　　　　　　　　　　　　　　　　　- 한비자

13. 법은 사람을 착하게 하는 게 아니라 오직 옳은 사람을 얻는
　　데 뜻이 있다.　　　　　　　　　　- 삼봉 정도전

14. 법이 오래되어 폐단이 생겨 백성에게 해가 된다면 그 법은 고
　　쳐야 마땅하다.　　　　　　　　　　- 율곡 이이

15. 사람이 사람을 재판할 수 있는가?　　　- 김홍섭 판사

제**3**장

교육

- 나는 우리가 끊임없이 사물을 다른 각도에서 보아야 한다는 걸 잊지 않으려고 내 책상 위에 서 있는 거야(I stand upon my desk to remind myself that we must constantly look at things in a different way).
  - 영화 <죽은 시인의 사회(Dead Poets Society)>의 명대사

- 물리학에서의 관성의 법칙은 진리지만 배움에서 관성의 법칙은 잘못이다. 지식을 진리라 믿어버리고 단 하나에만 의지하려는 관성에서 벗어나야 우리는 호모사피엔스다.
  - 강효백

- 학교에서 배운 것을 다 잊은 후에 남아 있는 게 진정한 교육의 열매다. 창조적인 표현과 지식에 대한 기쁨을 깨우쳐주는 게 교사의 존재 이유다.
  - 아인슈타인

- 초인이란 초인적으로 노력하는 사람이고 천재란 노력하는 재주가 탁월한 사람이다. 아는 자로 머물지 말고 배우는 자로 끝까지 가슴이 뛰도록 하자.
  - 강효백

- 진정한 교육자는 당신을 굴레에서 해방시켜주는 사람이다. 당신이 생동감이 넘쳐 자유롭고 활발하게 본연의 능력을 발휘할 수 있도록 이끌어주는 사람이야말로 진정한 교육자요, 당신의 학교다.
  - 니체

- 늙음은 낡음이 아니다. 반짝이는 생각을 받아들이고 새로운 지평을 찾아내는 일을 즐기는 사람의 정신적 성장판은 영원히 닫히지 않는다. 부단한 자기혁신의 삶을 살면 늙음은 새로워짐과 커짐의 동의어가 된다.
  - 강효백

아래한글은 '일본 아래한글'인가?

　'아래한글'은 1989년 처음 출시된 이후로 한국의 대표적인 워드프로세서로 많은 사랑을 받아왔다. 국산 워드프로세서로서 전 세계적으로 통용되는 마이크로소프트사의 MS워드보다 '한글'의 고유성과 역사성을 잘 구현하는 정교함을 보이며 아직까지도 국내에서 높은 점유율을 자랑하고 있다. 특히나 옛한글을 컴퓨터상에서 거의 완벽에 가깝게 구현할 수 있는 유일무이한 프로그램이라고 하니, 과연 국민 워드프로세서라고 할 만하다.

　이 아래한글의 페이지 위에서 어떤 이는 베스트셀러 소설을 탄생시켰을 것이고, 어떤 이는 자신의 첫 과제 리포트를 써냈고 또 어떤 이는 자신의 첫 학술논문을 써냈을 것이다. 우리의 생각을 자유로이 주조하는 활판이 되어 온 아래한글에게 감사함을 느낀다. 그만큼 아래한글은 한국인에게 단순한 워드프로세서 그 이상의 위상과 의미를 지니고 있다.

그런데 얼마 전 새로 산 노트북의 '아래한글 2018버전'으로 글을 쓰다가 무척 당황스럽고 실망스러운 경험을 했다. 한자변환 기능에서, 고려(高麗)를 한자로 변환하고자 한자변환 키를 눌렀지만, 높을 고(高)에 고울 려(麗)를 쓰는 '고려'의 한자어는 변환 목록에서 찾을 수 없었다.

고유명사라 그런가? 하고 호기심이 발동해 다른 단어들을 변환시켜보기 시작했다. 결과는 놀라웠다 '한국'과 '일본'을 한자변환하면 '韓國'은 5개 중 맨 말석에 나오지만, '日本'은 단독으로 뜬다. 대한민국의 영문국호 'KOREA'의 '고려'는 한자 변환되지 않는데 일본시대 연호인 강호(江戶), 명치(明治), 대정(大政), 소화(昭和), 평성(平成)은 빠짐없이 나왔다.

'이순신'과 '풍신수길(도요토미 히데요시)'을 한자변환하면 '李舜臣'은 말석에 내쳐져 있는 반면, '豊臣秀吉'은 단독으로 뜬다. '윤봉길(尹奉吉)'은 없는데 '시라가와(白川)'는 있었다. 안중근(安重根)은 아예 단어로 인식되지도 않아 '安中'으로 쪼개져 변환되는 반면, 이등박문(伊藤博文·이토히로부미)은 너무나 정확하게 변환되고 있었다.

어디 그뿐이랴. 전봉준·김좌진·신채호·이봉창 등 대다수 애국지사는 한자변환이 안되는데 을사오적인 이완용(李完用)·권중현(權重顯)·박제순(朴齊純) 등 친일매국노는 한자 변환된다. '을사보호조약', '한일합병조약', '한일합방', '황국', '신민', '내선일체' 등 일본식 용어는 한자 변환되나 '을사늑약', '한일병탄', '일제침략', '불령선인'은 안 된다.

또한 '부사'를 한자 변환하면 17개의 '부사' 중 일본 '후지산(富士山)'의 '富士'가 아래한글에 맨 먼저 뜬다. 뿐만 아니라 수많은 한국의 고

유명사들이 변환되지 않고 있었다. 우리가 거의 모르거나 소수의 전문가만이 쓸 만한 일본의 고유명사는 잘만 변환되는데 반해 말이다.

더욱 놀라운 것은 2018년 최신 버전에서는 변환되지 않는 상기의 단어들이 2010년 버전에서는 잘 변환됐다는 것이다. 혹시 박근혜 정부의 '역사교과서 국정화 작업' 시점과 맞물려 친일매국 워드로 개악된 것은 아닐까?

'한글과 컴퓨터' 공식 사이트에서 설명된 아래한글의 한자 변환 메커니즘은 이렇다. '아래한글'에서 기본으로 제공하는 한자 단어 사전에는 16만 개 이상의 한자 단어가 등록되어 있고, '한자로 바꾸기'를 실행했을 때, 기본 한자 사전에서 검색된 한자어가 변환 목록에 뜨는 것이다.

그렇다면 '안중근'은 기본 한자 사전에 등록되었다가 삭제된 것이 아닌가, 의심의 농도는 짙어질 수밖에 없다. 일본으로의 진출에 염두를 둔 것인지, 일본 지분이 유입되어 일본 정서에 맞추기 위한 물밑 작업인가? 합리적 의심이 들어 한글과 컴퓨터의 기업유형을 살펴보다 필자는 저도 모르게 비명을 질렀다.

기업 유형란에 표기된 '외국인투자기업(일본)'이 눈에 확 띈 것이다. 한국의 대표 워드프로세서 아래한글의 '한글과 컴퓨터'가 일본이 투자한 외국인투자기업이라니! 21세기 '매판자본', '매국기업' 논란이 일기에 충분하다. 그렇다면 일본자본의 문화침략·민족문자 지배를 허용한 친일·매국·부패 현행범은 누구일까? 어쩌면 위와 같은 '아래한글'의 죄책은 사석에서 '한국민은 개·돼지'라 말해서 파면당한 고위공직자 그것보다 100배 더 무겁다는 생각마저 든다.

이러한 '거대담론(?)'은 차치하고라도 우리가 훨씬 더 빈번하게 사용하는 단어들은 변환되지 않고 일본에서 훨씬 빈번하게 쓰일 단어들이 변환된다는 것이 우선 불편하다. 그리고 자존심 상한다.

‘국민 워드프로세서’라는 자격과 위상을 가지고 만약 의도적으로 ‘일본’은 단독으로 뜨게 하는 반면 ‘한국’을 맨 말석에 처박아두고, ‘이완용’ 등 친일매국노들의 이름은 뜨게 하고 ‘안중근’등 항일애국지사는 누락시켰다면 이는 소비자에 대한 기만이 아닐까? 무엇보다 친일과 반일이라는 프레임으로 보지 않아도 ‘편리성’이라는 한자변환 본연의 목적을 달성하는 데 실패했음은 물론이다.

브랜드 충성도가 하늘을 찌르는, 아래한글 1.0 버전부터 근 30년간을 아래한글[58]을 사용해온 소비자의 한 사람으로서, 평생 글로 먹고 사는 한국인 지식인으로서 ‘일본 아래한글’로서는 살 수 없다. ‘한글과 컴퓨터’에 빠르고 적절한 시정조치를 요구한다.[59]

모든 수강생의 교수화를 꿈꾸며

세계 최고의 명품 강의를 추구하는 나의 ‘강의 5대 강령’은 다음과 같다.

첫째, 강의는 최대한 쉽고 재미있게 한다. 『논어』는 “배우고 익히니 이 얼마나 즐거운가?”라는 학문하는 쾌감의 탄성으로 시작한다. 아인슈타인도 최고의 스승은 창조적인 표현과 지식을 쉽고 재밌게 깨우쳐 주는 자라고 갈파하였다. 강단에 선 자는 어려운 것을 쉽고 재밌게 만드는 사람이어야 한다. 간혹 수업시간에 조는 학생을 보면 나는 극심한 자책감에 빠진다. 강의를 얼마나 재미없게 하였기에.

둘째, '학생에 의한' 강의를 지향한다. 링컨의 게티즈버그 연설 중 '위한(for the people)'은 사족일 뿐 핵심은 '의한(by the people)'에 있다는 생각이다. 독재자일수록 '국민을 위하여'를 부르짖는다.[60] 민주 국가의 주인이 국민이듯 대학의 주인공은 학생이다. 특히 대학생은 고교 4~7년생이 아니라 성장과정 중의 학자들이다. 나는 이들 대학의 주권자들에게 무한한 잠재능력을 발현하도록 돕는 '강의진행자'로 자리매김하고 싶다.

셋째, '창조하는 사람을 창조하는 강의'를 추구한다. 인간이 막강한 기억력의 컴퓨터를 지배할 수 있는 까닭은 새로운 것을 생각해내는 힘, 창조력이 있기 때문이다. 지식과 정보를 접하려면 도서관에 가거나 포털사이트를 검색하면 된다. 기존 지식을 앵무새처럼 암기하여 학생들에게 전달하는 사그라지는 모닥불이 아니라 성장과정 중의 학자들에게 창조적 발상의 불씨를 켜주는 부싯돌이고자 한다.

넷째, '양방향 전천후' 강의를 실현한다. 아득한 옛날 책『논어』를 보아도 공자선생님이 혼자 획일 주입식으로 강의하지 않는다. 제자들이 쉼 없이 묻고 공자가 대답하는, 양방향 인터렉티브 식이다. 나는 '강의를 듣는다'라고 하는 수강생에게 -1점 감점 조치하고 발표나 토론참여로 만회하게 한다. 우리 대학사회의 수동성과 소극성을 한마디로 함축한 '강의를 듣는다'가 통용되는 다른 나라의 예를 아직 나는 찾지 못했다. 강의는 듣는 게 아니라 참여하는 것이다.

끝으로, 모든 수강생의 교수화'를 꿈꾼다. 동양사회의 낙후 요인 중 하나는 '청출어람(靑出於藍, 제자가 스승보다 뛰어남)'을 용납하지 않았기 때문이다. 소크라테스보다 플라톤이, 플라톤보다 아리스토텔레스가, 훌륭한 제자에 의한 스승의 업그레이드를 허용하는 서양과는 달리 맹자를 비롯한 무수한 후학들에게 공자는 뛰어넘을 엄두도 내서는 안 되는 지존의 높은 벽이었다. 보다 밝고 찬란한 미래사회를 꿈꾼다면 스승은 제자들에 의해 버전 업 되어야만 한다. "아무개는 그의 스승 강 아무개보다 백배 훌륭하다." 훗날 나의 제자들이 이런 평가를 받을 수 있다면 어떤 슬픔도 그 기쁨을 이기지 못할 것 같다.61)

'미국 vs 중국'의 황금비 교육

"미국의 시대가 가고 중국의 시대가 오고 있다." vs "중국의 경제발전은 거품이고 중국은 분열되거나 붕괴될 것이다." 전자의 중국패권론은 서브프라임모기지 부실로 비롯된 금융위기가 미국에 치명적인 타격을 가하면서부터 부쩍 늘고 있다. 후자의 중국붕괴론 역시 베이징 하늘의 암회색 스모그처럼 물러설 줄 모른다. 미국과 중국, 두 대국의 흥망성쇠라는 시공의 교차점에 위치한 우리로서는 특히 중국의 미래에 대한 전망과 대책은 초미의 관심사가 아닐 수 없다.

이에 몇 가지 화두를 거시적 역사지리적인 접근방법으로 풀어보고자 한다.

첫째, 중국은 분열할 것인가? '천하통일'은 진시황이 기원전 221년 처음으로 창출해낸 핵심어이자 중국의 시공을 통째로 꿰고 있는 모노레일이기도 하다. 진시황 이후 오늘날까지 중국역사를 계량해보면 통일기는 7, 분열기는 3으로 통일기가 압도적으로 길다. 삼국시대와 남북조시대, 5대 10국의 분열기에도 개별국가들은 분리 독립을 주장하지 않았고 저마다 자국이 중심이 되는 천하통일을 국시로 삼았다. 이처럼 천하통일은 중국 역사를 움직이는 제1법칙 관성의 법칙이자 서방의 기대 섞인 관측과는 정반대로 중국이 쪼개지지 않고 있는 제1비결이기도 하다.

둘째, 중화인민공화국의 수명은 얼마나 길까? 과거 중국의 10개 통일제국의 평균수명은 135년이다. 각 제국의 수명의 장단은 제2세대 황제가 어떤 정책을 펼쳤느냐에 따라 달려있다. 즉, 혁명과 정치에 몰두한 개국황제를 뒤이은 제2세대가 민생안정과 제도화에 힘을 기울이면 당나라처럼 장수했으나 제2세대가 계속 혁명과 정치에만 몰입하면 수나라처럼 단명하였다. 현대 중국에게는 다행스럽게 4인방 대신 덩샤오핑이 제2세대 최고지도자로 등극하면서 경제와 민생안정에 주력하였다. 이와 같은 견지에서 볼 경우 중화인민공화국은 앞으로 100년 정도는 너끈히 버틸 것이라고 예측된다.

셋째, 중국이 강성해지면 우리나라에 이로운가? 한중 양국의 역사를 되돌아보면 대체적으로 중국이 강해지면 우리도 강해졌고 우리가 번영을 누리면 중국도 번영을 누렸다. 8세기 당나라 전성기에 신라시대 역시 황금기였고 15세기 조선시대 국력 상승기에 명나라도 번영했으며, 18세기 청나라 전성기에 영·정조 치세하의 조선의 중흥기를 누렸다. 역사의 반복성을 지나치게 과신하는 것도 문제가 있지만 한중 양국의 생체리듬이 흡사한 궤적을 보여 온 것은 분명하다.

끝으로 미국이 쇠하고 중국이 흥해간다니 미국을 버리고 중국을 택해야 하는가? 한마디로 말해 아니다. 중국은 열악한 환경과 인권상황, 극심한 지역격차, 만연한 가짜와 부패문제로 인해 미국을 대신할 초강대국이 되기는 아직 요원하다. 우리에게 미중 양국은 하나를 버리고 다른 하나를 택해야 하는 대체재가 아니라 함께할 때 더 큰 만족을 얻을 수 있는 보완재와 같다.

그러나 지금 세계는 중국을 바로 알기 위한 학습 인프라 구축에 강도를 더해가는 추세인데 반해 우리나라는 '영어몰입교육'이라는 신조어까지 만들어가며 미국의존도만 심화해가고 있으니 문제가 아닐 수 없다.

현재 영어를 모국어나 공용어로 쓰는 65개국 중에서 우간다, 방글라데시 등 50여 개국은 1인당 GDP 평균 2,000달러 이하의 가난한 나라 일색이다. 영어를 잘하는 나라가 잘 산다는 생각은 대단한 착각에 불과함을 입증하고 있다. 영어와 중국어가 공용어인 싱가포르는 최근 중국어 사용 비중을 대폭 강화하고 있다.

시대를 선취하는 자가 역사를 제패한다. 우리의 미국 대 중국 9대 1에 미치지 못하는 현재의 비중을 8대2, 7대3으로 차츰 늘려가야 한다. 백여 년 전 중국 패권 이후의 세계에 제대로 된 준비가 없어 패망한 경험을 거울삼아 미국 패권 이후의 신세계에 철저히 대비하여 잘못된 역사의 쳇바퀴를 공전시키는 일은 하지 말아야 할 것이다.[62]

중국 내 항일유적 콘텐츠 출판 및 보급

'항일역사의 망각·왜곡을 막기 위해 총정리'한 외교관이 발로 뛰어 엮어낸 '중국 내 한민족 항일독립운동 100대 사적'이 시디롬으로 출판된다. 중국 땅에서 항일사적이 한국인에 의해 일목요연하게 정리된 상태로 선보이기는 이번이 처음이다.

강효백 주중한국대사관 정무서기관은 주 상하이 총영사관 문화홍보영사였던 지난 1996년 2월부터 2000년 8월까지 4년 반 동안 주말을 이용해 중국 전역을 누비며 중국정부문서보관소, 중국내 도서관 자료를 뒤져 확인한 일제강점기 항일유적들을 시디롬에 고스란히 담았다.

백범 김구가 거주한 상하이 유적, 상하이 임시정부 의정원 자리, 도산 안창호의 집무실인 흥사단 극동지부를 포함해 단재 신채호가 베이징에서 대한민국군정부를 수립한 위치와 (조선상고사)를 집필한 베이징 쉐이화 후통의 거주지, 톈진 독립운동 테러단체 '불변단'의 활동 등에 대한 당시 상황설명과 현재까지의 내역, 현황이 상세히 수록되어있다. 더욱이 절반가량은 국내 기록에 없거나 미흡한 것을 현장답사를 통해 보강해 학문적 의미도 큰 것으로 평가된다.

강 서기관은 "일제하 선조들의 항일투쟁이 신장, 티베트, 칭하이, 간쑤성 등을 제외하고 거의 중국 전역에서 광범위하게 일어난 데 놀랐다"며 "선조들이 피땀 흘려 일군 항일역사가 망각되고 왜곡되는 것을 막기 위해 기록의 파편들을 총정리 한 것이며 이제 시작에 불과하다"고 말했다.

18일 동방미디어가 출판하는 이 시디롬은 상하이와 쟝쑤·저장

성, 동북 3성, 충칭·화남북 일대 등 3부로 나눠 컬러 사진 200여
종을 수록했으며 검색과 파일복사, 출력이 손쉽도록 짜여 있다. 동
방미디어 쪽은 "초중고교의 교육용 자료로 보급하는 데 주력할 예
정"이라고 밝혔다.63)

한국외교관 인민일보 기고문 호평

주중 한국대사관에 근무하는
현직외교관의 기고문이 중국정부
기관지인 '인민일보'에 실려 화제
가 되고 있다. 인민일보에 한국
인 관련기사가 더러 실리긴 했으
나 한국인이 직접 쓴 글이 실리기
는 이번이 처음이다. 주인공은 베
이징 주재 한국대사관 한중교류
연구중심(센터)에 근무하는 강효
백(姜孝伯) 서기관. 지난 7월 28일
자 인민일보에 실린 '염염불망김

▲ 『人民日報』 2000-07-28 15면 일부를 스캔,
  @강효백

가항(念念不忘金家巷)'이라는 글이 강 서기관의 기고문이다. 내용은 강
서기관이 상하이총영사관 근무시절 수차례 답사했던 상하이소재 한
국 관련 유적지에 대한 감상문. 강 서기관은 "상하이 동서에 우리는
성지(聖地)를 보유하고 있다. 동쪽에는 한국 천주교회의 첫 사제 서품
자인 김대건(金大建) 신부의 기념성당이, 서쪽에는 대한민국임시정부

청사와 윤봉길 의사의 의거현장인 홍구공원이 있다"며 "상하이는 전방위, 전천후로 우리를 애국심으로 고취시키며 사명감으로 각성시키고 있다"고 적었다.

인민일보는 이례적으로 강 서기관의 글 말미에 첨부한 '편집자 부기(附記)'에서 "상하이에는 다른 나라의 역사적 유적지가 수없이 많지만 우리가 아는 바가 적어 그 나라 학자들에 의해 알게 되는 점이 아쉽다"며 강 서기관의 글에 찬사를 곁들였다. 강 서기관은 "상하이 근무시절 평소 알고 지내던 궈웨이청(郭偉成) 인민일보 상하이지사장 겸 고급기자(대기자)가 지난 6월 베이징에 출장 왔을 때 글을 보여준 것이 계기가 돼 인민일보에 실린 것 같다"고 말했다. 강 서기관의 글은 당일자 인민일보 전자신문에도 실렸다.

강 서기관은 1999년 윤봉길(尹奉吉)의사가 의거 후 일경에 잡혀가는 사진이 가짜라는 사실을 당시 현지 외국신문 보도를 찾아내 입증한 바 있으며, 특히 인민일보가 상하이 임시정부청사를 대서특필토록 이면에서 기여하기도 했다. 강 서기관은 또 중국 내 '항일독립운동 100대 사적지'를 3권의 백서로 펴낸데 이어, 이를 주중 한국대사관 홈페이지(www.koreaemb.org.cn)에 올려 일반에 공개했다. 경희대 법학과 출신인 강 서기관은 타이완 국립정치대에서 박사학위를 받았으며, '동양스승, 서양제자' 등 수 권의 저서와 논문을 발표한 바 있다.[64]

상하이의 김 씨네 골목

 덩샤오핑(鄧小平)은 말했다. '중국의 미래는 상하이(上海)에 달려 있고 상하이의 미래는 푸둥(浦東)에 달려 있다.' 그가 이토록 편애한 상하이 푸둥은 어디인가? 푸둥은 중국 경제 제1도시—상하이 시내를 가로지르며 흐르는 황푸(黃浦)강의 동쪽 땅을 말한다. 서울의 강남인 셈이다.

 중국 사람은 상하이를 용의 머리, 양쯔(揚子)강을 용의 몸에 비유한다. 과감한 개혁개방정책으로 용의 머리를 자극, 그 힘이 용의 몸통(양쯔강)을 통해 꼬리(내륙)까지 미치게 하자는 것이다. 지금 상하이는 중국을 움직이는 용머리, 푸둥은 상하이를 이끄는 용의 눈으로 변신하고 있다.

 20층 이상의 고층건물만 1백60개가 넘어 깊고 푸른 마천루의 숲이 얼비치는 용의 눈망울, 그 푸둥의 거리에는 한국 사람의 눈조리개를 확 펼치게 하는 곳이 하나 있다. '김 씨네 골목'을 뜻하는 진쟈샹(金家巷)이다.

 중국에는 스쟈좡(石家莊=석 씨네 마을)·장쟈강(張家港=장 씨네 항구) 등 성씨를 딴 지명이 무수히 많다. 한국 최다성인 김 씨 성을 딴 지명을 보지 못했는데 '21세기 동방의 맨하탄'으로 불리는 이 푸둥에서 만날 줄이야! 반가운 마음으로 진쟈샹 어귀를 들어서서 50m를 채 못 갔을 때 작고 하얀 건물—'진쟈샹 천주교 성당'이 나타났다. 거기가 바로 1845년 8월 17일 김대건(金大建, 1821~1846)이 우리나라 사람으로서는 첫 사제로 서품된 곳이다.

 김대건 신부는 조선의 국세가 날로 허약해가던 1821년, 충청남도 내포에서 독실한 천주교도 부모 사이에서 태어났다. 가족들은 김대건이 태어난 지 얼마 되지 않아 조정의 천주교도에 대한 탄압을 피하여 경기도 용인의 골배 마을로 이사를 갔다.

김대건은 어려서부터 할머니와 부모님에게서 천주교의 교리를 익혔다. 1836년 그는 15세의 어린 나이로 프랑스 신부 모방한테 영세를 받고 신학생으로 선발되었다. 최양업, 최방제 청년 등과 함께 마카오로 건너갔다. 당시 포르투갈의 영구 점령지 마카오에서 그는 파리 외방 전교회의 칼레리 신부로부터 신학을 비롯한 서양 학문과 프랑스어·라틴어 등을 배웠다. 얼마 되지 않아 마카오에서 민란이 일어나자 1839년에 필리핀의 마닐라에 가서 공부하여 다시 6개 외국어를 익혔다. 몇 차례의 실패 끝에 1845년 고국을 떠난 지 9년 만에 돌아온 김대건은 조국 땅을 밟자마자 페레올 신부를 데려오기 위하여 쪽배를 타고 중국 상하이로 건너가야 한다고 결심하였다. 그에게 교회의 실정을 자세히 보고하고 주교를 맞아들여야 하는 중대한 임무가 주어졌던 것이다. 서울 돌 우물골에 작은 짐을 풀고 꼭 만나야 하는 교우들만 접촉하면서 순교자들의 자료를 수집하였다. 어머니는 기해박해 때 아버지가 순교하자 이리저리 떠돌며 걸식하고 있음을 알고서도 어머니를 찾아뵐 엄두도 못 내었다.

김대건은 1845년 4월 11명의 교우들과 함께 150냥으로 제물포의 한 어민한테 돈을 주고 급히 배 한 척을 샀다. 상하이 쪽을 향하여 배를 띄웠다. 교우들 중에는 배를 타 본 일조차 없던 6명의 농부도 있었다. 폭풍우를 만나 3일 동안 밤낮 없이 시달리어 김대건은 끌고 가던 보조선박과 두 개의 돛대를 베어 버리고 무거운 짐들도 바다에 던져 버렸다. 김대건 역시 심하게 배 멀미에 시달렸으나 힘써 아무렇지도 않은 듯이 성모 마리아의 성화를 내보이면서 "겁내지 마시오. 성모 마리아께서 도와주실 것입니다" 하고 안심을 시켰다.

이렇게 일행이 곤경에 빠져 있을 때 중국의 산둥 배 한 척이 가까이에서 그대로 지나가려는 것을 김대건이 옷을 흔들고 북을 치면서 구조를 청해 상해까지 배를 끌고 가 주기로 승낙 받았다. 천신만고 끝에 상해에 도착한 김대건 일행은 마카오에 있는 페레올 주교에 연락을 하였다. 반가운 소식을 접한 페레올 주교는 다블뤼 안 신부를 대동하고 상해로 와서 김대건을 반갑게 만났다. 조선 입국 준비가 완료되었다는 보고를 받고 페레올 주교는 서둘러 김대건 부제에게 서품식을 올릴 차비를 서두르도록 지시했다.

상하이의 황푸강에서 동쪽으로 3km쯤 떨어져 있는 진쟈샹 성당에서 김대건은 우리나라 최초의 천주교 신부가 되었다. 그때 그의 나이 만 24세, 그때로부터 87년 후 상하이 훙구공원 의거 시의 윤봉길 의사와 똑같은 나이다. 김대건 신부는 신부로 서품 받은 지 일주일 되던 1845년 8월 24일 일요일에는 진쟈샹 성당 멀지 않은 곳에 떨어진 만당소 신학교에서 다블뤼 안 신부가 복하는 가운데 첫 미사를 올리게 되었다. 김대건 신부는 교우들과 함께 배를 수리하여 조선으로 돌아갈 가슴 부푼 사명감의 즐거움을 서로 나누었다. 그해 8월 31일, 고 주교와 안 신부가 남모르게 그 배로 찾아왔다. 고 주교는 길이가 25척이고 폭이 9척이며 깊이가 7척밖에 안 되던 그 작은 배에다 성서에 나오는 수호천사 '라파엘'로 이름을 붙였다. 김대건 신부, 안 신부, 조선의 교우들은 그날 밤, 조선을 향해 바닷길을 떠나게 되었다.

우여곡절 끝에 고국 땅을 밟게 된 안드레아 김대건 신부는 귀국해

눈부시도록 활발한 선교활동을 벌였다. 결국 김대건 신부는 체포되어 1846년 9월 새남터 절두산의 이슬로 화한다. 순교 당시 만 25세, 예수가 십자가에 못 박힐 때보다 훨씬 젊은 꽃다운 나이였다.

진쟈상 성당은 중국에서 최고로 유서 깊은 성당의 하나인 쉬쟈후이(徐家匯: 서씨들의 집성촌)본당 소속이다. 쉬쟈후이는 명대의 유명한 대학자 쉬광치(徐光啓)의 고향이다. 그가 마테오 리치와 깊은 교류로 천주교를 믿게 되었다는 사실은 현재 중국 고등학교 역사교과서에도 실릴만큼 유명한 이야기다. 상하이의 종교인 수는 불교(신도수 150만 명), 천주교(16만 명), 개신교(12만 명), 회교도(10만 명) 등으로 중국의 다른 지역에 비해 천주교도 수가 많은 편이 특징이다.

1992년 한중 수교이래 김수환 추기경(1997년 8월)을 비롯한 한국의 대주교, 주교, 신부들은 줄을 이어 진쟈샹 성당을 방문, 동행한 신자와 상하이 체류 한국 신자들의 미사가 이어지고 있다. 본당 건물 옆에는 한국천주교회 200주년을 기념해 축성한 '김대건 신부 기념당'이 있으며 그 안에는 신부의 초상과 함께 순교 후 남은 등뼈 유골의 일부가 모셔져 있다. 천주교신자이던 아니던 간에 한국 사람이라면 누구나 그 등뼈 조각을 보는 순간 파편 하나가 가슴에 꽂히는 듯한 통증이 느껴지는 것 같다고 한다.

이렇게 우리는 상하이의 동과 서에 성지를 보유하고 있는 셈이다. 동쪽에는 한국천주교회의 성지 진쟈샹 성당이 서쪽에는 한민족 공동체의 성지 대한민국 임정 청사와 윤봉길 의거의 현장 홍구공원이 있다. 순국선열과 순교자의 선혈로 물든 상하이의 어제는 감히 '조상 탓'을 못하게 만든다. 섬뜩하리만큼 무서운 속도로 발전하는 상하이의 오늘의 모습은 우리를 항상 깨어있게 만든다. 이렇게 상하이는 전방위로, 전천후로, 우리를 애국심으로 고취시키며 사명감으로 각성시키고 있다.[65]

법은 누구나 알아야 하는 룰

법을 전공하지 않는 대학생들에게 법은 멀게만 느껴진다. 살아가면서 겪는 많은 일들이 법률과 연관되어 있음을 모르진 않지만, 필요성을 느끼더라도 어렵게 느껴지는 건 마찬가지이다. 경희대학교에서 수강생들로부터 많은 호응을 얻은 '생활 속의 법' 교양 강의를 다년간 맡아온 강효백(경희대 법학)교수는 '법은 누구나 알 수 있어야 한다'고 말한다.

"법은 '사람의 사회생활의 행위의 준칙' 즉 사회생활이라는 경기장에서의 규칙이라고 할 수 있습니다." 그는 소수의 기득권층만이 법을 소유하는 시대는 지났다고 말했다. 어느 누구나 자연스럽게 접하고 '아침에 일어나 우유를 마시듯' 아무런 부담이 없어야 한다는 것이다.

"그러기 위해선 암호처럼 어려운 한자어로 점철된 법조문의 변화가 필요합니다." 그는 우리 법조문을 일반 사람이 이해하기 어려운 까닭은 법 제정 당시 일제의 법조문을 토대로 만들어졌기 때문이라고 전했다. 70년 전에 쓰던 일본식 용어를 거의 그대로 우리 법조문에 차용하여 정착시켜 왔기 때문에 어렵게 느껴진다는 것이다.

강효백 교수는 이렇게 어렵게 느껴지는 법을 '생활속의 법' 강의에서 쉽게 풀어 학생들의 이해를 도왔다. 학생들은 앉아서 교수의 수업을 가만히 듣는 것이 아니라 능동적으로 참여하면서 생활에 필요한 법률을 익힐 수 있다. '고금리의 사채업자에게 돈을 빌렸는데 이자를 갚아야 하는가?', '뺑소니 사고를 내면 어떻게 해야 하는가?', '이혼의 사유에는 어떤 것들이 있는가?' 등 실생활에서 꼭 필요한 법률 상식들을 공부하면서 자연스럽게 법과 가까워 질 수 있는 것이다. '모든 학생의 교수화'를 목표로 삼을 만큼 수업시간에 학생들의 모습은 교수만큼이나 열성적이다.

"전자상거래법, 근로기준법 등 학생들이 꼭 알아두면 좋은 법들이 많습니다." 그는 실제로 법의 도움을 받을 일이 있으나 법에 대해 자세히 알지 못할 때에는 일단 주변의 도움을 받는 것이 가장 효과적이라고 말한다. "사안이 가볍고 시급한 사항은 인터넷 검색과 법을 전공하는 선배나 친구에게 상담을 구하는 게 좋습니다." 우리나라는 아직 변호사 상담이나 법원에 소송을 제기하는 데는 비용과 시간이 많이 들기 때문이다.

국가 기관의 인터넷 사이트를 이용하는 방법도 있다고 귀띔했다. "전자상거래 피해 시에는 한국소비자보호원, 공정거래위원회에 도움을 청하고, 사이버 성폭력을 당한 경우는 사이버명예훼손·성폭력상담센터(www.cyberhumanrights.or.kr)에 신고하면 됩니다."

어려운 법조문들을 공부하는 것은 쉽지 않지만 현재 법원 내부에서도 일반인들이 이해하기 힘든 법률용어를 고쳐 쓰자는 운동이 전개되고 있다고 하니 학생들은 법과 조금 더 가까워 질 수 있을 듯하다. 두꺼운 법전에 갇힌 법이 아닌 매일 아침 우유 마시듯 국민이 부담 없이 쉽게 다가갈 수 있는 법이 되었으면 하는 것이 강효백 교수의 바람이다.

- ・ 대학생들이 꼭 알아야 하는 법

- 전자상거래를 할 때 꼭 알아야 하는 법

Q. TV 홈쇼핑에서 하나만 먹어도 식욕이 저하되며 살이 빠진다는 음료를 샀다. 막상 먹어 보니 다른 다이어트 식품과 별다를 것이 없고 아무런 효과도 느끼지 못했다. 상품에 대한 돈을 환불받을 수 있는가?

A. 환불받을 수 있다. 인터넷상에서 허위・과장된 물품을 구입한 경우에는 적절한 절차를 걸쳐서 계약을 해지할 수 있다. 상품의 내용이 표시・광고 내용과 다르거나 계약내용과 다르게 이행된 경우에는 상품을 받은 날로부터 3개월 이내에 또는 그 사실을 안 날 또는 알 수 있었던 날로부터 30일 이내에 계약을 해제할 수 있다.

만약 소비자의 내용증명우편을 받고서도 환불 등의 조치를 해주지 않고 부당한 위약금을 요구한다면 한국 소비자보호원에 자료를 첨부, 접수시켜 도움을 받을 수 있다. 소비자피해구제가 아닌 허위・과장광고에 대해서는 공정거래위원회를 통해 심의 및 시정조치를 촉구할 수 있다.

- 아르바이트를 할 때 꼭 알아야 할 법

Q. 편의점에서 주 30시간씩 6개월째 일하는데 월급을 30만 원을 받고 있다. 이것이 옳은 일일까?

A. 절대 옳은 일이 아니다. 2018년도 최저임금은 1시간당 7,350

원으로 종전의 6,030원에서 더 인상되었다. 최저임금법은 노동자를 1인 이상 고용한 모든 사업장에 적용되며 정신지체자, 수습중인 자 등을 제외하면 정규직, 일용직 관계없이 적용된다. 위반 시에는 고용주체에게 3년 이하의 징역 또는 2천만 원 이하의 벌금부과가 가능하고, 이를 병행하여 부과하게 될 수도 있다.

최저임금뿐만 아니라 주 15시간 이상을 일하는 단시간 노동자의 경우는 근로기준법상의 퇴직금제도, 주휴일 제도 등의 면에서 통상 노동자와 거의 같은 보호를 받음을 알아둘 필요가 있다. 즉 '아르바이트'일지라도 기준이 충족되면 퇴직금을 받을 수 있는 것이다. 단시간노동자란 1주간의 근로시간이 당해 사업장의 동종업무에 종사하는 통상노동자의 1주간의 소정근로시간에 비해 짧은 노동자를 말한다(근로기준법 제21조). 단 4주간을 평균하여 1주 근로시간이 15시간 미만인 노동자에게는 근로기준법상의 퇴직금제도나 주휴일제도 등은 적용되지 않는다.

- 운전을 할 때 꼭 알아두어야 할 법

Q. 차를 몰고 가다가 인적이 드문 길에서 행인에게 부상을 입히는 교통사고를 냈을 때 어떻게 해야 할까?

A. 절대 자리를 피해서는 안 된다. 뺑소니로 몰리지 않기 위해서는, 피해자에 대한 구호조치를 함과 동시에 연락처를 경찰·피해자·피해자의 보호자에게 남기는 일이 필요하다. 의료진에 의한 진료를 받게 될 가능성이 있다고 판단되기 전에는 절대로 사고현장을 떠나서는 안 된다.

이는 피해자에 의한 구호조치를 취하지 않은 경우 즉 뺑소니 운전을 할 시에는 특정범죄가중처벌법에 의해 엄중히 처벌되고 있기 때문이다. 피해자의 사망 여부, 운전자가 피해자를 옮겨서 버렸는지 등에 따라 1년 혹은 3년, 5년 이상의 유기 징역이나 무기 징역, 사형 등의 중형까지도 선고될 수 있다. 그러나 자진신고 시에는 실형을 받는 경우는 드물다. 기소유예, 집행유예나 최대한 2년 이하의 금고형(징역형이 아닌)에 처해지는 경우가 많다. 뺑소니는 절대 해서는 안 되는 일임을 명심해야 할 것이다.[66]

호법(好法)이란 무엇인가?

* 자신이 생각하는 '호법(好法: 좋은 법)'은 무엇인가? 그리고 기존의 법률·법령 또는 개별법의 특정조항 중 '호법'이라고 판단하는 법을 선정하고 선정이유를 10. 12. 23시까지 <율사회학 카페>에 게시하시오(분량 800자~1200자).

· 매주 법사회학 수업 과제를 제출할 때마다 나는 곤혹스러움을 느낀다. 법대에 재학 중인 동안 한 번도 생각해보지 않았던 주제들을 마주하고 나의 생각들을 짜내야 하기 때문이다. 법조문을 펼쳐봐도 답은 적혀 있지 않고 문제풀이 사례집에 모범답안이 제시되어 있지도 않다. 그나마 내가 도움을 받는 것은 같은 수업을 듣는 학우들의 생각이다. 다른 학우들이 쓴 훌륭한 글들을 읽으며 그들이 어떤 가치관을 지니고 사회를 살아가는지 실시간으로 느껴보고 때로

그것을 통해 나의 생각을 좀 더 발전시키거나 수정해본다. (표절은 하지 않고….)

지난 화요일 미국의 법에 대해 공부해 보는 시간은 내게 무척이나 흥미로웠다. 미국은 변호사가 돈만 아는 속물이라는 인식이 사회에 팽배하다는 이야기를 얼핏 듣고 미국 법에 대해 오해 아닌 오해를 하고 있었다. 그러나 수업이 끝날 쯤 어쩌면 미국엔 법이 살아 있는지도 모른다는 생각을 했다. 사회와 법이 상호작용하며 매순간 살아 있는 생물처럼 진화하고 사멸하고 변화 하니까 말이다. 그래서일까, 호법(好法)에 대해 생각하기 시작했을 때 내 머릿속엔 미국 법이 떠올랐다. 미국법 = 호법이란 뜻이 아니다. 지구상에서 법이 제일 발전한 나라, 일상 속 아주 사소한 문제들까지 법과 관계되지 않은 것이 없는 나라, 그래서 한국에서 떠받들어지는 변호사가 쉽게 까이고 하찮게 여겨지는 나라라면 분명 타국보다 좋은 법이 많이 존재할 것 같은 생각이 들었기 때문이었다. 하략 - 김지선

· '호법'이라, 교수님 말씀대로 먼저 호법 인터체인지가 떠올랐다. 호법이라는 개념은 생각해 본 적이 없기 때문이다. 흔히들 하는 말 중에서 악법도 법인가? 라는 말이 있기 때문에 '그럼 악법의 반대말은 선법인가?'라고는 생각해봤지만 '호법'이라는 용어는 낯설다. 선과 악을 비교해보면 '악'이라고 하는 것은 평범이라고 하는 '0'의 위치에서 '-' 적인 곳으로 꽤 이동 한 상태임을 지칭한다고 볼 수 있다. 하지만, '선'이라는 것은 거기서 '+' 적인 곳으로 얼마나 가는지에 대해서 모호하다. 보통, 악하지 않으면 선하다고 해도 무방할 정도로 어떻게 보면 관대한 표현이다. 그래서 '호법'이라는 관념은 오

히려 악법이라는 관념의 '-' 적인 요소에 대비될 만큼의 '+' 적인 요소를 가지고 있다. 처음에 이 개념을 접했을 때의 느낌은 솔직히 생소했지만, 지금은 오히려 올바르다고 생각한다. 하략. - 이용동

• 교수님의 말씀처럼 우리는 서양 철학적 예시에 발목 잡혀서 너무 '악법'에 관해서만 생각해 온 것이 아닌가 싶습니다. 따지고 보면 사회를 지탱하는 최소한의 규율의 대부분이 호법입니다. 우리가 그 중에서도 성공적이고 연구해볼 만한 가치가 있는 호법에 관해서 생각해왔다면 지금보다 법학과 법학교육이 더 진보하고 발전해 왔을 것 같습니다.

동서양을 통틀어 역사상 국가가 가장 부흥했던 때는 좋은 제도 즉 호법을 도입하고 법을 재정비한 직후였습니다. 여기서 호법의 연구와 입법은 사회 안정성에도 기여해서 선진국, 살기 좋은 나라의 기반이 된다는 것을 알 수 있습니다. 그렇기 때문에 법의 해석과 인용하기에만 그쳐있는 우리나라의 법학공부는 법전에 기재된 틀 속에서 한계를 벗어날 수 없다고 생각합니다. 물론 사법시험만을 위한 법 공부라면 법의 해석과 인용의 한계까지 공부하면 끝입니다. 그러나 법이 미치는 영역, 우리가 공부하는 법학을 사법의 테두리 안에 가두면 안 될 것 같습니다. 법은 입법, 행정뿐만 아니라 사회 전반에 걸쳐 영향을 미치기에 타국과의 경쟁에서 뒤쳐지지 않으려면, 법의 발전을 생각한다면 현대사회에 맞는 창조성, 입법교육, 입법학을 필요로 할 때입니다.[67]

호법에 대해 생각해보면서 교수님이 열변하셨던 '제도화'의 중요성에 대해 다시 한 번 생각해 보게 되었습니다. 물론 악법을 찾아내

서 현실과의 차이를 줄이고 실상에 맞게 개정하는 것도 중요하지만 어떤 법들이 호법인지에 대한 연구를 하고 입법 시에 호법을 바로 입법 할 수 있다면 가장 효율적일 것입니다. 따라서 저도 교수님의 말처럼 법과대학 내에 입법학을 도입시켜 호법을 연구하고 새로운 법을 도입하는 학문을 하고 입법전문가를 양성해야 한다고 생각합니다. 하략. - 이상훈

• 호법(好法), 법을 공부하기 시작한 이래로 처음 들어본 말이다. 한 번도 좋은 법은 어떤 것인가 라는 생각을 해본 적도 없다. 늘 우리는 '악법이란 무엇인가'를 외쳐왔고 '악법도 법인가'에 대한 논의만 해왔다. 실제로 우리의 법 중에서는 호법으로 칭해질 만한 좋은 법이 많다. 이것을 알면서도 왜 그간 호법에 대한 생각을 해보지 않았는지, 그것이 의문이다. - 이소영

• 사람들에게 '악법惡法'은 익숙하지만 '호법好法'은 그렇지 못하다. 다들 악법도 법인가 아닌가 왈가왈부 하고 있을 때 교수님 말씀대로 호법에 대해 생각한 사람은 거의 없을 것이다. 이 낯선 개념에 따라서 지금부터 호법이 무엇인가 생각해보고자 한다. 내가 생각하는 호법은 다음과 같은 몇 가지의 기준을 지켜야 한다고 본다.
① 호법은 전체적인 기본원리에 어긋나서는 안 된다. 여기서 기본원리란 보통 헌법을 생각하지만 헌법이 이치에 맞지 않는다면 기준이 될 수 없다. 사회통념상 모두가 인정할 만한 기준을 어긋나는 법은 호법이 아닌 악법인지 아닌지 심사해야 할 것이다.
② 호법은 누구든지 쉽게 이해가 가능하고 납득할 수 있어야 한

다. 사회 일반인의 대부분은 법이 굉장히 어렵다고 생각한다. 소수만 알고 그것을 이용해서 소수만 기득권을 얻는 법을 호법이라 할 수 있는가? 또한 법학의 해석에 수많은 해석이 있는 이유 중의 하나도 결국은 너무 어렵고 생소한 단어를 사용했기에 벌어진 일이라 생각한다. 낙태죄와 같이 형법상의 개념은 대부분의 경우를 처벌하지만 특별법으로 인해서 다 빠져나가는 경우도 호법이라고 할 수 없다. 때문에 호법은 사람들이 보고 단번에 쉽게 이해할 수 있고 당연납득을 이끌어내어 스스로 준수할 수 있는 법이어야 한다.

③ 호법은 이상과 실제를 함께 담고 있어야 한다. 아무리 그 법의 뜻이 좋더라도 그것이 이상에 불과하여 지켜질 수 없는 것이라면 그것은 법이 아니라 장식품일 뿐이다. 죽은 법은 필요 없다. 법이 법으로서 정당한 목표와 힘을 가질 때 호법의 요건을 만족할 것이다.

④ 호법은 사회에 대한 확실한 목표를 가지고 있어야 한다. 법은 무언가를 규율하는데 그치지 않고 자체의 목표를 가지고 사회를 개선하거나 유지하는 등의 목표를 가지고 있어야 한다. 단지 처벌이나 절차를 다룬 법은 호법의 대의를 담기엔 부족하다는 생각이 든다.

이 외에도 여러 가지 기준이 있겠지만 내가 뽑아본 굵직한 골자는 대략 이렇다. 너무 당연한 소리 같지만 실제로 법 하나하나를 뜯어보았을 때 이 필요충분조건을 만족하는 좋은 놈들이 별로 없다. 때문에 내가 생각하는 호법의 예를 고르기가 굉장히 어려웠는데 그래도 뽑자면 다음과 같다. 하략. - 진연호[68]

강의 참관기 1

　얼마 살지 않은 인생이지만 나의 일생에 가장 행복했던 수업 경험을 꼽으라면 잊히지 않는 강의가 하나 있다. 좀 더 정확히 표현하자면 한 학기 내내 항상 긴장하고, 집중하고, 노력했으며 가슴에는 항상 뜨거운 열정이 있었던 강의였다. 거의 14년 동안 학교를 다녔고 학생으로서 수업을 받아왔지만 그렇게 인상적인 강의는 처음이었다. 뇌리에 강인하게 각인될 정도로 강인한 충격을 주었던 강효백 교수의 '생활과 법률' 강의-물론 필자의 주관적 경험과 해석에 따른 것이지만, 실로 교수자의 열정과 그 특성에 따라 학습자를 동기화시키는데 충분히 분석할 가치가 있다고 판단하여 이를 연구내용으로 삼았다.

　Eulich와 Frey(1996)는 "훌륭한 교수자란 그 자신이 훌륭한 학생이어야 하며 훌륭한 학습방법이 곧 훌륭한 교수방법으로 연결된다"고 하였다. 나 역시 이 말에 동의한다.

　구체적인 실례로 '생활과 법률'의 강효백 교수는 자신이 학부생이었을 때의 '학습방법'을 예시했는데 실로 감탄하지 않은 학생들이 없었다. 그러나 어떠한 학습자든지 자신의 자랑만 늘어놓는 교수자를 좋아하지 않는다. 이러한 특성을 강효백 교수는 이미 파악하고 있었던지 자신의 학창시절의 위기와 좌절, 학생 때 고민했던 것들에 대한 OTL(교수자 자신이 이렇게 표현하였다. 학생들의 은어와 통신용어를 가끔 사용하기도 하였다)과 그것을 어떻게 극복했는지에 관해 흥미 있게 제시함으로써 학생들과의 공감대를 쌓았다.

　또한 수업목표를 '실생활에 필요한 법률지식을 쉽게, 흥미 있게, 알차게 습득할 수 있도록 다양한 사례연습을 통하여 역동적이고 인터랙티브한 쌍방형 강의를 추구한다'라고 제시하였다. '교수와 학생들이 상호 역동적으로 복수 전공하듯 폭넓게 파악하고 깊게 천착하고 멀리 조망하는 것'을 실제 수업시간과 온라인 환경에서 실천을 통해 강조하였다. '공격적, 창조적, 능동적 참여'를 어찌나 강조하시던지 학생들의 실제 언어생활에서 '수업을 듣는다'고 하면 1점 감점 처리하고 발표와 적극적인 참여를 통해 만회하는 방법을 도입하여 '수업을 하다. 수업에 참여하다'라는 언어습관을 들이기 위해 노력해야 했다.

강효백 교수는 '교수'라는 지위에서 오는 직책권위(job authority)와 전문 지식이 학생들보다 압도적으로 많다는 점에서 오는 지식권위(knowledge authority), '학생들에 대한 배려심'이 상당히 깊다는 점에서 인간적인 힘을 동시에 갖추고 있다고 판단된다. 또한 강효백 교수가 훌륭한 교수자라고 판단하는 가장 중요한 이유 중 하나가 학생들에게 존경과 호감을 동시에 얻는데 탁월한 능력이 있기 때문이다.

체계적으로 조직된 내용은 배우기 쉽고 기억하기 쉽게 하기 위하여 중요한 개념에 집중하여 학습자의 개념화를 도와준다. '생활과 법률' 수업은 '생활과 법률'이라는 교과서를 하나 지정해 놓기는 하였지만 교수자가 그 엄청난 두께의 책을 요약하여 제시하셨다. 매 차시마다 A4용지 한 장 정도로 내용이 압축된 페이퍼가 중요교재였고, 페이퍼는 주로 완성형(괄호 넣기)과 각 사례마다 자기의 견해를 쓰는 공란으로 이루어져 있다. 교수자는 실생활과 밀접한 예시를 제시하고 자신의 경험담을 잘 배합한 설명과 아이들의 발표를 통해 완성형의 괄호를 채워가는 방식으로 강의했으며, 괄호는 꼭 중요한 부분만 쳐야 한다는 고정적 선입관을 깸으로써 유머 있는 수업을 진행하였다. '건의사항 및 질문사항을 마지막에 꼭 넣음으로써 학생들로 부터 항상 개선점과 건의를 받기 원하였으며 맨 마지막에는 예습차 원의 흥미 있는 과제를 예고했는데, 7~8가지 중에 하나를 택하여 자기 견해를 쓰는 것이며 인터넷 무단 복사를 굉장히 혐오하였다.'

'생활과 법률' 과목의 교수자는 끊임없이 외재적 보상과 강화를 통해 수업에 관심이 없는 학습자까지 관심이 있게끔 끌어올리려고 노력하였으며 결과적으로 학습자들의 내적동기로 성숙시켰다. 강효백 교수는 그의 태도와 성격에서 창의성을 발현시키기 위한 필요충분조건을 가지고 있어서 소개하고자 한다. 첫째, 교수자 자체의 성격이 적극적이고 도전적인 태도를 가지고 있다. 둘째, 교수자 자신을 대표하는 특성 중 하나가 "나는 비판한다. 고로 존재한다"라고 말할 만큼 권위 있는 지식 혹은 기존의 관념과 틀에 대해 비동조적이고 반항적인 태도를 가지고 있다. 셋째, "끊임없이 노력하는 것도 천재성의 한 요인"이라고 강조하면서 자신은 평생 '영원한 고3'처럼 끊임없는 노력의 모범을 보여준다. (학생들과 토론하고 비판하기를 좋아했다.) 자신의 연구 과정이나 노력사례를 종종 제시하면서 아이들에게 자연스럽게 존경과 선망의 대상으로 자리 잡게 했다. 넷째, '남을 함부로 비판하지 않는 태도'를 강조하면서 교수자의 도덕적 모범을 보여줬다. 자신은 하나의 샘플이지 학생들의 의견이 자신과 다르다고 해서 일방적으로 무시하거나 공격하지 않았는데, 지식의 권위만 내세우지 않고 학생들을 존중하는 언행을 실천함으로써 학생들에게 존경을 받았다.

지식을 얻고 싶다면 수강신청을 하지 말고 도서관에서 공부만 하면 된다. 대학교육에서는 그동안 잘못 배워온 것들을 깨끗이 지울 수 있어야 한다. 지옥 같던 입시의 관문을 어렵게 뚫고 꿈만 같던 지성의 전당에 당당히 입성했지만 또다시 회의주의가 밀려든다. 빼곡한 필기와 사소한 것도 꼼꼼히 암기할 수 있는 성실함만이 높은 성적의 기준. 머릿속에 저장한 지식을 현실에 적용시키려는 노력 따위는 무가치하게 평가되던 고등교육이었다. 대학생은 앞으로 사회를 짊어지고 나아갈 젊은 지도층이며 이를 양성하는 곳이 바로 대학이다. 때문에 지식과 삶을 연결하려는 노력이야말로 대학생에게 꼭 필요한 자질이며 대학에서도 주입식 강의보다는 소규모 토론식 수업을 늘리려는 노력이 필요하다. 절대적이고 일률적인 답안만을 추구해온 학생들에게 대학교육은 다양성과 상대성이 존중받는 건강한 학문의 장을 제공해주어야 할 것이다.

강효백 교수의 생활과 법률 강의는 14년간의 주입식, 암기식 수업에서 잠시 벗어난 진정한 구성주의 수업의 전형을 맛보게 한 충격이었다. 권위주의적인 수업에 지친 학생들은 교수자와 함께 공감할 수 있는 유머와 지적인 희열에서 오는 긴장감과 충격, 그런 수업 자체의 놀라움을 매력적인 수업의 요소로 꼽고 있다. 존경과 선망을 받는 교수자의 격려와 따뜻한 칭찬 한마디가 얼마나 힘이 되는지 '내가 쓴 과제에 대한 한 줄 칭찬'도 얼마나 동기부여가 되었었는지 모른다. 항상 끊임없는 노력을 하겠다는 의지로 '영원한 고3'을 자칭하는 교수자는 학습자에게 '나도 무엇인가 할 수 있다'는 용기와 도전정신을 자극한다.[69] - 전아름

강의 참관기 2

아직 시험을 치지 않았기에 종강은 아니지만 생활 속의 법 강의의 모든 수업을 마치며 느꼈던 바를 마지막 게시글로 남기고자 합니다.

법에 대해 여러 회의감을 가지고 있었습니다. 약자에게는 참 불공평한 것이 법이 아닌가, 그런 생각들이 최근 들어 자주 들었기 때문입니다. 그러한 법에 대해서 알 수 없는 반감이 들기도 했지만 정면돌파 해보기로 마음먹었습니다. '내가 법에 대해 제대로 알기 전까지는 마음대로 평하지 말자'라고 말입니다.

대학 수업으로는 처음 접하게 되는 법이어서 법과대학 수업에 참여할 엄두가 나지 않았습니다. 그러던 와중에 자유이수 수업에서 발견하게 된 '생활 속의 법' 강의입니다. 무언가 친근한 제목에, 법 교양으로써 임해볼 수 있겠다는 생각에 이번 시간표에 해당 강의를 담았습니다.

개강하기 전에 아버지와 우연히 시간표에 관해 이야기를 나눈 적이 있습니다. 법 수업을 처음으로 수강하게 됐다고 말씀드렸는데, 생활 속의 법 수업이라는 이야기를 들으시더니 아버지께서 교수님이 누구시냐고 여쭤보시더군요. 강효백 교수님이라고 말씀드렸더니, 아버지가 정말 오랜만에 호탕하게 웃는 것이 아니겠습니까?

아버지께서는 집안 사정으로 인해 제때에 대학을 가지 못하셨습니다. 할아버지께서 쓰러지신 뒤에 장남으로서 기울어가는 집안을 책임지셔야 할 상황에 놓이셨거든요. 학업에 대한 꿈을 잠시 미루셨던 아버지는 제가 태어나고 초등학생이 되어서야 늦깎이 대학생이 되셨습니다. 2002~2005년쯤이었을 겁니다. 경희대학교 경영학과

학생으로 늦은 캠퍼스 생활을 시작하신 것이지요. 그때 교수님의 수업을 수강하셨다고 합니다. 수업을 들으셨을 때에 대한 이야기를 해주시더군요. 그때도 강의 이름이 생활 속의 법이었는지는 잘 모르겠네요.

아버지께서 해주신 이야기 중에서 하나의 에피소드가 유독 기억에 남니다. 이 이야기를 듣고, '아, 동명이인은 아니시구나!' 하는 생각이 들었습니다. 누가 들어도 교수님이었거든요! 언제나 그러셨듯이, 누구보다 대한민국을 사랑하는 국민으로서 10년도 넘은 그때 우리나라에 대한 걱정을 토로하셨다고 합니다. 그날따라 유독 교수님의 말씀에 열정이 담겼다고 합니다. 끝내 울음을 터뜨리며 나라를 걱정하는 교수님의 그날 수업을 아직도 잊지 못한다고 저에게 말씀하셨습니다. 정말 저도 시간표를 확정하고 나서 들은 이야기이지만 우연도 이런 우연이 있을 수가 있나 싶습니다. 아버지와 함께 수업을 하셨던 교수님의 수업을 그 아들이 듣게 될 줄이야 상상이라도 했겠습니까?

"후회하지 않을 거다. 학점에 상관없이, 도전해봐라. 기억에 많이 남는 수업이 될 거다"라는 아버지의 조언을 바탕으로 힘차게 시작한 2017-2학기의 생활 속의 법 수업이었습니다. 아직 대학 생활을 시작한 지 2년밖에 되지 않았지만, 저에게 정말 엄청난 임팩트를 주셨습니다. 매 수업마다 머리를 망치로 두들겨 맞는 듯한 느낌이 들 정도였습니다.

법은 그저 외우는 것인 줄 알았습니다. 그저 잘 외우는 사람이 사시 합격해서 변호사, 판사, 검사를 하는 줄 알았습니다. 하지만 그것이 결코 법의 상식이 아님을 스스로 깨닫게 해주셨습니다. 법은 만

들어지는 것을 외우는 것이 아니라 더 나은 사회를 위해 더 나은 법을 만드는 법을 생각하는 것에 그 가치가 있음을 알려주셨습니다.

법 수업에서 토론을 하게 될 줄은 꿈에도 몰랐습니다. 신기하기까지 합니다. 비록 수강생은 많고, 강의 시간은 짧아 의견을 나눌 충분한 시간을 갖지는 못했지만, 교수님께서는 질문을 단 한 번도 스쳐 지나가지 않으셨습니다. 천둥과 같은 목소리로 호통 치실 때도 있었지만, 언제나 저를 포함한 학생들의 질문에 답을 해주셨습니다. 외우라고 다그치지 않으시고, 이야기를 나누어주셨습니다. 그런 사소할 수 있는 여러 모습에 감명도 받고 기억에도 선명히 남습니다.

생각을 정리하고 싶어 쓰게 된 글인데, 오히려 횡설수설하는 느낌이 드네요. 그럼에도 불구하고 한 학기 동안 이 수업에 참여할 수 있어 정말 좋았습니다. '저희나라'가 아닌 '우리나라'에서, 수업을 듣는 것이 아니라 '참여하는' 수업을 할 수 있어 정말 좋았습니다. 그것도 법을 주제로 하는 교양 수업에서 말입니다. 그러한 점에서 많은 감사의 말씀을 드리고 싶습니다. 교수님과 수업을 함께할 수 있어 크나큰 기쁨이었습니다! 잊지 못할 수업이 될 것 같습니다.[70]

강의 참관기 3(중국인 대학원생)

· 박학과 독실(博学而笃志)

姜孝伯教授，庆熙大学法学学士、台湾国立师范大学法学硕士、台湾国立政治大学博士，曾在中国华东政法大学高级进修班中国通商法进修，先后曾担任驻中国大韩民国大使馆领事、庆熙大学国际法务研究生院副院长、韩中法学会副会长、韩中亲善协会监事、首尔·北京亲善友好协会代表等职务，担任庆熙大学中国法务系主任教授以后培养了一大批中韩法律实务人员。

谈起姜教授，可以用三个词来概括我对他的印象：风趣、博闻和严厉。

初识姜教授，那是在2011年的秋天。当时是经后来的一个同班同学引荐，第一次见到了这个"传说中"学识、背景、资历深厚的风云人物。正在惴惴地思考着和这样一位教授会有着怎样严肃的开场白，他问起我的家乡，我的话音刚落，思绪突然被他用标准又流利的中文说出的一句谈笑风声的"大连姑娘漂亮!"打断了，除了窃喜，更多的是惊叹。这不仅代表着这位教授的中文水平，更多的是他对中国的了解程度。在去韩国留学之前，我在亚洲很多国家和地区生活过，很多人在听到大连这座城市的时候，总会不约而同地问到一个问题"Where is it?"所以，这也是第一次，我给这位教授打上了"中国通"的烙印，并深深地感受到他的霸气，而非傲气。

第二次见到他，便是在正式的大学院面试环节。虽然当时的口语水平足以应付面试问答，但一进到法学院，就有一种肃然起敬的紧张感。进到面试教室的时候，看到姜教授和院长端坐在里面，脸上挂着浅浅的微笑，不禁有一种平易近人的感觉，心里也放松了不少。做完了自我介绍，在面试问答环节，对留学生设定的问题没有一丝的刁钻刻薄，更多的是实实在在地贴近学习和生活。当被问起我的特长的时候，我答到："钢琴和古筝"，但是当时实在不会说"古筝"这个词，灵机一动形容了一下，是和韩国的"伽倻琴"类似的乐器，姜教授直接用中文接到"筝"，还和我侃侃而谈中国的传统乐器，这又加深了这位教授给我的"中国通"印象。虽然之前已经面试过另一所学校，即便是有着同样严谨的学术态度，但是这里没有区别对待，没有压抑的学术环境。更重要的是姜教授的博学广闻深深地吸引了我。于是，我便下定了追随这位教授做学问的决心。

进入法学院学习的第一堂课，便是这位赫赫有名的姜教授的"国际法概论"。印象最深的是，有一次他讲到国际海洋法中关于大陆架、领海等名词界定的问题时，姜教授还很贴心地在黑板上画出图形并加以说明，很多晦涩难懂的知识点在他的讲解下就变得浅显易懂了。有次，讲着讲着，姜教授兴奋不已地跃上讲台亲身给我们做示范，当时真的觉得这位教授俨然可以胜任表演系教授的角色。几乎每隔一堂课，我们都有发表的任务。对于一个刚从语学堂过渡来的研究生来说，用韩语做一次专业课题的发表，那是多么恐慌的一件事情！记得第一次站在讲台上做发表的时候，拿着手稿的双手甚至是声音都是瑟瑟发抖的，不时地看着姜教授的表情，他那浅浅的微笑配合默默的点头示意，缓解了大家紧张的情绪，精神上得到的极大的鼓舞，特别是发表结束后姜教授对每一位同学努力的肯定和认真的点评，渐渐地发表不再是自己的一个心结，反而发挥地越来越自然，内容表述也淋漓尽致。

后来几个学期，姜教授担任了几堂专业课的老师，那"中国通"的印象越来越深入人心。他能够在新时代的国际大背景下，提出自己独道而又客观的见解，而这些都能在他的几本著作(如：≪中国法通论≫、≪G2时代中国法研究≫≪China Super Rich≫等)中得到体现。

他授课的内容也可以反应出，他所掌握的是一个横跨各个历史时期和专业领域的广泛的、立体的知识体系。有时，身为中国留学生的我们，都会情不自禁地自愧不如和赞许。

同时，姜教授还很注重培养学生们全方位发展的能力，特别在专业课中国法的课堂上，打破了全韩语的环境，大家可以轻松地用中文和英语解读法条、阐述观点。可以说，在学到专业课知识的同时，实际应用能力也得到了极好的锻炼。

说到严厉，那自然是对待学术严谨的态度，特别是在考试和论文审查方面。一百多页的论文内容里，教授可以轻易地指出哪里有错别字，让人不禁佩服起教授的专业精神和认真严谨的学术态度。而且他擅长启发和引导我们创新思维，提出新颖、明确的论点，并学会挖掘参考资料里的内容，结合自己的观点进行阐述和论证。

毕业已经两年多了，落笔的时候姜教授留给我的印象还是那样鲜明，历历在目。期待着这位有着高度专业精神和深厚资历的教授，能够培养出更多全方位发展的国际性法律人才。

【作者简介】东北财经大学管理学学士(人力资源管理专业)、韩国庆熙大学法学硕士现受大连市司法局委任，于2017年4月起担任大连市级检察机关人民监督员.71)

성공 아포리즘 15선

1. 나는 아침에 차를 한 잔 마신 뒤에는 뒤도 돌아보지 않고 바로 일을 시작한다.   - 빌게이츠

2. 적은 밖에 있는 것이 아니라 내 안에 있다. 나를 극복하는 그 순간 나는 징기스칸이 되었다.

       - 징기스칸

3. 성공은 아름답다. 그러나 성공을 보람차게 하는 것은 더욱 아름답다.   - B. 파스칼

4. 명심하라, 정열을 사용하지 않는다면 위축되고, 용기도 쓰지 않으면 줄어들고, 결단도 활용하지 않으면 시들고, 사랑도 나누지 않으면 없어진다는 것을 기억하라.

       - A. 로빈스

5. 5일간 열정은 대개 실패하나 5개월 열정은 성공할 수 있고 5년간 열정은 성공 가능성이 크다. 50년간 열정은 반드시 성공한다. 50년 열정이 실패한다면 신은 정말 죽은 거다.

       - 강효백

6. 성공하는 사람은 송곳처럼, 어느 한 점을 향하여 일한다.

       - A 카네기

7. 시작과 창조의 모든 행동에 한 가지 기본적인 진리가 있다. 그 것은 우리가 진정으로 하겠다는 결단을 내린 순간 그때부터 하늘도 움직이기 시작한다는 것이다.

　　　　　　　　　　　　　　　　　　　　　　　- Y. 괴테

8. 과거의 방식을 고집하는 한 발전은 없다. 이것은 자신이 배출해낸 공기를 다시 마시는 꼴이며, 어느 순간 질식하게 마련이다.

　　　　　　　　　　　　　　　　　　　　　- 칼리 피오리나

9. 성공은 결과지 목적은 아니다.　　　　　　　- G. 플로베르

10. 우리가 현재 대면하고 있는 문제들은 현재의 사고방식으로는 해결할 수 없다. 사고의 유형 자체를 바꾸는(paradigm shift) 새로운 사고방식을 배우지 않으면 안 된다.

　　　　　　　　　　　　　　　　　　　　- A. 아인슈타인

11. 시도했던 모든 것이 물거품이 되었더라도 그것은 또 하나의 전진이기 때문에 나는 용기를 잃지 않는다.

　　　　　　　　　　　　　　　　　　　　　　- T. 에디슨

12. 성공의 비결은 "남이 없으면 나는 있고(他無我有), 남이 있으면 나는 우수하다(他有我優)"이다. 자신이 이룬 일에 만족하지 말라. 성취하기만 하면 곧 자신의 목표를 높여라.

　　　　　　　　- 강효백, 『중국의 슈퍼리치 CHINA SUPER RICH』

13. 매일 30분 이상 독서하라. 책을 많이 읽는다고 해서 성공하는 것은 아니다. 다만 성공한 후에 독서를 게을리한다면 이것은 큰 문제다.   - 마윈(馬雲) 알리바바 총재

14. 성공은 어렵고 성공의 관리는 더 어렵다. 항상 깨어 있으라.   - 류용하오(劉永好) 중국최장수 갑부

15. 새는 날개를 무겁게 생각지 않는다. 날개 없이 날 수 없다. 새는 날개다. 나는 노력을 무겁게 생각지 않는다. 노력 없이 살 수 없다. 나는 노력이다.   - 강효백

제**4**장

사상

- 국민의, 국민에 의한, 국민을 위한 정부(Government of the people, by the people, for the people).

  - 링컨/ 게티즈버그 연설 1863.11.19.

- 링컨의 게티즈버그 연설 중 '위한(for the people)'은 사족일 뿐, 핵심은 '의한(by the people)'에 있다. 독재자일수록 '위하여'를 부르짖는다. 따라서 나의 건배 구호는 '위하여'가 아닌 '의하여!'

  - 강효백

- 자본주의의 악은 축복을 불평등하게 분배하는 것이다. 사회주의의 선은 빈곤을 평등하게 분배하는 것이다.

  - W.L.S. 처칠

- 프랑스 대혁명의 구호는 '자유(Liberté), 평등(Égalité), 연대(Fraternité)'다. 일본제국주의는 '연대'를 '박애'로 오역했다. 민중의 연대가 두려웠을까?

  - 강효백

- 보수파란 현재 권력을 쥔 자들, 개혁파란 권력을 쥐려는 자들, 복고파란 왕년의 권력을 되찾으려는 자들.

  - 루쉰(魯迅)

- 이념은 짧고 민족은 길다.

  - 강효백

공자의 말씀은 사랑이다

예수와 석가와 함께 세계 3대 성인으로 추앙받아온 공자(孔子, BC. 551~BC. 479)는 신이 아니라 인간이다. 인간적인 신-예수(Jesus Christ, BC. 4?~AD. 30)와 달리, 신적인 인간-석가(고타마 싯다르타, BC. 563?~BC. 483?)와 달리 공자는 신적인 인간도, 인간적인 신도 아닌 인간적인 인간이다.

증삼(曾參, BC. 505~BC. 404)은 공자의 제자 가운데 나이가 가장 어리고 우둔했다. 그런 그가 후일 공자의 진정한 수제자로 평가받고 증자(曾子)로까지 추앙받은 결정적 계기는 무엇인가? 그건 바로 증삼이 공자의 무수히 많은 가르침 가운데서 일이관지(一以貫之) 핵심 사상을 충(忠)과 서(恕)로 정의하였기 때문이다. 공자의 임종 시에 70여 명의 수제자급 제자를 이끌고 공자 곁으로 달려갔던 사람도 바로 증삼이다. 증삼의 입회하에 공자는 7일간 아무 말 없이 죽었다. 하지만 후세 19세기 말 공양학파를 중심으로 혁신유학파는 '서(恕)'를 공자의 유언으로 간주했다.

충서(忠恕), 충은 자기에게 충실을 다하는 뜻이고 서는 남을 나와 같은 마음으로 이해하고 사랑하는 뜻이다. 충서는 자신의 양심에 충실(忠)해서 남의 입장을 생각한다(恕)를 말한다. 자기 자신에 충실하고 이웃을 내 몸처럼 사랑하라는 뜻이다. 그런데 사람들은 공자의 가르침과 유가사상의 기본을 충효(忠孝)로 잘 못 알고 있고, 또 오랜 세월에 걸쳐 그렇게만 배워왔다.

충의 핵심은 효이며 효의 외각은 충이다. 나라에 효도하는 것이 충성이고 부모에게 충성하는 것이 효도이다. 충성과 효도를 충(또는 효)이라는 한 글자로 요약하면 충분할 것이다. 그러나 충효만으로는 공자의 일관된 가르침 인(仁), 즉 충서(忠恕)를 포괄할 수 없다. 충효만으로 가족외의 다른 사람에게 같은 마음으로 사랑을 행하는 서(恕)를 실천하기란 부족한 것이다. 이 세상의 모든 분쟁과 갈등은 나의 삶만을 사랑하고 남의 삶은 사랑하지 않고 용서하지 않기 때문이다.

십자가에 못 박힌 예수의 마지막 말씀 가운데 하나는 무엇인가? 누가복음 23장 32절에서 34절까지를 인용하면 "또 다른 두 죄인도 사형을 받게 되어 예수와 함께 끌려 가니라, 골고다라는 곳에 이르러 거기에 예수를 십자가에 못 박고 두 죄인도 그렇게 하니 하나는 오른쪽에, 하나는 왼쪽에 있더라. 이에 예수께서 말씀하시되 하나님 아버지여 저희를 용서하여 주옵소서. 자기의 하는 짓을 알지 못함이니라, 하시더라." 원수조차 사랑하고 용서하라는 예수의 위대한 말씀처럼 원래 공자의 핵심사상, 서는 용서, 평등, 관대, 타협, 양보, 동정, 민주주의 정신을 포괄하는 것이다.

후세에 왜곡된 유교가 아닌 원래의 유가사상은 민주적 정신으로 충만한 것이었다. 자기 자신에 충실하다는 충(忠)은 곧 자기 자신에 대해 성심을 다함을 뜻하며 서(恕)는 포용과 용서를 포괄하는 평등 사상이다. 모든 인간의 도덕적 가치는 평등으로 수렴되고 평등에 기초한다. 평등이 빠진 그 어떤 이념도 이상적 가치도 성립될 수 없다. 평등을 말하면서 가난을 방치하고 정치, 사회적 지배 종속관계를 묵인, 조장한다면 치명적 위선이고 기만이다. 공자는 가장 높은 단계의 휴머니즘인 평등의 서(恕)를 중시했다.

공자는 자기를 먼저 수양하는 수신에서 출발하여 제가치국평천하를 구현하자는 인간평등의 사상을 몸소 실천하였다. 오늘날 세계도 국제연합의 헌장정신을 바탕으로 하나의 세계, 한 가족의 평화를 구현하자는 이상을 실현하려고 한다.

공자와 노자의 원원: 제자백가 고사 중 최고의 대목

공자가 어느 날 노자를 만나러 갔다. 노자는 소를 타고 공자를 맞이했다. 공자와 노자는 며칠 동안 많은 대화를 했다. 공자가 인사를 마치고 떠나려 하자 노자는 공자에게 두 마디를 남겼다.

"첫째, 그대가 말하는 건 이미 옛사람들이 말한 것, 그들은 존재하지 않고, 단지 그 말만 남아 있을 뿐이다. 둘째, 높은 덕을 지닌 사람은 모두 소박한 사람들이다. 공자 그대는 그대의 교만한 마음가짐과 꾸민 듯한 태도와 욕망을 버리도록 하라!"

(노자가 공자에게 한 이 두 마디는 사실 공자보고 "나가 죽어라!" 하는 소리나 마찬가지 솔직히 말해서 공자 이 두 가지 빼면 시체 아닌가?)

노나라로 돌아온 공자는 제자들에게 노자를 어떻게 평했을까?

공자는 제자들에게 이렇게 찬미했다. "새가 난다는 사실을 나는 안다. 물고기가 헤엄친다는 사실도 나는 안다. 짐승이 걷는다는 사실도 나는 안다. 그러나 용은 구름 끝과 하늘에 있어 잡을 수도 없고 예측할 수도 없다. 노자야말로 용과 같은 분이로다."

이를 보고 흔히들 사람들은 노자가 한 수 위라고 하거나 공자의 패배라고 평한다. 그러나 이는 인간과 사물, 남자와 여자, 이론과 사상, 감성과 이성, 유형과 무형, 삼라만상 우수마발 그 모든 걸 우열로 구분하려는 수직적 사고방식이거나 이분법적 진영논리에 터 잡은 택일의 강박관념에 빙의된 참으로 유치찬란한 참으로 한심한 해석이다.

공자는 자기와 차원이 다른 노자의 사상을 솔직히 인정하고 사랑하고 존경한 것이다. 자신과 사고방식이나 생각의 각도가 다른 사람에 대해 백안시하고 사갈시하려는 태도는 지성인일수록 몸에 밴 습성일 경우가 많다. 인류의 대성인 공자가 이 정도의 한계쯤이야 자연스럽게 극복할 수 있는 것이지만 이러한 태도는 결코 쉬운 일이 아니다.

간혹 우리는 권력욕, 재물욕, 식욕, 성욕, 심지어 수면욕까지도 초월할 수 있는 비범한 인물이 뜻밖에도 사소한 의견의 충돌이나 체면과 오기 등 길 잃은 명예욕을 이기지 못하고 파멸하는 경우를 주위에서 심심치 않게 본다. 노자는 공자의 그릇을 알고 공자를 물처럼 담담하게 또 물처럼 무섭게 꾸짖었지만 공자는 노자의 존재가치를 인정하고 존중하였다. 결국 노자도 이겼고 공자도 이긴 것이다.[72]

진정한 '민족주의자'가 진정한 '세계주의자'

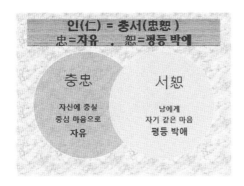

공자의 사상을 한 글자로 표현하면 인(仁), 인을 두 글자로 표현하면 충(忠)과 서(恕). '충'은 국가에 충성이라는 뜻이 아니라 '충(忠)'은 가운데 중(中), 마음 심(心), 즉 자기 자신에 대해 충실을 다하라는 뜻이다. '서(恕)'는 같을 '여(如)' 마음 심(心)으로 남을 자신과 같은 마음으로 충실히 하라는 뜻이다. 즉 예수의 가르침 '네 이웃을 내 몸처럼 사랑하라'와 일맥상통한다. 즉 자신에 대해 충실을 다하고 네 이웃을 같은 마음으로 사랑하면 이런 세상이 바로 공자가 바라던 세상이고 또 실제 지상천국이 아니겠는가! 이게 바로 공자 사상의 요체다.

사람들은 흔히 자기 자신보다 남을 먼저 사랑하라고 강조한다. 아니다. 결코 아니다. 남을 사랑하기 위해서는 우선 자신을 사랑할 줄 알아야 한다. 그래야만 타인을 자신만큼 사랑할 수 있게 된다. 현재의 미국, 중국, 일본, 러시아 등 주변 4대국과 과거의 제국주의 국가들은 철저한 국가우선주의 또는 민족우선주의 국가이면서 약소국, 피지배국, 피식민국가의 자기방어적 민족주의를 낡고 위험한 국수주의로, 심지어 '국뽕'으로 자기비하 자기학대하도록 주입 교육시켜 왔다. 아니다. 결코 아니다.

세계평화주의자가 되기 위해서는 우선 자기 자신을 사랑하듯 자기 민족을 사랑하는 사람이 되어야 한다. 그러면 이웃을 내 몸처럼 사랑하듯 세계 모든 민족들을 자기 민족처럼 사랑하게 된다. 고로 진정한 민족주의자가 진정한 세계주의자이다. 마찬가지로 참된 세계주의자가 참된 민족주의자이다.

노자와 톨스토이

노자(老子, BC. 571?~BC. 471?)는 춘추시대 허난성 루이(鹿邑)현에서 태어나 활동했다. 전설에 의하면 노자는 어머니 뱃속에 80여 년간 들어 있었기 때문에 머리가 백발이었다. 그래서 그의 이름도 늙은 자식, 즉 '노자'라고 지었다 한다. 유럽인들은 그 이름을 라틴어로 표기하여 라오시우스(Laocius)라 불렀다. '늙은 자식'이란 의미의 노자는 늙기 전에 어려서부터 도와 덕을 닦았다. 그는 명리에 집착하지 않고 홀로 도를 닦아 큰 경지를 이루었다.

노자는 오늘날의 국립도서관 격인 수장실의 사서를 맡았다. 역사와 시와 서예, 음악에도 정통한 사상가가 되었다.

노자의 사상을 한마디로 말하자면 물의 철학이다. 사람들에게 물을 배우고 물을 닮아 물처럼 살라고 가르쳤다. 물은 유연성이 있어 항상 환경에 순응하고 상대방의 강약을 볼 수 있어 적절하게 대응할 수 있다. 물은 언제나 낮은 데로 흘러 인류에게 겸허한 태도를 일깨워준다. 물은 약해 보이지만 어마어마한 역량을 품고 있다. 노자는 또한 '무(無)'로 돌아가라 했다. 불교에서는 '종극적 무(終極的 無)'에 들어가라고 한 데 대하여 노자는 '시원적 무(始原的 無)', 시작되기 이전의 상태로 돌아가라 한 것이다. 노자의 '시원적 무'는 유(有)의 실재다. 노자가 창도한 '시원적 무'는 무(無)를 무(無) 그 자체로 철저히 긍정하여 수동을 능동으로, 부정을 긍정으로, 절망을 희망으로 전환한다. 노자의 시원적 무의 관념은 석가모니의 종극적 무의 관념과 더불어 동양사상의 저변을 흐르는 양대 수맥이다.

노자 사상의 밑바탕에 흐르는 사고방식은 자연과 사회 속에는 항구적이고 불변하는 것이 하나도 없다는 것이다. 노자는 장자와 달리 인류 현실의 초월과 해탈을 말하지 않았다. 노자는 현실사회에서 구비해야 할 처세와 생활의 지혜에 관한 가르침을 줬다. 노자는 인위적인 문명을 비판하고, 감각과 욕망에 따르는 일상적 삶의 방식, 즉 상식의 허구성을 신랄히 폭로하였다.

인류역사상 최고의 롱셀러가 『성경』이라는 사실을 알고 있는 사람은 많다. 그러나 성경 다음의 롱셀러는 다름 아닌 노자의 『도덕경(道德經)』이라는 사실을 알고 있는 사람은 드물다. 유네스코가 발표한 통계에서도 세계문화사상 명저 중 각국의 문자로 출판발행량 최다서적은 『성경』이고 그 다음 최다서적은 바로 『도덕경』이라고 했다.

노자의 『도덕경』은 한자로 약 5,000자도 채 안 되어 팸플릿 비슷한 것이고 내용도 현실적이라 일찍이 유럽에 보급되었다. 18세기 독일의 대표적 관념철학자 칸트(1724~1804)는 17세기 네덜란드의 형이상학적 유물론자 스피노자(1632~77)의 자연이 곧 신이라는 범신론이 노자의 영향을 받은 것이라고 주장하였다. 20세기 독일의 대표적 실존주의 철학가 하이데거(1889~1976)의 존재의 망각-형이상학 등 현대에 들어서도 유럽의 사상계에서 노자사상의 후학들이 끊이지 않고 있다.

러시아의 대문호이자 비폭력 사상가 톨스토이(1828~1910)는 로마의 보체신부가 라틴어로 번역한『도덕경』을 읽고 충격을 받았다. '이것은 놀라운 책이오' 노자의 가르침에 매료된 톨스토이는 1890년『도덕경』의 러시아어 번역을 완성했다. 톨스토이는 노자의 '무위'를 아무것도 하지 않는 것이 아니라 삶에서 가장 적극적이고 능동적인 집중력을 고양하는 것으로 파악했다. 자연으로서의 인간을 확고하게 믿고 인간 속에 영원한 자연의 본질을 높이 평가하고 문명이라는 악에 대항해서 검소한 농민의 생활을 영위하는 것을 이상으로 삼았다. 톨스토이의 자연으로의 회귀, 반전 평화와 비폭력, 무저항, 강압에 대한 비폭력 무저항의 사상은 노자의 무위자연과 유약겸양에서 많은 영향을 받았다. 톨스토이는 그의 자서전에서 이렇게 고백했다.

"나의 사상에 대한 공자와 맹자의 영향은 큰 것이나 노자의 영향은 어마어마하게 큰 것이다."

장자와 루소

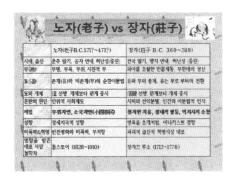

"가는 것이 이와 같을까? 밤낮으로 흘러 쉬는 일이 없구나."

공자(본명 孔丘)는 강물의 흐름을 보고 무상한 인간의 생명과 존재를 발견하였다. 그때 건너편 강둑을 소요하던 장자(莊子)는 대도적 도척(盜蹠)과 비교로 공자를 비판했다.

"공자, 너는 지금 헛된 말과 거짓된 행동으로 천하의 임금을 미혹시켜 부귀를 추구하고 있구나. 도적치고 너보다 더 큰 도적이 어디 있느냐. 천하 사람들은 어찌하여 너를 도구(盜丘)라 부르지 않는가."

혜자가 장자에게 말했다. "내 있는 곳에 큰 나무가 하나 있는데, 사람들은 그것을 가죽나무라고 부르더군요. 그 큰 줄기는 혹 투성이어서 먹줄을 칠 수도 없고, 가지는 비비 꼬여서 자를 댈 수조차 없기에, 길가에 서 있지만 목수들이 거들떠보지 않습니다. 지금 그대의 말도 크기만 했지 아무 소용되는 게 없어 사람들이 거들떠보지 않을 거요."

장자가 말했다. "지금 그대는 큰 나무가 있음에도 쓸모가 없다고 걱정하는 듯한데, 어째서 그것을 아무 것도 없는 곳, 드넓은 들판에 심어 놓고 하릴없이 그 곁에서 왔다 갔다 하거나 그 아래에서 노닐다가 드러누워 잠을 잔다거나 하지 않는가? 그 나무는 도끼에 찍혀 일찍 죽지도 않을 것이요, 어떤 사물도 그것을 해코지하지 않을 것이니, 아무데도 쓸모가 없다는 것이 어째서 괴로움이 된다는 것인가?" -『장자』의 「소요유(逍遙遊)」

장자는 '죽음'을 현실로 살면서 '행복'을 꿈꿨다. 그런 장자가 말한 '무위'와 '자연으로 돌아가라'는 메시지가 단순히 산속에 들어가 도 닦고 신선 되라는 뜻은 아니었다. 자연이 그러하듯 나 자신의 본성을 되찾고 동시에 상대의 본성을 존중하자는 말이었다.

공자는 봉건제도를 원칙적으로 지지하고 이를 전제로 하여 사회를 개혁하고자 한데 반하여 장자는 봉건제도를 부정하는 데서 출발하였다. 장자의 사상은 역대 농민봉기의 이념으로 채택되기도 하였다. 체재를 비판하고 권력을 부정하는 장자의 사상은 반권위주의적·무정부주의적인 요소가 짙다. 그것은 마치 부드러운 사슴가죽 칼집으로 몸을 감싼 청동 비수와도 같다.

장자끄 루소(Jean-Jacques Rousseau, 1712～1778)는 1712년 프랑스 제네바의 시계수리공 아들로 태어났다. 어머니가 루소를 낳다가 죽자 아버지에 의해 양육되었다. 10세 때부터 루소는 공작소 주인의 심부름 따위를 하며 소년기를 보냈다. 상상력이 풍부했던 미소년 루소는 16세 때 공작소를 뛰쳐나와 청년기를 방랑생활로 보냈다. 루소는 자유분방하고 광범위한 독서를 통하여 당시 세계최강의 대청제국을 접하게 된다. 실천철학과 경험주의, 인본사상에 근거를 둔 중국의 정치문화는 절대주의와 봉건주의의 족쇄에 갇혀있던 유럽으로서는 새롭고 충격적인 인간본위의 '보편적 이성신앙'이었다.

루소는 중국의 문명이 자연 친화, 인간 친화적인 것으로 인정하고, 절대 군주제에 대한 비판과 더불어 중국정치의 인본주의적 특성을 찬양했다. 장자가 문명을 경멸하고 자연으로 돌아가라는 만물제동을 주장하였듯, 루소도 문명을 부정하고 자연으로 돌아가라는 자연회귀를 외쳤다. 루소는 문명을 부정하는 관점에서 중국의 발달한 한족(漢族) 위주의 중원문명도 소수의 이민족에게 지배당하는, 즉 만주족에 지배당하는 무력함을 지적했다.

루소는 자유 평등한 인간의 원시상태를 찬미하여 '자연으로 돌아가라'한 외침에서 문명과 전통을 인간의 원시상태로부터의 타락이라고 했다.

중국의 공자와 맹자의 유가사상이 주(周)나라의 봉건제도 및 그 문화를 원칙적으로 지지하고 이를 전제로 사회를 개혁하고자 한 것처럼 18세기 유럽의 계몽사상가들 대부분 로크, 볼테르, 몽테스키외 등은 정부의 여러 고관대작을 지내면서 합리주의, 주지주의적 계몽사상을 전개했다. 그러나 루소는 집착을 버리고 무심으로 돌아가야 하며 문명이 발생하기 이전의 자연의 생활로 되돌아가야 한다고 주장하고 또 그렇게 실천한 루소의 사상과 삶은 장자의 그것과 궤적을 같이 하고 있다.

루소는 『사회계약론』에서 "인간은 자유롭게 태어났으나 도처에서 사슬에 묶여있다. 문명이 이러한 사태를 책임져야 한다. 우리는 자연의 소박함으로 돌아가서 가장 자연적인 국가양식이 어떠한 것인가를 결정지어야 한다."라고 외쳤다.

루소는 '전체의지'와 '일반의지'를 구분하고 민중의 양도 불가능한 일반의지가 우세할 때에야 비로소 민주주의가 번성하는 것이라 역설했다. 그의 사상은 당시 세습적이고 편견에 찬 지배계급에는 충격을 주는 이단이었지만 짓눌린 민중에게는 해방의 불씨를 심어 줬다.

그러나 아이러니하게도 루소의 일반의지론은 '나의 의지가 곧 일반의지'라고 민중을 오도해 온 독재자들의 독재정을 뒷받침하는 정치이론으로 이용되어왔다. 이는 마치 장자의 사상이 마오쩌둥을 비롯한 동양의 독재자들에게 이용되어 온 것과 그 맥락을 같이 한다.

장자와 루소의 사상과 민중봉기를 꿈꾸는 혁명가나 천년왕국을 지향하는 독재자들에게 또는 실패하여 낙담한 자들에게 광범위한 호소력과 영향력을 발휘하여 온 각별한 공통점이 있다.

묵자와 민주사회주의 브레히트

묵적(墨翟), 즉 묵자(墨子)는 기원전 468년 공자의 고향 산둥성 곡부에서 남쪽으로 150여 킬로미터쯤 떨어진 지금의 조장(棗庄)부근에서 태어났다. 어느 날 묵자가 이름난 협객이며 수제자인 금활리에게 물었다. "그대는 협객을 무척 좋아하는가?"

"아무렴요. 스승님 저는 어느 고을이건 협객이 있다는 소문만 들으면 기어코 그를 찾아내어 그와 진검승부를 겨루어 끝내 그를 죽이고 맙니다."

"천하의 사람들은 그가 좋아하는 것을 흥하게 하고 싫어하는 것을 없애려 하는 법이다. 그런데 지금 너는 다른 고을에 네가 좋아하는 협객이 나타나기만 하면 찾아내어 그를 죽여 버린다면 이것은 협객을 좋아하는 것이 아니며 오히려 협객을 미워하는 것이다. 의리는 이로우며 의리가 아님은 곧 해로움이다. 이익은 큰 것을 취하고 해는 작은 것을 취한다. 그러나 한 사람을 죽여 천하가 보존되어야 한다 해도 사람을 죽이는 것이 천하를 이롭게 하는 것이라고 말할 수 없다."

묵자는 계급적인 사랑을 주장한 공자와 달리 무차별적인 겸애와 상호부조를 치국의 이상으로 삼았다. 묵가는 장례와 음악의 비용을 절약하라는 절장(節葬), 비악(非樂), 유능한 인재라면 신분 여하를 막론하고 등용하라는 상현(尚賢), 아랫사람은 윗사람의 명령에 복종함으로써 단결을 굳건히 하라는 상동(尚同), 천명에 맡겨 버리고 노력을 게을리 하는 천명설에 반대하는 비명설(非名說), 전쟁을 반대한 비공(非攻) 등을 주장하였다.

묵자는 2500년 전에 이미 인민주권설, 천자선출론을 주장하고 세습, 상속, 사유재산을 반대하는 등 믿을 수 없을 정도로 민중적이며 진보적인 사상을 펼쳤다. 묵자는 그의 민중 중심사상이 하늘의 뜻이라고 믿었기에 당당하고 확신에 차 있었다. "내 말은 반석과 같으니 다른 말로 내 말을 비난하는 것은 달걀로 바위를 치는 거와 같다." 라고 하였다.

현대정치 사상과 대비한다면 유가사상이 보수주의 또는 권위주의 색채가 짙은 반면 묵가사상은 진보주의 또는 민주사회주의의 색채가 농후하다고 할 수 있다.

20세기 최고의 독일의 극작가이자 민주사회주의자 베르톨트 브레히트(Bertolt Brecht, 1898년~1956년)는 중국의 고대사상에 매료되었다. 그는 공자, 맹자, 노자, 장자, 한비자, 묵자 등 고대 중국 사상을 두루 접했으나 묵자에의 관심은 존경의 차원을 넘어 거의 숭배에 가까웠다.

1948년 나치 독재를 피해 해외를 떠돌다가 귀국한 브레히트는『성어록(成语录)』(Buehder Wendungen)을 출판했다. 그 책은 중국 고대

철학자들과의 대화체로 되어있는데 무려 180여 페이지에 걸쳐 브레히트와 묵자의 대화가 나온다.

책에서 묵자는 브레히트의 스승 역할을 맡고 있다. '제자 브레히트'는 '스승 묵자'에게 절대적이고 고정 불변하는 무엇을 상정하고 그것을 쫓는 마르크스 사회주의의 한계와 문제를 토로했다. 대화의 끝 무렵에 묵자가 자신의 사상을 이렇게 요약한다.

"노자의 사상이 물이라면 나의 사상은 하늘의 사상이다. 정의의 본질은 평등이다. 공자의 사랑이 가부장적 가족제와 세습 귀족제의 불평등한 별애인 반면 나의 사랑은 만인에 대한 평등한 사랑, 하늘같이 높고 차별 없는 사랑을 의미하는 겸애다. 나는 평화주의자다. 나는 지배자가 자신의 이익만을 추구하는 약탈이나 전쟁에 반대하는 '비공'을 주장한다. 나는 노동자 중심의 참여 정치사상가다. 국가 경제를 이루는 건 인간의 노동이다. 인간이 인간으로 가치를 가질 수 있는 건 힘써 생산 활동에 종사하고 적극적으로 정치 활동을 하는 데 있다."

브레히트는 묵자가 인간관계와 일상생활의 행위방식을 소홀히 한 마르크스와 달리 매우 현실적이고 구체적 대안을 제시해서 좋았다. 특히 묵가 사상이 묵자 개인의 독단적으로 형성된 게 아니라 묵가 집단이 형성한 사상이라는 데에 매료되었다. 브레히트는 노동자, 농민, 천민들과 함께 어울려 평등하게 살자는 묵자의 '대동 사회' 사상이 착취구조가 고정화된 유럽의 계급사회 프레임을 깨는 데 유효하다고 확신했다. 20세기 독일의 민주사회주의자 브레히트가 기원전 5세기 중국의 원시 사회주의자 묵자의 영향을 받았음은 쉽사리 부인할 수 없는 사실이다.

한비자와 마키아벨리

한비(韓非, BC. 280∼233)는 전국시대 말엽 전국 7웅 중 최약소국
인 한(韓: 지금의 허난(河南)성 신정(新鄭)시 부근)나라에 태어났다. 전
국시대는 중국의 사상과 문화가 가장 화려하게 꽃피었던 시대였다.
전국시대는 창조에 유혈이 낭자하였으며 증오와 배신과 신뢰가 서로
격돌하는 혼돈의 시대였다. 한비는 타고난 말더듬이였으나 문장이 뛰
어나고 두뇌가 매우 명석하였으니 자신이 모순 덩어리였던 셈이다.

진시황의 초대 재상 이사가 모략에 뛰어난 변설가인 반면 학자로서
는 이사가 한비자에 도저히 미칠 바가 못 되었다. 진시황은 한비의 저
서를 애독하였는데 이 사람과 교유할 수 있다면 죽어도 한이 없겠노
라 하며 감탄하였다. 한비자는 자신의 조국 한나라의 쇠망을 염려하
여 누누이 왕에게 간언하였으나 받아들여지지 않았다. 결국 한나라가
진나라의 침입으로 멸망의 위기에 빠지자 화평의 사신으로서 진나라
로 갔다. 진시황은 한비를 보자 크게 기뻐하여 그를 아주 진에 머물게
하려 하였으나, 이사는 내심 이를 못마땅하게 여겨 진시황에게 참언
하여 한비를 옥에 가두게 한 후 독약을 주어 자살하게 하였다.

한비자로 대표되는 법가사상은 봉건귀족을 억누르고 군주권을 강
화시키는 데 그 목적이 있었던 것으로, 절대 군주국가의 형성에 크
게 이바지하였다.

미국의 동양학자 A. Creel 하버드대 교수는 중국의 관료제가 유럽
보다 훨씬 일찍 발전된 사실에 근거하여 한비자의 법가 사상이 마키
아벨리(1469∼1527)의 군주론에 많은 영향을 끼쳤다고 주장했다.
마르코 폴로를 비롯한 수많은 이탈리아 선교사들이 중국을 제일 먼

저 이탈리아에 소개했으며 그들이 남긴 문헌들은 당시 르네상스 지식인들에게 광범위하게 유포되었다.

크릴 교수는 이러한 사상적 요인들과 당시 중국의 전국시대와 흡사한 이탈리아 반도의 정치적, 사회적 환경들이 결합, 새롭게 창출된 정치이론이 바로 마키아벨리즘이라고 고증했다.

이탈리아의 전국시대에 태어난 마키아벨리는 1532년 『군주론』을 발표하였다.

"군주는 마땅히 세 가지를 겸해야 한다. 비둘기와 같은 온화함과 여우의 교활한 지혜, 그리고 사자 같은 용맹으로 권력을 획득하고 통치하기 위해서는 어떠한 억압을 하여도 좋다."

마키아벨리는 여러 국가로 나뉘어 서로 싸우고 있던 이탈리아를 구하기 위한 비상수단으로서 전제군주에 의한 권모술수 정치를 찬미하였다.

한비자의 법가사상은 법, 술(術), 세(勢)의 3면을 총체적으로 종합한 것이지만 마키아벨리는 권력 운용의 테크닉인 '술'에 치우친 일면적 고찰만을 든 점에서 차이가 있다. 중국에서 한비자의 주장은 진시황에 채택되어 천하를 통일하는 이론체계로 빛을 발하게 되었으나 이탈리아에서의 마키아벨리의 외침은 물거품이 되고 그의 조국 피렌체는 멸망하고 말았다. 하지만 원대한 인류사의 시각에서 볼 때 한비자의 이론은 진시황에 채택되어 천하 통일을 이루는데 기여했던 반면에 중국의 정치사상을 너무 일찍 경화(硬化)시켜버렸다. 이와 대조적으로 마키아벨리의 이론이 당대에는 실현되지 못하였던 게 오히려 서양 근대문명에 자유롭고 폭넓은 혁신과 발전에 도움이 되지 않았을까?

농가와 공산주의

노동하지 않는 자 먹지도 말라.　　　　　　　　　　　- 허행(許行)

나는 중국에서 많은 공산주의자를 만났다. 그것은 빈곤이라는 이름의
공산주의다.
　　　　　　　- 로베르, (1968년 문화대혁명 당시 중국을 여행한 영국인)

중국 춘추전국시대 제자백가 사상 중에서 가장 오래 '블랙리스트'
에 올려있던 사상은 농가(農家)다. 농가는 농업기술을 연구하고 농업
을 장려하는 사상만으로 인식해 왔다.

농가의 정치사상을 엿볼 수 있는 대목이라고는 맹자의 등문공 편
에 남아있는 농가의 대표적인 인물 허행(許行 BC. 390~BC. 315)과
의 대화 몇 편뿐이다.

허행은 노나라의 맹자를 만나 다음과 같은 문제를 제기한다.

"어진 군주란 평민과 함께 경작하고 함께 음식을 먹으며 다스려
야 한다. 그러나 지금 등문공의 땅에는 곡물창고와 보물창고가 있으
니, 이것은 백성을 착취하여 자기만 살겠다고 하는 것이다. 어찌 현
자라 할 수 있겠는가?" 즉 지도층이 일하지 않고 민중의 노동에 의
해 사치한 생활을 하면서 민중을 착취하는 행위는 옳지 않다는 주장
이다.73) 그러자 맹자는 허행을 '남쪽 야만인의 혓바닥을 가진 자(南
蠻舌之人)'라고 호통을 치며 "마음을 수고롭게 하는 자는 남을 다스
리고 몸을 수고롭게 하는 자는 남에게 다스림을 받는다." 즉 민중의
위에 서서 정치를 하는 사람을 민중이 노동으로써 먹여 살리는 것은
당연하다고 반박한다.

허행의 질문은 생산하는 사람과 생산하지 않는 사람들 사이에 개재하는 지배·피지배의 근원적인 모순에 관한 것이었다. 그런데 맹자 역시 지배층에 속했기 때문이었을까? 맹자는 허행의 질문을 대답 대신 교묘한 언사로 질문의 핵심을 피했다.

허행은 왕을 포함한 모든 사람이 자신의 노동으로 자신의 생활을 유지할 것을 설파하였다. 봉건지주의 착취나 상인의 농민에 대한 이윤추구를 배척하였다. 허행은 농업 생산에 필요한 공구를 생산하는 수공업자 역시 노동에 종사하는 자라 하여 그 존재의 의의를 인정하였다. 인간은 모두가 자신의 직접적인 노동에 의하여 자신의 생활을 충족시켜야 한다는 것이다. 노동의 결과에 의한 잉여는 각자 노동자의 소유에 귀속시킨다. 이렇게 해야만 천하가 고루 공평하게 된다고 강조하였다.

허행의 사상은 상품의 가치는 그 상품을 생산한 노동이 만들어 낸다는 근대 서양의 노동가치설과도 일정 부분 맥락을 같이한다. 노동가치설은 애덤 스미스(1723~90)와 데이비드 리카도(1772~1823)에 의해 체계가 서고 칼 마르크스(1818~83)에 의해 계급투쟁 이론화 되었지만, 2300여 년 앞서 동북아지역에 소박하나마 이런 주장이 존재했다는 사실은 주목할 만하다.

봉건 지주에 대한 저항에서 출발한 허행의 사상은 공상적 공산주의 사상에 가까운 면이 있다. 특히 왕도 백성과 함께 농사를 지어야 한다는 '군민병경(君民並耕)', 그의 초(超)급진적 주장은 당연히 중국 역대 지배층에 의해 철저히 사갈시 당하였다. 그리고 엉뚱하게 허행을 농업 장려가 내지 농가의 주창자로만 남게 역사를 철저히 비틀어 버렸다.

'뉴라이트'는 '라이트'다

조나라 사람 공손룡(公孫龍)이 말을 타고 국경을 지날 때다. 성문지기가 "국법에 따라 국경을 통과할 때에는 반드시 말에서 내려야 합니다"라고 말했다. 이에 공손룡은 "백마는 말이 아니오"라면서 그대로 말을 탄 채 지나갔다.

이 고사가 유명한 백마비마론(白馬非馬論: 백마는 말이 아니다)이다. 공손룡의 논리는 이렇다. 말이라는 것은 모양을 가리키고, 희다는 것은 색깔을 가리키므로, 백마라면 다른 색의 말들을 포함하지 않으므로 말이 아니라는 것이다.

이에 대하여 순자(荀子)는 백마를 탔거나 흑마를 탔거나 말을 탔다고 말하기 때문에 백마도 말이라고 하면서 이름만 갖고 사실을 혼란시키는 것이라고 반박했다. 이름하여 순자의 백마흑마론. 여기서 힌트를 얻었을까? 약 2300년 후에 덩샤오핑(鄧小平)은 흑묘백묘론(黑貓白猫論)을 꺼냈다. 즉 검은 고양이나 흰 고양이나 쥐만 잘 잡으면 좋은 고양이이니, 자본주의니 사회주의니 허튼 색깔 놀음에 빠지지 말고 실사구시 정신으로 경제발전에 일로매진하자고 외쳤다.

21세기 한국 땅에는 때 아닌 백마비마론이 횡행하고 있다. 뉴라이트(New Right: 신 우파)가 바로 그것이다. 일반적 우파의 개념과 한국에서의 우파 개념 사이에는 많은 차이가 있다. 일례로 서구에서 민족주의는 우파적 이데올로기인데 반하여 한국에서는 좌파가 오히려 더 강한 민족주의적 특징을 지니고 있다. 또한 한국의 우파는 원래의 라이트(반공주의자)와 요즘 유행하는 뉴라이트(자유주의자)로 나뉜다. 그러나 이 둘을 구분하기란 이데올로기 전문가도, 자기 자신들도 헷갈린다. 원래의 라이트도 자신들을 자유주의자라고 부르고 있거니와 한국의 좌우이념 논쟁의 핵심인 세계화와 통일문제에 대해 라이트와 뉴라이트 모두 (미국 주도의) 세계화와 공고한 한·미 동맹을 지지하는 대신 대북유화정책에 반대하고 있기 때문이다.

보수논객 조갑제 전 월간조선 대표도 "뉴라이트 사람들이 뉴라이트의 정치적 이념을 한국어로 '신 우파'라고 불리는 것을 거부한다면 관념의 유희, 말장난이란 비판에 직면할 것"이라고 꼬집고 있다.[74]

한국에는 진정한 좌파도 우파도 없다. 이 말에는 좌파도, 우파도, 중도파도, 레프트·라이트 구분 자체를 혐오하는 '좌우혐오파'도 모두 동의한다. 물론 이념의 양 극단에 서지 않는다면 건전한 이념 대결은 사회의 발전을 가져올 수 있다. 그러나 이것은 한국현대사에서는 어디까지나 교과서상의 이론일 뿐이었다. 지식인들은 자기 생각과 조금만 다르면 무조건 적이라는 이분법적 사고로 쉽사리 무장되는 행태를 보여 왔다. 좌우 이념에 대한 명확한 인식조차 없이, 편 가르기 색깔논쟁으로 수많은 희생을 치러 왔다. 어쩌면 본질은 같으나 이름만 다른 관념용어 하나를 위하여.

뉴라이트는 그들이 지향하는 가치와 원칙, 전략과 정책의 내용, 우선순위가 라이트의 그것과 무엇이 다른지 구체적으로 제시할 수 없다면 더 이상 국민들을 현혹시키지 말기를 바란다. 이제 우리 국민은 조나라의 성문지기처럼 멍청하지 않기 때문이다. 남산은 산이고 한강은 강이듯 백마는 말이고 뉴라이트는 라이트일 뿐이다.[75]

좌우가 아니라 완급이다

답답하다. 아직도 우리나라는 상하귀천, 남녀노소 가리지 않고 좌와 우, 개혁과 보수 논쟁이니…. 아니 갈수록 점입가경이다. 그러나 우리가 처한 지금의 제반 상황이 이념 논쟁이나 할 만한 편한 팔자인가? 냉전시대가 끝나자 세계는 좌우로 흔들리던 방향논쟁의 우마차 길에서 벗어났다. 국리민복을 향한 무한경쟁의 고속도로에 진입한 지 이미 30년이 되었다. 그런데 왜, 어째서 우리만은 '관념의 유희'에 빠져 헤어 나오지 못하고 있는 것일까?

바로 옆에서는 중국이 잠에서 깨어나 무서운 속도로 마구 질주하고 있는데도, 이 거대한 노대국을 바라보는 한국지식계의 근본 논조는 한중수교 이전과 별 다름없는 흐름을 유지하고 있다. 저마다 한마디씩 던지는 어휘 중에는 여태껏 '주의'가 다수를 차지하고 '정치는 좌, 경제는 우' 사회주의냐 자본주의냐, 그 놈의 한물간 이념 타령만 하고 있는 것이다.

일례로 중국총리의 경제긴축조치로 유발된 이른바 '차이나 쇼크'에 관한 우리의 학계와 언론의 반응도 여전하다. "사회주의 정치체제의 중국이 경제는 자본주의를 시행하다가 드디어 신자본주의의 복병을 만나 주춤거리게 되었다" 등등은 예사고 1,000자 남짓하게 짤막한 한 신문 칼럼에는 '주의'를 무려 15번이나 겹치기 출현시키고 있다. 만일 '주의'가 '중국 관찰'이라는 제목의 드라마에 등장하는 주인공이라면 피로에 못 이겨 쓰러졌을지도 모른다는 우스운 상상도 해본다.

심지어 중국 남자축구가 공한증(恐韓症)에 걸려 죽을 쑤는 이유조차 '사회주의'에서 그 근본 해답을 찾으려고 하는 우리 지식인도 없

지 않다. "그렇다면 중국 농구나 탁구 등 여타 구기종목이나 여자축
구는 왜 곧잘 할까? 사회주의 아닌 자본주의라서 잘 하겠네?"라고
반문한다면 또 어떤 주의 타령으로 대꾸할지 자못 궁금하다.

이왕 '주의' 이 단어가 나왔으니 말이지 '런민르바오(人民日報)'를
살펴보자. 중국 공산당 기관지이자 중국을 대표하는 이 신문에는 요
즘 '主義'라는 단어를 눈에 쌍심지를 켜고 보아도 찾아보기 힘들다.
(간혹 있다 하더라도 '중국 특색적 사회주의적 시장경제'라는 악센트
없고 컨텐츠 없는 관형어에 불과하다.) 그 대신 '시장'이나 '기업' '경
제' '발전 속도'의 키워드가 제1면 톱기사 제목을 차지한 지는 아주
오래 전부터이다.

중국은 길게 잡으면 40년 전(1978년 개혁개방노선 정립) 짧게 잡
아도 26년 전(1992년 덩샤오핑의 남순강화)에 이미 보혁 갈등, 좌회
전 우회전 따위의 노선, 방향, 이념 논쟁을 걷어 치웠다. '부국강병'
을 위해 앞으로만 일로매진하고 있다. 다만 실사구시의 실천과정 중
에 초고속성장의 기조를 유지하며 계속 쾌속 질주해 갈 것이냐, 아
니면 내실을 기하며 착실히 점진할 것이냐 하는 즉 속도의 완급조절
뿐이다. 비록 이러한 나의 목소리가 우이독경에 지나지 않을지라도,
지금까지 해왔고 앞으로 걸어가야 할 머나먼 길을 생각하며 다시 한
번 중얼거려본다. "좌우가 아니라 완급이다."76)

다산을 지폐인물로

요즘 나는 우리 지폐 속의 인물을 보면 심각해진다. 두 가지 엇갈

리는 소식이 한 가지 충격적 추억에 오버랩 되기 때문이다. 하나는 한국은행에서 퇴계 이황을 그대로 유지한 1,000원 권 신권을 유통시키겠다는 소식이고, 또 하나는 산업자원부가 다산 정약용, 연암 박지원 등 조선시대 실학자들의 아호를 회의실 명칭으로 사용한다는 소식이다.

중국 상하이 체류 시절 어느 날 한 중국 친구 하나가 한국지폐 컬렉션을 들고 나를 찾아와 인물들의 구체적 업적을 이야기해 달라고 졸랐다. 나는 1만 원 권의 세종대왕에 대해 한글 창제, 4군6진 및 대마도정벌, 과학기술 진흥책 등 많은 위업을 설명했다.

그런데 5,000원 권의 율곡과 1,000원 권의 퇴계로 더 이상 나아가지 못했다. 두 분의 구체적 업적이 머리에서 떠오르지 않았기 때문이다. 나는 "율곡은 16세기 인물로서 주기론적 성리학자, 퇴계 역시 같은 시대 주리론적 성리학자"라며 화제를 돌리려고 했다. 중국 친구는 불경스럽게도 "아니, 둘 다 성리학자? 송나라 시절 고릿적 학자? 주희가 주창했던 주자학자?"냐고 물었다. 나는 율곡과 퇴계를 누구 못지않게 존경한다. 그러나 화폐, 특히 지폐는 한 나라의 정체성을 나타내는 얼굴이라는 점을 감안해 몇 가지 문제점들을 지적하려 한다.

첫째, 지폐 인물의 시대 편향성이다. 세계 지폐 인물은 자국의 전성기 또는 번영의 초석을 다진 19세기 이후 인물이 대부분이다. 그런데 우리 지폐 인물의 두 분은 16세기 인물로 국력 상승기는 아니다.

둘째, 직업과 성별의 편중성이다. 세계의 지폐 인물은 과학기술자, 의사, 실물경제인, 언론인, 정치가, 화가, 시인, 소설가, 건축가, 작곡가, 가수, 탐험가 등 누구라도 쉽게 구체적 업적 설명이 가능한 직종의 인물이다. 우리처럼 성리학자(철학자)를 지폐에 모시고 있는 나라를 찾지 못했다. 또한 유럽과 일본의 현행 지폐 인물 가운데는 여성이 늘고 있다. 게다가 요즘은 여권신장의 시대다. 소액인 동전은 남성이, 고액인 지폐는 여성이 주로 사용하는 것 같다(?).

셋째, 특정 인물의 장기 고착성이다. 지폐 인물은 20~30년을 주기로 바꾸는 것이 세계적 추세다. 일본은 2004년 20년 만에 새 은행권을 발행했다. 당시 5,000엔 권 인물은 교육가 니토베 이나조에서 여류 소설가 히구치 이치요로, 1,000엔 권은 소설가 나쓰메 소세키에서 세균학자 노구치 히데요로 교체됐다. 우리는 지폐 인물을 1975년에 바꾼 후 40년이 넘도록 한 차례도 바꾸지 않고 있다.

끝으로, 반민주적이다. 국민선호도에 반하지 말아야 한다. 한국은행이 2001년 실시한 '현용 화폐에 대한 여론조사' 결과를 보면 지폐 인물로 누가 좋으냐는 물음에 세종대왕이 1위를 차지했고 퇴계는 최하위권에 머물렀다. 한국은행은 설문조사 결과를 화폐 도안 변경에 반영하겠다고 약속했다.

지폐의 인물은 국민의 존경을 받는 인물로 역사 검증과정에서도 논란의 소지가 없어야 한다. 아울러 국가의 미래방향을 제시하여 주는 인물이어야 한다. 학문 숭상의 오랜 전통과 급격한 변화를 꺼리는 우리 사회의 특성 등 여러 면을 종합적으로 살펴보아 새 1,000원권 (또는 발권 검토 중인 10만 원 권) 인물에는 19세기 대표적 실학자인 다산 정약용이 가장 적합하다. 이는 이념의 성리학과 실용 실학의 균형 차원에서도 바람직하다.[77]

상공업 진흥, 과학기술 중시, 각종 민생제도개혁 등을 주창한 다산을 지폐 인물로 모셔 침체의 늪에 빠져있는 우리 경제에 새로운

활력을 불어넣는 계기로 삼았으면 좋겠다.[78]

대한민국 지폐를 보수·진보 공존의 場으로

'낙엽은 폴란드 망명정부의 지폐'로 시작하는 김광균 시인의 노래
는 낙엽을 더욱 슬프게 한다. 낙엽은 슬프도록 아름답지만 주권 없
는 국가의 지폐는 슬플 따름이지 아름답지 않다.

지폐는 국가다. 국가 없는 지폐는 없다. 금속 자체에 소재 가치가
있는 금·은·동화(貨)와 달리 지폐의 가치는 온전히 국가로부터 나
오기 때문이다. 지폐는 한 나라의 모든 지와 정을 함축한 창조물이
자 정체성을 나타내는 얼굴이다. 세계 지폐의 80% 이상이 국가 발
전에 크게 공헌한 인물을 넣고 있다. 그런데 우리나라 지폐는 21세
기 글로벌 사회에서 보기 드문 특수성 일색이다. 그 특수성이 선진
성이라면 좋겠는데 낙후성 내지 비대칭성이라 탈이다. 몇 가지 문제
점을 지적하겠다.

우선, 우리나라 지폐 인물에는 '대한민국'이 없다. 여전히 '조선 왕
국'이다. 세계 지폐 인물은 국체(國體)를 반영하고 있다. 영국·태국
등 군주국이면 현직 군주를, 미국·중국 등 공화국이면 초대 국가원
수와 독립운동가, 정치 지도자를 넣고 있다. 그러나 우리는 지폐 인
물을 통해 대한민국의 독립·건국·산업화·민주주의를 쟁취해 간
여정을 짚을 수 없다.[79]

세계 지폐 인물은 자국의 전성기 또는 번영의 초석을 다진 19세
기 이후 근·현대 인물이 대부분이다. 그런데 세종대왕을 제외한 우

리 지폐 인물은 모두 16세기 국력 쇠퇴기에 해당한다. 사색당파의 붕당정치가 시작돼 임진왜란으로 끝난 16세기가 오늘 우리가 기억하고 재현하고 싶은 세기인가?

각국의 지폐 인물은 그 국가의 이념과 가치관, 지향점을 가리킨다. 그러나 우리 지폐 인물은 성리학자가 주류다. 자유민주주의와 시장경제 노선 대한민국의 국가 이념이 12세기 중국 송나라의 유학에 기초하는가? 중상주의의 산물인 지폐를 중농억상(重農抑商)의 성리학이 지배하는 게 참 희한한 일이다.

한 지폐에 여러 인물을 넣는 것이 세계적 추세다. 영국은 모든 지폐 한 면에 여왕을 넣고 다른 면에는 1~2명의 인물을 넣는다. 미국도 5달러 권(券) 링컨 대통령 뒷면에 마틴 루서 킹 목사와 루스벨트 여사 등 다수 인권운동가들을 더한 지폐를 유통할 계획이다. 또한 세계 지폐 액면의 보편적 체계는 1·2·5 단위를 채택하고 지폐의 종류도 5종 이상이다. 우리는 1·5 단위 체계로 4종뿐이다.

미국과 중국의 지폐 인물에서 두 나라가 괜한 G2가 아님을 깨달았다. 미국의 1달러 권에는 초대 대통령 조지 워싱턴을, 100달러 권에는 대통령을 지내지 않은 벤저민 프랭클린을 넣고 있다. 중국도 초대 국가주석 마오쩌둥을, 그의 공적만 계승하고 과오는 잊자며 모든 지폐의 주인공으로 삼고 있다.

'내 편이 아니면 적'이라는 이분법적 사고가 지배하는 우리의 최대 국가 과제는 국민 통합이다. 우선 우리 내부의 이념, 지역, 계층 간 남남 갈등 70년 교착상태를 돌파해야만 한다. 이에 구체적 묘수 하나를 제안하겠다. 산업화를 이끈 보수, 민주화를 꽃피운 진보는 각자 50% 공적만 주장하면 어떠한가? 그리하여 일체의 반목과 원한을 일상생활 속의 지폐에서 만나 풀고 서로 상대를 인정·용서·해원하여 100% 대한민국으로 만들어 나가면 어떠한가?[80]

중국, 사회주의 국가 맞아?

"당신네 나라, 한국, 자본주의 국가 맞아?"

중국 체류 시절 어느 날 터놓고 지내던 북경대학의 천(陳) 모 교수가 따지듯 물었다. 그는 소설 『상도(商道)』의 중문 판을 가리키며 "이 책 꽤 재미있더군. 그런데 책의 결말은 이해가 안 돼. 평생 모은 재산을 자손한테 물려주지 않고 사회에 환원하다니. 이 책처럼 혹시 한국사회가 개인재산의 사회 환원을 찬양 고무하는 분위기인가? 만일 그렇다면 어떻게 자본주의 국가라 할 수 있겠는가?"

그러자 나는 "개인재산의 사회 환원이라는 숭고한 행위에 트집 잡는 자를 명문대학 교수로 재직시키는 당신네 나라 중국, 사회주의 국가 맞아?"라고 맞받아쳤다. 나의 반격을 그는 호탕한 웃음으로 받았다. 그 후 나는 '상도'를 읽어본 다른 중국 독자들의 소감을 귀동냥하여 보았다. 결과는 천 교수의 반응과 별 차이가 없었다. 이들이 정녕 평균과 배분이 미덕인 사회주의국가의 '인민'이란 말인가? 어지러웠다.

2007년 3월, 중국 전국인민대표대회가 제정한 물권법은 의미가 매우 큰 것이다. 1982년에 헌법으로 사유재산권 보호를 규정한 이래 1985년에 상속법을, 1999년에 계약법을 제정 시행하여 온 중국이 물권법마저 제정하여 경제제도로서의 '사회주의'는 중국 땅에서 종언을 고하게 되었다.

중국의 국시(國是)는 '사회주의 시장경제'이다. 우리 지식인들의 눈길은 뒤의 '시장경제'보다는 앞의 '사회주의'에 더욱 쏠려 왔다. 그러나 현재 중국에서는 사회주의를 과거처럼 마르크스, 엥겔스, 레닌식으로 접근하는 목소리는 갈수록 잦아들고 있다. 후안강(胡鞍鋼), 왕멍퀘이(王夢奎) 등 중국의 핵심 브레인들은 세계초강대국, 미국의 힘은 '공평하고 자유로운 경쟁'에서 비롯된다고 분석하면서 중국 '사회주의'의 영혼도 '공평'이며 '시장경제'의 본질도 '자유경쟁'이어야 한다고 강조하고 있다.

자본주의 상징, 아니 자본주의 그 자체라고 할 수 있는 지폐를 비롯한 어음, 수표를 세계 최초로 발명하고 상용하여 온 나라 중국. 5000년 비단장수 왕서방, 생래적 자본주의자들, 상인종(商人種)의 나라가 사회주의 계획경제체제를 실험하였던 시기는 1949~1978년 딱 30년간뿐이었다는 사실을 간과하지 말 일이다. 한마디로 지금의 중국 땅은 온통 시장이고 중국인은 모두 상인들이며 중국정부는 껍데기만 공산당을 둘러쓴, 본질은 경제성장제일의 원조(元祖) 자본주의 개발독재정이라고 할 수 있다.

"1960년대 중국이 문화대혁명의 광란에 빠졌을 때 한국은 경제대혁명을 이루었다. 그 잃어버린 10년만 아니었다면 중국이 한국보다 훨씬 앞섰을 텐데."

이는 1990년대 여러 중국 지인(知人)들로부터 듣던 탄식이었다.

그런데 2000년대 이후 지금 이런 말을 하는 중국인은 없다. 그들은 이미 알아채 버린 것이다. 길을 잃어버린 한국을.[81]

강효백의 사상(四象)정치학

○ 이제마의 사상의학: 태양인, 소양인, 태음인, 소음인

○ 강효백의 사상(四象)정치학: 민자국(民主資本), 민사국(民主社會), 독자국(獨裁資本), 독사국(獨裁社會) * 전자는 선천적이나 후자는 지도자와 시대에 따라 가변적임.

민자국(民主資本主義): 한국, 미국, 유럽우파

민사국(民主社會主義): 북유럽, 유럽좌파

독자국(獨裁資本主義): 싱가포르, 현재 중국

독사국(獨裁社會主義): 북한, 과거 중국

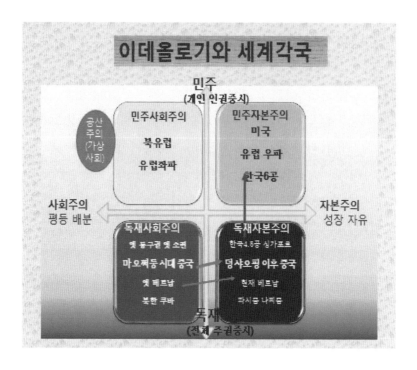

민주와 독재는 가치의 문제, 즉 정의와 불의, 선과 악의 대립 관계
이지만 자본주의와 사회주의는 정책의 문제, 조화와 균형의 상호보
완 관계이다.

* 자본주의나 사회주의나 '민주'와 결혼하면 좋은 나라, 사회주의
  나 자본주의나 '독재'와 야합하면 나쁜 나라.

* 국가를 미래로 나아가게 하는 것은 핸들이 아니라 액셀러레이터
  다. 역사의 궤적과 미래의 발전은 좌우 방향이 아닌 속도의 완급
  이다. 세상은 좌우가 아니라 속도 완급이다. 허튼 좌파 우파 색깔
  놀음 그만하자. 이제 제발 민주주의 반대말 사회주의(또는 공산
  주의)라는 낡고 썩은 냉전체제사고 족쇄에서 탈출하자. 깨어나자.

책 아포리즘 15선

1. 나는 작가가 그 피로써 쓴 책만을 좋아한다.

   　　　　　　　　　　　　　　　　　　　- 니체

2. 가난한 자는 책 덕으로 부자가 되고 부자는 책 덕으로 존귀해
   진다.　　　　　　　　　　　　　- 고문진보(古文眞寶)

3. 　모두들 책을 믿는다면 책이 없는 것만 못하다.

   　　　　　　　　　　　　　　　　　　　- 맹자

4. 책은 절대로 배반하지 않는 친구다.

   　　　　　　　　　　　　　　　　　　　- 데 발로

5. 우리는 한 시간이라도 너절한 책을 읽어서 인생을 낭비해서는
   안 된다.　　　　　　　　　　　　　　　- E. 버크

6. 책은 꿈꾸는 걸 가르쳐 주는 진짜 스승이다.

   　　　　　　　　　　　　　- 바슐라르 <몽상과 우주>

7. 내가 인생을 안 것은 사람과 접촉한 결과가 아니다. 책과 접촉
   한 결과다.　　　　　　　　　　　　　- A. 프랑스

8. 법은 사멸하지만 책은 불멸이다.

- E.G. 리턴

9. 독서하는 것과 같이 영속적인 쾌락은 없다.

- M.E. 몽테뉴

10. 두 번 읽을 가치가 없는 책은 한 번 읽을 가치도 없다.

- K.J. 베버

11. 모든 사람은 한 권의 책이다(每個人都是一本書).

- 마윈(馬雲)

12. "독서가 운명을 바꾼다"는 진리를 널리 퍼트려라!

- 시진핑(習近平)

13. 말(言)은 사라지나 책은 남는다.

- 프랑스 속담

14. 나는 책을 사랑한다. 책도 나를 사랑한다.

- 강효백

15. 세상에서 가성비가 제일 좋은 사물은 꽃과 책이다.

- 강효백

제5장

역사1:
순결한 한국사,
호반의 백범

- 나의 소원은 우리나라 대한의 완전한 자주독립이다.

                                             - 백범 김구

- 최초는 영원한 최고다(The first is the best everlasting).

                                             - 강효백

- 역사는 언제든지 패자에게 등을 돌리고 승자를 옳다고 하는 것이라는 사실을 잊어서는 안 된다.

                                             - S. 츠바이크

- 한국 역사의 상당 부분은 일제에 의해 오염된 '팩션(팩트+픽션)'이다.

                                             - 강효백

- 오로지 현재만이 있다. 과거는 현재의 '기억'이고, 현재는 현재의 '직감'이며 미래는 현재의 '희망'이다.

                                             - 아우구스티누스

- 우리는 용솟음치는 바다, 발해(渤海)에서 New Net, 신라(新羅)로 인터넷과 해양강국의 새로운 신화를 건져 올려야 한다. 신화는 '있었던 일'이 아니라 앞으로 '있어야 할 일'이기 때문이다.

                                             - 강효백

古조선을 '高조선'으로 부르자

일은 반드시 이름을 바르게 한 다음 이루어진다. - 정도전

할아버지의 할아버지를 고조부(高祖父)라고 하지 '고조부(古祖父)'라고 하지 않는다. 누가 만일 자신의 고조부를 고조부(古祖父)로 쓴다면 천하의 배우지 못한 패륜아 취급당할 것이다.

고조선(古朝鮮 BC. 2333~BC. 108)은 한국 최초의 왕국이다. 그런데 고조선의 '고'가 옛 '고(古)'이다. 어째 좀 이상하지 않은가? '고(古)조선' 국호의 유래는 무엇일까?

『설문해자』는 '고(古)는 고(故)'(古、故也), 이미 세상을 떠난 사람 고인(故人)의 '故'자도 원래 '古'에서 나왔다고 풀이한다. 즉, 古의 뜻은 옛, 낡고 오래된, 지나가 버린 이라는 뜻으로 실제 부정적 어감의 관형어로 많이 쓰인다.

'삼국유사'를 쓴 고려 시대의 일연(一然)이 단군신화에 나오는 조

선(朝鮮)을 위만조선(衛滿朝鮮)과 구분하려는 의도에서 '고조선'이란 명칭을 처음 사용하였다. 그 뒤에는 이성계가 세운 조선(朝鮮, 1392~1910)과 구별하기 위해서 이 용어가 널리 쓰였다. 만일 지금이 조선시대이거나 우리나라의 국호가 '대한민국'이 아니고 '조선'이라면, '조선민주주의인민공화국'의 약칭 '조선'을 국호로 쓰고 있는 북한이라면 혼동을 피하기 위해서 '고(古)조선'이라고 할 수 있다.

그러나 지금 우리나라는 '조선'이 아니고 '대한민국'이지 않은가? 현대 대한민국 국민이 조선시대 고인(古人)처럼 여전히 '고(古)조선'이라고 부를 이유와 근거가 있는가? 최초는 영원한 최고(最高)다. 더 이상 낡고 오래될 '고(古)'자를 붙여 한민족 최초의 국가를 모독하지 말자.

'고조선(古朝鮮)'을 '고조선(高朝鮮)'으로 고쳐 부르자.[82]

장군총의 주인은 광개토대왕이다

고구려 두 번째 도읍지는 국내성(國內城, 22년~427년 고구려 수도)으로 지린(吉林)성 지안(集安)시 퉁거우(通溝) 지방 압록강 북안에 위치해 있다. 필자는 국내성을 다섯 번 가 보았으니 보고 느낀 점을 다섯 가지로 이야기해 보겠다.

첫째, 국내성으로 가는 길은 아름답지만 마음 아픈 여정이다. 북한 신의주 맞은편 국경도시 단둥(丹東)에서 출발해 북한과 중국의 국경선인 압록강을 거슬러 올라가는 길은 아름답다. 압록강 강변을 따라 굽이를 돌고 작은 언덕을 넘으면서 유려한 곡선을 그려내는 드라이

브 코스는 가히 환상적이다. 그러나 중국 쪽은 나날이 발전하는데 강
건너편 북한 쪽은 나날이 황폐화되어가는 풍경에 눈이 아리고 속이
쓰리다. 중국은 한 뼘의 땅도 노는 땅이 없어지는데 강 건너편 북한
의 들과 산은 비어만 갔다. 이따금 '우리식대로 살아가자'는 살풍경한
구호만이 헐벗은 민둥산에 새겨져 있어 속상한 마음이 더해졌다.

둘째, 국내성은 압록강을 배수진으로 삼은 '공격형' 도읍지다. 국
내성은 백두산 남부 산악지대와 압록강이 나란히 좁다란 회랑을 이
루며 달려가다가 잠시 쉼터에 들러 쉬어가는 듯한 분지에 위치해 있
다. 우리나라 강원도 춘천평야의 절반에 불과한 좁은 평지형 도읍지
국내성은 땅이 척박하고 겨울은 몹시 춥고 여름엔 무덥다. 게다가
지형지세가 삼면이 산악을 앞에 두고 압록강을 등지고 있어 성을 수
비하기에는 매우 불리하다. 실제로 동천왕 때 위나라의 관구검에게
분탕질을 당했고 고국원왕 때는 전연의 모용황이 쳐들어와 미천왕

의 시신을 빼앗겼고 왕비가 납치당하는 치욕을 당하기도 했다.

국내성을 답사하는 동안 필자의 머릿속에는 '고구려'라는 이름의 최전방 공격수가 떠올랐다. 두 골을 실점당해도 주눅 들거나 수세에 몰리지 않고 오히려 불굴의 투지로 공격을 감행해 내리 다섯 골을 득점해 역전시키는 속공 역습의 스트라이커! 고구려는 여기서 400년 간 압록강을 배수진으로 삼고 한반도를 등받이로 삼았다. 국내성은 오로지 고구려의 북방대륙공략을 위한 전진기지 '닥치고 공격형 도읍지'였다.

셋째, 광개토대왕은 '동방의 알렉산더대왕'이다. 고구려 제19대 광개토대왕(廣開土大王, 374~412년, 재위 391~412년) 시절의 고구려는 명실공히 동북아 최강대국이었다. 동북아의 모든 나라가 대왕의 위력 앞에 무릎을 꿇고 몸을 떨었다. 국내성 서북쪽 고구려 고분군 정남향에 우뚝 선 광개토대왕비는 중화사대사관에 물든 '삼국사기'가 말하지 않는 사실(史實)을 알려주고 있다.

광개토대왕의 우방은 당시 삼국 중 최약체 신라였으며 제1주적은 중국(후연) 제2주적은 일본(왜)이었다. 광개토대왕은 일본과 싸워 3전 3승을 거두었다. 즉위 원년인 391년 왜와 해상전을 벌여 승전했고, 396년(병신년)에는 신라를 돕기 위해 몸소 군대를 이끌고 가 왜와 백제 연합군을 토벌했다. 400년(경자년)에는 내물왕의 구원요청을 받고 보병과 기병 5만 명을 파병해 왜적을 무찔렀다.

39세의 젊은 나이에 죽은 광개토대왕이 98세에 죽은 장수왕처럼 오래 살았더라면 얼마나 좋았을까? 왜 우리 역사에는 제2의 광개토대왕은 나오지 않는가? 군사력 대신 경제와 문화로 세계를 제패하는 그런 제2의 광개토대왕을 기다리며 필자는 북방 왕들의 웅혼이 잠

들어 있는 고분군을 오래 서성였다.

넷째, '427년 장수왕 평양천도'는 한민족사상 최악의 변곡점이다. 흔히들 고구려의 최전성기라는 장수왕(長壽王, 394~491년, 재위 412~491년) 업적을 한 꺼풀 톺아보면 내세울 게 별로 없다. 의외다. 재위 80년간 장수왕은 한반도 남방의 약소국 백제와 신라를 침략한 것 외에는 좋게 말하면 '내실 다지기', 나쁘게 말하면 '이대로가 좋아'라는 현상유지 정책의 일관이다.

얼마나 한 게 없으면 시호가 장수왕인가? 아버지는 땅을 넓혀 광개토대왕인데, 아들은 오래 산 게 업적이란 말인가? 장수왕은 북진정책의 광개토대왕과 정반대로 중국과 일본과는 친교를 맺고 백제와 신라를 적대시하는 남진정책을 펼쳤다.

'삼국사기'의 장수왕 기록 중 절반 이상이 북위에 대한 25회 조공 기록이다. 한국 역사상 중국에 조공을 본격적으로 시작한 왕이 바로 장수왕이다. 그래서 중국 역사학계에서 장수왕을 '조공왕'이라고 부르며 애지중지(?)하고 있는 것은 아닐까? 광개토대왕과 정반대로 장수왕은 강자에겐 약하고 약자에겐 강한 군주였다. 중화(中華) 사대사관과 일제 식민사관은 장수왕의 공적을 과장 미화하는 반면 광개토대왕 업적은 대폭 축소하고 있다.

고구려 세 번째 수도 평양(427~668년 도읍지)을 지난 2005년 10월 답사해 본 필자의 경험에 의하면 국내성은 베이징을 닮았고 평양은 난징을 닮았다는 생각이다. 휴전선이나 다름없는 만리장성 60㎞ 이남에 위치해 항상 깨어있어야 하는 '긴장의 도시' 베이징에 도읍을 정한 왕조들은 번영을 구가하며 장수했다. 반면 머나먼 남쪽 후방 평야지대에 물 좋고 땅 좋고 경개 좋고 미녀 많은 '이완의 도시' 난징에

도읍을 정한 왕조들은 비참한 최후를 마친 것이 오버랩됐다.

이윽고 필자는 반만년 한민족 사상 최악의 변곡점은 '427년 장수왕 평양천도'라는 나름의 결론에 이르렀다. 427년 이후 한민족의 주무대는 대륙에서 반도로 축소되었기 때문이다. 동시에 오늘날 한국이 세계 10위권 중견 강국이 된 비결의 하나는 수도 서울이 휴전선과 가까워 최전방 국경도시나 다름없기에 베이징이나 국내성처럼 항상 깨어있어야 했던 덕택이라는 가설을 출발시켰다.

끝으로 다섯째, 장군총의 주인공은 '장수왕'이 아니라 '광개토대왕'이다. 필자의 국내성 5회 답사 하이라이트는 5회 모두 장군총이다. 갈 때마다 가장 오래 머무르고 가장 많이 깊이 오래 사색한 시공간이 바로 장군총이다. 흔히 장수왕 무덤으로 알려져 있는 장군총을 중국에서는 '장군분(將軍墳)'이라 하는데 '동방의 금자탑(東方金字塔)'이라는 별칭으로 부르며 아시아 최고의 피라미드형 분묘라고 높이 평가하고 있다. 즉 왕릉의 규모로는 진시황릉이 최대, 묘제양식의 우수성으로는 장군총이 최고라는 게 중국학계의 보편적인 정평이다.

그렇다면 장군총의 주인공은 누구인가? 대개 한국에서는 장군총을 장수왕릉으로 추정하고 장군총이 소재하고 있는 중국과 이 지역을 지배한 바 있는 일본(20세기 전반)에서는 장수왕으로 추정했다. 특기할 만한 대목은 북한에서도 과거에는 장군총을 장수왕으로 추정했는데 1990년대 '단군릉' 발굴 발표를 전후한 1990년대부터 장군총을 장수왕릉으로 '추정' 아닌 '간주'하고 있다.

그런데 필자는 장군총을 답사할 때마다 장군총의 주인공이 장수왕이 아니라 광개토대왕이 아닐까라는 생각이 답사횟수에 정비례하여 5분의 1씩 늘어갔다. 지금은 장군총의 주인공은 광개토대왕이 확실하다고 간주한다. 장군총의 주인이 장수왕이 아니고 광개토대왕인 증거 다섯 가지를 요약해보겠다.

첫째, 400년 도읍지 국내성을 버리고 427년 평양으로 천도해 65년간 평양에서 왕으로 누리며 살다가 491년 평양에서 죽은 장수왕을 굳이 머나먼 국내성에 매장할 이유가 있을까? 장수왕의 시신을 평양에서 한반도에서 가장 험준한 낭림산맥 등 산맥들을 넘고 청천강 등 강천들을 건너 국내성으로 운구하려면 당시 교통상황으로서는 최소 6개월 이상 걸린다. 장수왕의 주검을 국내성에 매장해야 할 역사・지리적 근거가 매우 취약하다.

둘째, 광개토대왕무덤이라 알려진 태왕릉 석실은 광개토대왕릉비와 반대 방향인 반면 장군총 석실은 광개토대왕릉비와 같은 방향이다. 또 장군총의 석질과 광개토대왕릉비의 석질이 비슷하다. 장군총의 양식은 전형적 돌무지무덤, 즉 적석총(赤石塚) 양식으로 고구려와 백제 초기 무덤형식에 속한다. 장군총과 백제초기의 석촌동고분이 같은 돌무지무덤양식이다. 한데 장수왕 재위 시기는 5세기로서 적석총은 사라지고 돌방무덤, 즉 석관묘(石棺墓) 형식이 보편적 묘제로서 자리 잡은 시대이다. 따라서 적석총의 전형 묘제인 장군총의 주인공은 장수왕이 아니라 광개토대왕이다.

셋째, 중국 측 사료 대부분은 장군총의 적석총 형식은 광개토대왕의 재위기간인 4세기 말에서 5세기 초에 축조된 것으로 본다. 하지만 장군총의 주인공은 장수왕(412~491년)으로 추정된다고 적고 있다. 그야말로 '모순의 전형' 아닌가! 491년에 죽은 장수왕이 타임머신이라도 타고 와서 백 년 전에 만들어진 장군총 속으로 들어가기라도 했단 말인가?

넷째, 장군총 주인공이 장수왕이라는 일본학설은 의외로 소수설이고 초기학설에 불과하다. 장수왕설은 1905년 최초로 현지를 조사하고 글을 발표한 도리가(鳥居龍藏)와 1920년대 미카미(三上次男) 단둘 뿐이다. 장수왕설의 주요 논거는 평양으로 천도한 장수왕이 살아 있을 때 자신의 무덤을 옛 도읍지 국내성에 수축하였을 것이라는 거다. 이러한 추정의 근거문헌은 '후한서' '동이열전' 고구려전에 "장례에 사용할 물건들을 조금씩 미리 준비한다"로 설득력이 떨어진다.

반면에 광개토대왕설은 의외로 다수설이고 갈수록 통설이 되어가고 있다. 도리가와 함께 장군총을 조사 연구한 프랑스 고고학자인 사반(Eduard Chavannes)이 1907년 발표한 글에서 장군총 무덤근방에서 목패(木牌)를 발견했는데 목패 위에 '호태왕지위(好太王之位)'를 보고 광개토대왕릉으로 추정했다. 또 광개토대왕비를 변조한 혐의를 받고 있는 세키노(關野貞)조차도 1913년 장군총을 광개토대왕비와 관련시켜 광개토대왕릉으로 보았다.

특히 주목해야 할 대목은 1980년대 이후 일본학계의 통설이자 다수설은 장군총의 주인공은 광개토대왕이라는 사실이다. 최근 일본학자 나가지마(永島暉臣愼)와 다무라(田村晃一)는 장군총에서 보이는 와당양식의 연구 소견과 장군총과 광개토대왕릉비가 서로 마주보고 있는 등의 상황을 근거로 장군총이 광개토대왕릉이라고 보고 있다. 즉 추정 아닌 '장군총=광개토대왕릉'으로 간주하고 있는 것이다.

끝으로 다섯째, 동서고금을 막론하고 수도를 천도하면 군주의 능묘는 새로운 수도 인근에 위치하는 게 정상이다. 옛 수도에 매장한 사례는 거의 없다. (고대 이집트 30개 왕조, 중국 역대왕조 전수 분석[83])

우리나라 웅진(공주)시대 백제 제25대 무령왕릉은 공주 송산리 고

분군에 있고 사비(부여)로 천도한 제26대 성왕릉은 부여능산리 고분군(2호분 추정)에 있다. 고구려 제19대 광개토대왕은 국내성에 평양으로 천도한 고구려 제20대 장수왕릉은 평양에 위치할 거라는 추론은 가능성을 훨씬 넘은 개연성에 가깝다.

따라서 북한이 1994년 10월, 장군총을 모델로 삼아 장군총 세 배 규모로 축조한 '단군릉'의 주인공이 단군이 아니라 실제는 장수왕이 아닐까 하는 파생적 의구심이 든다.[84]

용솟음치는 바다 발해와 New Net 신라

"오로지 현재만이 있다. 과거는 현재의 '기억'이고, 현재는 현재의 '직감'이며 미래는 현재의 '희망'이다." 이는 천년 로마문화를 귀결한 대사상가, 아우구스티누스의 명언이다.

2018년 새 아침 새 태양이 밝았다. 새로워져야 할 대한민국이 '기억'하고 '직감'하고 '희망'해야 하는 시공간은 무엇인가? 그건 8세기 신라와 발해의 번영과 영광이요, 그 찬란한 부활과 재현이다.

불이 태우는 것은 나무가 아니라 어둠이다. 캄캄한 미지의 밤, 동북아 신화와 역사의 이원적 존재, 복희씨가 사람들에게 무엇보다 먼저 불씨 피우는 법과 그물 짜기를 가르쳐 줬다는 신화는 매우 의미심장하다. 이것은 마치 우리에게 "신화란 있었던 일이 아니라 있어야 할 일"이라는 숨겨진 진실을 귀엣말해주고 있는 듯하다.

미래 정보화시대를 밝히는 '불'이 컴퓨터라면 그것을 전방위 전천후로 연결해주는 '하늘의 그물'은 바로 인터넷이다. 네트워크를 한글로 풀면 '그물 짜기'이다. 인류의 문명은 그물 짜기에 의해 시작하고 발전하고 교류해왔다.

세상에 이음동의어는 없다. 그물을 뜻하는 두 한자는 '라(羅)'와 '망(網)'이다. '라'는 하늘의 새를 잡는 그물, '망'은 물고기 잡는 그물을 뜻한다. 또한 '라'는 '망'과 달리, 명사이며 동사이다. 즉 "그물 짜다, 펼치다, 망라하다. 모으다, 일을 벌이다(창업하다)" 등의 진취적 행동양태를 망라하고 있다. 기원전 17세기 은나라를 개창한 탕왕이 사냥을 나갔다. 사방에 천라(하늘의 그물)를 친 후에 탕왕은 기도문을 올렸다. "천하사방의 만물이 나의 그물 안에 들어오도다."

우리나라 역사상 최초의 통일왕국, '신라'의 신(新)은 새로울 신, 라(羅)는 새그물 라이다. 『삼국사기』에 의하면 503년 지증왕이 나라 이름을 아름다운 뜻을 가장 많이 가진 한자 둘을 골라 신라로 확정했다고 한다. 『삼국유사』와 『삼국사기』도 신라의 '신'은 덕업이 날로 새롭고 '라'는 사방의 백성을 망라한다는 뜻이라고 똑같이 기록하고 있다. 전자는 토속신앙과 불교를, 후자는 유교를 사상기반으로 했음에도 양대 사서가 한 목소리를 낸 경우는 이례적이다. 그만큼 '신라' 국명의 뜻풀이는 역사적 공신력이 있다. 동서고금을 통틀어 통일국가의 명칭에 망라하다의 '그물(Net)'을 넣은 나라는 신라가 유일무이하다. 특히 8세기 전성기의 신라는 명실상부하게 세계를 향해 '새로운 그물'을 활짝 펼친, 당시 극성기의 당나라도 흠모했던 세계최고 수준의 선진국이었다.

잃지 않으려면 잊지 않아야 한다. 우리는 세계최고 선진국 8세기 신라를 잊지 말아야 한다. 또한 '용솟음치는 바다'라는 이름의 발해(渤海)를 잊지 말아야 한다. 신라와 마찬가지로 기원후 세계사를 통틀어 공식국명에 '바다(Sea)'를 넣은 나라는 발해가 유일무이하다. 최초는 영원한 최고다. Net의 신라와 Sea의 발해, 21세기 인터넷과 해양시대에 이 얼마나 신비롭게 솟구치는, 언제나 새로운 희망의 원동력인가!

우리는 인터넷과 해양강국, 민주통일조국 대한민국을 희망한다. 우리는 '용솟음치는 바다'에서 '새 그물'로 인터넷과 해양강국의 새로운 '신화'를 건져 올려야 한다. 신화는 '있었던 일'이 아니라 앞으로 '있어야 할 일'이기 때문이다.[85]

30년 터울, 일제의 류큐와 조선 병탄사

1876년 일본 정부는 모든 류큐 주민의 중국여행을 엄금하였다. 그해 12월 어느 날 밤 오키나와 나하항의 후미진 부두 어귀에는 작은 어선 한 척이 닻을 올렸다. 어선에는 초라한 어부행색의 '특별한 세 사람'이 타고 있었다. 그들은 바로 3인의 밀사 류큐 마지막 왕의 밀명을 받은 향덕굉(向德宏), 임세공(林世功), 채대정(蔡戴程)이었다.

어선의 항로는 희한했다. 이렇다 할 풍랑도 없었는데 처음에는 북동쪽 일본으로 향했다가 닷새쯤 되던 날 선수를 반대편으로 슬그머니 돌려 남서쪽 중국으로 한 열흘간 항행하였다. 그렇게 어선은 닷새는 북동쪽으로 열흘은 남서쪽으로 항행하길 반복했다.

어선은 이듬해 1877년 4월에야 푸젠(福健·타이완의 맞은편에 위치한 중국 남동부의 성) 해안에 상륙하였다. 3인의 밀사는 하선하자마자 곧장 푸젠성 순무(巡撫·성 최고행정책임자)에게 류큐왕이 친서를 올렸다. 거기에는 류큐가 일본의 사실상 지배하에 놓이게 되었다는 실정은 누락한 채 다만 일본이 류큐가 청나라에의 조공을 방해하고 있으니 청나라가 일본에 압력을 가해달라는 내용이 주를 이루고 있었다. 푸젠성 순무는 6월 14일 마땅히 류큐를 구해주어야 한다는 의견서를 첨부하여 베이징 조정에 상신하였다.

류큐 왕의 밀서를 받은 청나라 조정은 난감했다. 당시 청나라는 자국의 방위에도 힘겨웠다. 북으로는 러시아와의 영토갈등으로, 남으로는 월남문제로 인한 프랑스와의 분쟁으로 골머리를 앓고 있었다. 이홍장을 수뇌로 한 양무파들은 평화를 유지하여 중국의 자강을 꾀하려 하였다.

초기 양무파의 외교구상의 골간은 '연일항아(聯日抗俄)' 즉 '일본과 연합하여 러시아의 남침에 대항하자'는 것이었다. 이홍장은 미약한 중국의 해군력으로 류큐를 구하려는 것은 무모한 행위일 뿐만 아니라 동중국해 바다 건너 조그만 섬들보다는 광활한 북쪽과 남쪽의 영토를 지키는 것이 훨씬 시급한 일이라고 판단하였다. 결국 청정부는 류큐에 원군을 파견하지 않기로 최종결정을 내렸다.

철석같이 믿었던 종주국의 '류큐 포기'라는 비보를 전해들은 향덕굉과 임세공은 배신감과 절망감에 치를 떨었다. 두 밀사는 머리를 삭발하고 탁발승으로 변장, 텐진을 향해 떠났다. 텐진에 도착한 다음날 아침, 그들은 이홍장의 관저 대문 앞에 꿇어 앉아 혈서를 썼다.

"류큐 신민들은 살아서도 일본인으로 살 수 없고, 죽어서도 일본의 귀신이 될 수 없다. 대청제국은 조속히 출병하여 류큐를 구해 달라."

두 밀사는 며칠을 단식하며 빈사의 조국을 구해 달라고 큰 소리로 울부짖었다. 간혹 행인들이 가던 길을 멈추고 흥미로운 표정으로 수

군거리며 지켜볼 뿐, 굳게 닫힌 이홍장 관저의 대문은 열리지 않았다. 그러던 일주일째 임세공은 남동쪽 머나먼 류큐 왕궁을 향해 세 번 절한 후 비수로 심장을 찔러 자결하였다.

류큐 왕이 사신을 청나라에 비밀리에 파견하여 구원을 요청한 사실을 알게 된 일본 정부는 최후의 조치를 취하기로 결정했다. 이미 입안에 넣은 눈깔사탕 같은 섬나라를 목구멍 속으로 삼켜 완전한 자기 것으로 삭혀버려야겠다고 결심한 것이다.

1879년 3월 27일 일본 정부는 내무대신 마쓰다에게 500여 명의 병력을 딸려 류큐로 급파했다. 일본군은 도성인 슈리성을 무력 점령하고 4월 4일 류큐 번을 폐지하고 오키나와 현을 둔다는 포고령을 전국에 포고하였다. 연이어 류큐의 마지막 왕 상태와 왕자들을 도쿄로 압송하였다.

1875년 류큐가 '마쓰다 10개항'으로 사실상 일본에 합병된 지 30년이 되던 해 1905년 대한제국은 을사늑약(을사보호조약)으로 일본의 사실상 식민지가 되었다.

1877년 류큐 상태왕의 3인의 밀사가 실패한 지 역시 30년 만인 1907년 대한제국의 고종황제는 헤이그에서 개최되는 제2회 만국평화회의에 이상설, 이준, 이위종 3인의 밀사를 파견하였다. 거기서 그들은 일제의 무력적 침략행위의 부당성을 폭로하고 국제적인 압력으로 이를 막아 줄 것을 호소하였으나 일제의 방해로 뜻을 이루지 못하고 이준은 현지에서 분사하였다. 결국 이 사건은 일제에 역이용당하여 고종황제가 강제로 퇴위당하고 군대가 해산되는 결과를 초래하였다.

류큐의 청나라 밀사 사건 3년 만에 일본은 류큐를 완전히 병탄하였던 것처럼 헤이그 밀사 사건 3년 만에 일본은 반만년 유구한 역사의 한반도를 병합하여 버렸다.

이처럼 19세기 말과 20세기 초 류큐에서 한반도에 이르는 공간(지리)에서 되풀이된 시간(역사)의 반복성은 선명하게 드러난다. 다만 그 반복성의 색조가 지나치게 어두워 슬프다.86)

<30년 터울, 일제의 류큐와 대한제국의 병탄사>

구분	류큐·한국	연도	조약 또는 사건명	주요인물	결과
사실상 병합	류큐왕국	1875년 30년후 ↓	마쓰다 10개항 공포 (일제, 사실상 큐큐 병합)	오쿠보 마쓰다	일본 내우성에서 류큐 관할 시작
	대한제국	1905년	을사늑약 (일제, 사실상 한국 병합)	이트	몽감부설치, 외교 권박탈, 보호정치
밀사 파견	류큐왕국	1877년 30년후 ↓	상태왕, 청나라에 3인의 밀사파견	향덕굉 임세공 채대정	임세공, 자결 중국의 류큐포기 결정
	대한제국	1907년	고종황제, 헤이그에 3인의 밀사파견	이상설 이준 이위종	이준, 분사 고종황제 강제퇴위 대한제국 군대해산
완전 병합	류큐왕국	1879년 30년후 ↓	류큐병합	마쓰다	일본의 오키나와현화
	대한제국	1910년	한일합방	테라우찌	총목쿠설치, 일본의 식민지화

'고려'는 중국에서 어떤 의미를 지니고 있을까?

'고려'는 중국역사상 특히 송나라시대 우리나라 예성강 하구 벽란도와 이집트의 나일강 하구 알렉산드리아와 더불어 세계 3대항으로 손꼽히던 푸젠성 취안저우(泉州) 일대에서 천년을 전해 내려오는 실재 존재하였던 '동방의 유토피아, 이상향'의 이름이다.

알다시피 '코리아(KOREA, 또는 COREA)'라는 대한민국 영문표기도 국제무역항 벽란도와 취안저우를 오가던 아라비아 상인들에 의하여 인도와 중동, 유럽 등 세계 전역에 알려지게 된 것이다.

또한 '고려'는 중국의 4대 발명 가운데 하나라고 주장하는 진흙 활자[87]를 당혹스럽게 만드는 세계가 공인하는 세계최초의 금속활자를 창출해낸 나라 이름이다. 어디 이뿐인가? 도자기(china)의 나라 차이나(CHINA)조차도 흉내조차 낼 수 없었던 고려의 상감청자, 송나라 최고급 종이의 10배 이상으로 거래되었던 고려의 종이(高麗紙) 등 정신문화와 물질문명의 극치를 이룬 '실존하였던 지상천국'이다. 고려라는 이름은.

자기학대 자기비하의 식민사관의 슬픈 역사의 상처가 너무 깊다. 그러나 실상은 해상세력의 영웅 왕건이 건국한 '고려(高麗, KOREA)'는 기존의 후삼국을 재통일한데다가 고구려의 후예이자 용솟음치는 바다라는 나라이름을 지닌 '발해(渤海)'와 신라 말엽 그 일몰의 바다를 찬란히 빛낸 장보고의 해상왕국, 이 둘을 합하여 이어받은, 즉 '3국+2α'의 통일왕국이자 '동방의 무역대국'이었다.

중국공산당의 공식홈페이지인 '중국공산당신문망(中國共産黨新聞網)'을 비롯한 중국의 온오프라인은 장고려(張高麗, 전 정치국상무위원 겸 상무부총리)를 출중한 두뇌와 견고한 의지를 겸비한 성실노력 인물형으로 강함과 부드러움을 동시에 지닌 원만한 성품이지만 불의에는 끝까지 맞서는 정의로운 천성을 지녔다고 증언하고 있다. 이러한 장고려에 관한 중국 자료에서 '고려'의 높고 아름다운 기상이 은근히 느껴지는 까닭은 왜일까?[88]

일본이 중국에 조공이나 바치던 조선을 구해줬다?

친일매국 식민사관의 지주, 일본의 조선 근대화 공헌론의 뿌리는 '조공'에 대한 개념 조작과 역사 왜곡작업부터 시작됐다. 마치 중국에 삥이나 뜯기던 조선을 대일본제국이 해방시켜줬다는, 악랄한 역사왜곡과 추악한 식민사관에 지식인들은 아직도 알게 모르게 중독되어있다.

흔히들 '조공'하면 '상납'을 연상하는 사람들이 많다. '조공'을 사대주의의 징표라 하며 수치스럽게 여기거나 괜한 역사적 열등감에 빠져드는 우리나라 사람들도 꽤 있다. 그러나 이는 일제 식민사관에 기반한 왜곡된 역사교육이 남겨준 인식상의 오류이다. 조공은 일방적인 상납이 아니라 물물교환 형식의 정부주도형 무역이다.

국경지역에 개설된 시장에서 행해지는 변경무역이나, 민간상인에 의한 무역을 금지하고 국가에서 임명한 관납상인들에게 무역상품의 조달권을 독점하게 한 억상정책의 질곡을 뛰어넘는 거상의 활약상을 그린 소설『상도』에서나 맹인 홀아비의 눈을 뜨게 하기 위해 공양미 삼백 석에 인신공양물이 되어 인당수에 빠져 죽는『심청전』에서 나오는 밀무역 등 이러한 가뭄에 콩 나듯 나오는 민간무역행태 이외에는 조공무역이 가장 중요한 비중을 차지하였다.

한마디로 조선시대 무역형태의 주류는 조공무역이었다.

조공국에서 조공을 보내면 사대국에서는 답례로 사여(賜與)를 보낸다. 사여품이 조공품보다 몇 배 많은 것이 원칙이었다. 그래서 조선은 조공을 1년에 3번 보내던 것을 1년에 4번 바칠 것을 요청했으나 명은 월남처럼 3년에 1번만 보내라고 간곡히 부탁하였다. 명나라

멸망의 주요원인의 하나는 과도한 사여품의 방출로 인한 국고의 탕진이었다.

중국은 책봉 관계(상명하복관계가 아닌, 의례적인 외교형태)에 있는 나라에 대해서만 조공무역을 허용하였다. 중국적 조공질서의 동심원(<그림> 참조) 안에 들어온 조선(매년3공)과 류큐(격년1공), 월남(3년1공)은 중국과 가장 밀접한 이너서클의 일원이었다.

이와 반면에 일본은 극히 짧은 시기를 제외하고는 동아시아 제국 중에서 특히 조선과 비교하며 중국에 조공을 바치지 않은 중화질서의 밖에서 자유롭게 활동하였던 유일한 나라인 것처럼 자국의 교과서에 기술하고 있다. 그러나 엄밀히 말하자면 일본이 그렇게 하려고 한 것이 아니라 그렇게 된 것이다.

중국과의 조공무역을 하지 않더라도 일본은 왜구(일본에서는 왜구를 '민간무역업자'라고 미화하여 부른다)의 눈부신 활약(?)을 위시하여 류큐를 통한 중개무역, 네덜란드와의 교역 등으로 무역수요를 충당할 수 있었기 때문이었다.

중국과 조선, 류큐를 비롯한 동아시아 국가들은 일본을 주로 '왜(倭)' 또는 '일역(日域)'으로 칭하여 왔다. 왜라고 부르는 밑바닥에는 일본을 왜구의 본거지로 폄하하는 어감이 배어 있었고, 일역이라 칭하는 이면에는 일본을 중국적 세계질서의 동심원내의 멤버로 함께하기에는

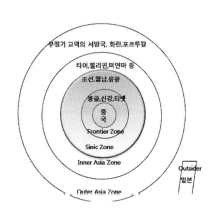

부적절한 '국가'로서의 자격에 미달하는 '지역'으로 보는 시각이 깔려있었다. 자주독립의 역사를 자부하여온 일본은 사실상 동아시아 국가사회에서의 아웃사이더 내지 왕따였다.[89]

상해임시정부의 법통을 이어받아

대한민국 헌법은 '유구한 역사와 전통에 빛나는 우리 대한민국은 3.1운동으로 건립된 대한민국임시정부의 법통을 계승하고…'로 시작한다.

우리 대한민국이 법통(法統)을 이어받은 「대한민국임시정부」는 1932년 4월 29일 윤봉길 의사 의거 이후 일본의 탄압으로 인하여 상하이를 떠나게 되었다.

그로부터 중일전쟁 발생 직후인 1937년 11월까지 「대한민국임시정부」(이하 '임시정부'라고 약칭한다)는 소재지를 항저우(杭州), 전장(鎭江), 난징(南京) 등지로 옮겼으나 전반적인 침체와 깊은 분열국면에 빠지며 형해화(形骸化)되어 가고 있었다.

이 기간의 임시정부에 대한 국내학계의 연구와 사료가 유독 미흡한 실정에서, 상기 세 도시에 소재하였던 임시정부의 구체적 활동상은 물론 청사의 흔적마저도 아직 찾지 못하고 있는 상황에서도 저간의 사정을 충분히 감지할 수 있다.

윤봉길 의사 의거 후부터 중일전쟁 발생 직후까지 5년여 동안 백범 김구는 자싱(嘉興)을 주된 근거지로 삼고 주변의 거미줄처럼 발달한 운하망(運河網)을 주로 이용, 당시 국민정부의 수도였던 난징 등

인접 도시와 농촌을 내밀하게 오가며 박찬익 엄항섭, 안심암을 통한 외교와 군사 및 정보수집활동을 활발히 전개해나가고 있었다.

특히 1935년 10월 당시 항저우에 소재하던 임시정부가 노선투쟁으로 심각한 분열위기에 **빠졌을** 때 백범 김구는 임시의정원 15명을 이끌고 자싱을 대표하는 호수, 남호(南湖)의 유람선에 올라 제1차 특별회의를 주재하였다. 동 회의에서 백범 김구는 국무위원으로 재선되었음은 물론 임시정부의 최고 영수 지위를 확고히 하였다.

자싱의 남호는 1921년 마오쩌둥 등이 상하이에서 중국공산당 창당대회(대한민국임시정부청사와 도보로 5분 거리 위치)를 개최하다 비밀경찰에 발각당하여 자싱으로 피신, 남호에서 유람선을 빌려 창당대회를 마친 곳이기도 하다.

자싱이 백범 김구의 생애와 임시정부 역사상 매우 중요한 획을 긋는 대전환이 이루어진 공간이었다는 사실과 1930년대 중반 상기 중국 강남의 세 도시에서 발견하기 어려운 임시정부의 정신과 실체, 즉 임시정부의 실제 핵심 근거지는 자싱 남호 호반이었다는 진상을 확인할 수 있다.[90]

기적 장강 만리풍

나(김구)는 이로부터 일시 가흥(嘉興)에 몸을 의탁하게 되었다. 성은 조모님을 따라 장(張)이라고 하고 이름은 진구(震球) 또는 진(震)이라고 행세하였다. 가흥은 내가 의탁하여 있는 저보성(褚輔成) 씨의 고향인데 저 씨는 일찍 강소성장(江蘇省長)을 지낸 이로 덕망이 높은

신사요, 그 맏아들 봉장(鳳章)은 미국 유학생으로 그곳 동문 밖 민풍지창(民豊紙廠)이라는 종이 공장의 기사장이었다. 저 씨의 집은 가흥 남문 밖에 있는데 구식 집으로 그리 굉장하지는 아니하나 대부의 저택으로 보였다. 저 씨는 그의 수양자인 진동생(陳桐生) 군의 정자를 내 숙소로 지정하였는데 이것은 호숫가에 반양제로 지은 말쑥한 집이었다. 수륜사창(水綸絲廠)이 바라보이고 경치가 좋았다. 저 씨 댁에서 내 본색을 아는 이는 저 씨 내외와 그 아들 내외와 진동생 내외뿐인데 가장 곤란한 것은 내가 중국말을 통치 못함이었다.

비록 광동인(廣東人)이라고 행세는 하지만은 이렇게도 말을 모르는 광동인이 어디 있으랴. 가흥에는 산은 없으나 호수와 운하가 낙지 발 같이 사통팔달하여서 7, 8세 되는 아이들도 배를 저을 줄을 알았다. 토지는 극히 비옥하여 물산이 풍부하고 인심은 상하이와는 딴판으로 순후하여 상점에 에누리가 없고 고객이 물건을 잊고 가면 잘 두었다가 줬다.

나는 진 씨 내외와 동반하여 남호(南湖) 연우루(烟雨樓)와 서문 밖 삼탑(三塔) 등을 구경하였다. 여기는 명나라 때에 왜구가 침입하여 횡포하던 유적이 있었다. 동북 밖으로 10리쯤 나아가면 한(漢)나라 때 주매신(朱買臣)의 무덤이 있고, 북문 밖 낙범정(落帆亭)은 주매신이 글을 읽다가 나락멍석을 떠 보내고 아내 최 씨에게 소박을 받은 유적이라고 한다. 나중에 주매신이 회계태수(會稽太守)가 되어 올 때에 최 씨는 엎지른 동이의 물을 주워 담지 못하여 낙범정 밑에서 물에 빠져 죽었다고 한다.

가흥에 우접한 지 얼마 아니하여 상하이 일본 영사관에 있는 일인 관리 중에 우리의 손에 매수된 자로부터 호항선滬杭線(상하이-항주

철도)을 수색하러 일본경관이 가니 조심하라는 기별이 왔다. 가흥 정거장에 사람을 보내어 알아보았더니 과연 변장한 왜 경관이 내려서 여기 저기 둘러보고 갔다고 하므로 저봉장의 처가인 주(朱) 씨 댁 산장으로 가기로 하였다. 주 씨는 저봉장의 재취로 첫 아기를 낳은 지 얼마 아니 되는 젊고 아름다운 부인이었다. 저 씨는 이러한 그 부인을 단독으로 내 동행을 삼아서 기선으로 하룻길 되는 해염현성(海鹽縣城) 주 씨 댁으로 나를 보내었다.

주 씨 댁은 성내에서 제일 큰 집이라 하는데 과연 굉장하였다. 내 숙소인 양옥은 그 집 후원에 있는데 대문 밖은 돌을 깔아 놓은 길이요, 길 건너는 대소 선박이 내왕하는 호수다. 그리고 대문 안은 정원이요, 한 협문을 들어가면 사무실이 있는데, 여기는 주 씨 댁 총경리가 매일 이 집 살림살이를 맡아보는 곳이다. 예전에는 4백여 명 식구가 한 식당에 모여 먹었으나 지금은 사농공상의 직업을 따라서 대부분이 각처로 분산하고 남아 있는 식구들도 소가족을 자취를 원하므로 사무실에는 물자만 배급한다고 한다.

집의 생김은 벌의 집과 같아서 세 채나 네 채가 한 가족 차지가 되었는데 앞에는 큰 객청이 있고 뒤에는 양옥과 화원이 있고, 또 그 뒤에는 운동장이 있었다. 해염에 대화원 셋이 있는데 전(錢)가 화원이 첫째요, 주가 화원이 둘째라 하기로 전가 화원도 구경하였다. 과연 전 씨 댁이 화원으로 주 씨 것보다 컸으나 집과 설비로는 주 씨 것이 전 씨 것보다 나았다. 해염 주 씨 댁에서 하룻밤을 지내고 이튿날 다시 주 씨 부인과 함께 기차로 육리언(六里堰)까지 가서 거기부터는 서남으로 산길 5, 6리를 걸어 올라갔다.

저 부인이 굽 높은 구두를 신고 연방 손수건으로 땀을 씻으며 7,

8월 염천에 고개를 걸어 넘는 광경을 영화로 찍어 만대 후손에게 전할 마음이 간절하였다. 부인의 친정 시비 하나가 내가 먹을 것과 기타 일용품을 들고 우리들을 따랐다. 국가가 독립이 된다면 저 부인의 정성과 친절을 내 자손이나 우리 동포가 누구든 감사하지 아니하랴. 영화로는 못 찍어도 글로라도 이것을 쓰는 바이다.

고개턱에 오르니 주 씨가 지은 한 정자가 있다. 거기서 잠시 쉬고 다시 걸어 수백 보를 내려가니 산 중턱에 소쇄한 양옥 한 채가 있다. 집을 수호하는 비복들이 나와서 공손하게 저 부인을 맞는다. 부인은 시비에게 들려 가지고 온 고기며 과일을 꺼내어 비복들에게 주며 내 식성과 어떻게 요리할 것을 설명하고 또 나를 안내하여 어디를 가든 얼마, 어디 어딘 얼마를 받으라고 안내 요금까지 자상하게 분별하여 놓고 당일로 해염 친가로 돌아갔다.

나는 이로부터 매일 산에 오르기로 일을 삼았다. 나는 상하이에 온 지 14년이 되어 남들이 다 보고 말하는 소주니 항주니 남경이니 하는 데를 구경하기는 고사하고 상하이 테두리 밖에 한 걸음을 내어 놓은 일도 없었다. 그러다가 마음대로 산과 물을 즐길 기회를 얻으니 유쾌하기 짝이 없었다.

이 집은 본래 저 부인의 친정 숙부의 여름 별장이더니, 그가 별세하매 이 집 가까이 매장한 뒤로는 이 집은 그 묘소의 묘막과 제각을 겸한 것이라고 한다. 명가(名家)가 산장을 지을 만한 곳이라 풍경이 자못 아름다웠다. 산에 오르면 앞으로는 바다요, 좌우는 푸른 솔, 붉은 가을 잎이었다.

하루는 응과정(鷹菓亭)에 올랐다. 거기는 일좌 승방이 있어 한 늙은 여승이 나와 맞았다. 그는 말끝마다 나무아미타불을 불렀다.

"원로 잘 오셔 계시오. 아미타불! 내 불당으로 들어오시오. 아미타불!" 이 모양이었다. 그를 따라 암자로 들어가니 얼굴 희고 입술 붉은 여승이 승복을 맵시 있게 입고 목에는 긴 염주 손에는 단주를 들고 저두추파로 인사를 하였다. 암자 뒤에 바위 하나가 있는데 그 위에 지남침을 놓으면 거꾸로 북을 가리킨다 하기로 내 시계에 딸린 윤도(輪圖)를 놓아 보니 과연 그러하였다. 아마 자철광 관계인가 하였다. 하루는 해변 어느 나루터에 장 구경을 가다가 경찰의 눈에 걸려서 마침내 정체가 이 지방 경찰에 알려지게 되었으며 안전치 못하다 하여 도로 가흥으로 돌아왔다. 가흥에 와서는 거의 매일 배를 타고 호수를 뜨거나 운하로 오르내리고 혹은 엄가빈(嚴家浜)이라는 농촌의 농가에 몸을 붙여 있기도 하였다.

이렇게 강남의 농촌을 보니 누에를 쳐서 길쌈을 하는 법이나 벼농사를 짓는 법이나 다 우리나라보다는 발달된 것이 부러웠다. 구미문명(歐美文明)이 들어와서 그런 것 외에 고래의 것도 그러하였다.

나는 생각하였다. 우리 선인들은 한·당·송·원·명·청 시대에 끊임없이 사절이 내왕하면서 왜 이 나라의 좋은 것은 못 배워오고 궂은 것만 들어왔는고. 의관(衣冠)·문물(文物)·실준중화(實遵中華)라는 것이 조선 5백년의 당책이라 하였건마는 머리 아픈 망건과 기타 망하길 좋은 것뿐이요, 이용후생에 관한 것은 없었다. 그러고 민족의 머리에 들어박힌 것은 원수의 사대사상뿐이 아니냐. 주자학(朱子學)으로 주자 이상으로 발달시킨 결과는 공수위좌(供手爲座)하여 손가락 하나 안 놀리고 주둥이만 까게 하여서 민족의 원기를 소진하여 버리니 남는 것은 편협한 당파싸움과 의뢰심뿐이다.

오늘날로 보아도 요새 일부 청년들이 제 정신을 잃고 러시아로 조

국을 삼고 레닌을 국부로 삼아서 어제까지 민족혁명은 두 번 피 흘
릴 운동이니 대번에 사회주의 혁명을 한다고 떠들던 자들이 레닌의
말 한 마디에 돌연히 민족 혁명이야말로 그들의 진면목인 거처럼 들
고 나오지 않는가?

주자님의 방귀까지 향기롭게 여기던 부류들 모양으로 레닌의 똥
까지 달다고 하는 청년들을 보게 되니 한심한 일이다. 나는 반드시
주자를 옳다고도 아니하고 마르크스를 그르다고도 아니한다. 내가
청년 제군에게 바라는 것은 자기를 잊지 말란 말이다. 우리의 역사
적 이상, 우리의 민족성, 우리의 환경에 맞는 나라를 생각하라는 것
이다. 밤낮 저를 잃고 남만 높여서 발뒤꿈치를 따르는 것으로 장한
체를 말라는 것이다. 제 뇌로, 제 정신으로 생각하란 말이다.

나는 엄가빈에서 다시 사회교(沙灰橋)의 엄항섭 군 집으로, 오룡교
(烏龍橋)의 진동생의 집으로 옮아 다니며 숙식하고 낮에는 주애보(朱
愛寶)라는 여자가 사공이 되어 부리는 배를 타고 이 운하 저 운하로
농촌 구경을 돌아다니는 것이 나의 일과였다.

하루는 길로 돌아다니다가 큰길가 마당에서 군사가 조련하는 것
을 사람들이 보고 있기로 나도 그 틈에 끼었더니 군관 하나가 나를
유심히 보며 내 앞으로 와서 누구냐 하기로 나는 언제나 하는 대로
광동인이라고 대답하였다. 이 군관이 정작 광동인인 줄이야 뉘라 알
았으랴.

나는 곧 보안대 본부로 붙들려 갔다. 저 씨 댁과 진 씨 댁에 조사
한 결과 무사하게는 되었으나 저봉장 군은 내가 피신할 줄을 모른다
고 책하고 그의 친우요, 중학교 교원인 과부가 하나 있으니 그와 혼
인하여서 살면 행색을 감추리라고 권하였다. 나는 그런 유식한 여자

와 같이 살면 더욱 내 본색이 탄로되기 쉬우니 차라리 뱃사공 주애

보에게 몸을 의탁하기로 하여 아주 뱃속에서 살기로 하였다. 오늘은

남문 밖 호숫가에 자고 내일은 북문 밖 운하 가에 자고 낮에는 육지

에 나와 다녔다.

　내가 남경을 떠날 때에 주애보는 제 본향 가흥으로 돌려보내었다.

그 후 두고두고 후회되는 것은 그때에 여비 백 원만 준 일이다. 그는

5년이나 가깝게 나를 광동인으로만 알고 섬겨 왔고 나와는 부부 비

슷한 관계도 부지중에 생겨서 실로 내게 대한 공로란 적지 아니한데

다시 만날 기약이 있을 줄 알고 노자 이외에 돈이라도 넉넉하게 못

준 것이 참으로 유감천만이다.[91]

존경하는 김구 주석을 회고하며[92]

　그것은 역사의 우연한 만남이었다. 그 어두운 질곡의 시대에, 우

리 집안과 한국의 광복운동 애국지사들 사이에는 핏물이 배듯, 깊은

인연이 맺히고 있었다.

　1932년 초여름, 나의 아버지 쳔퉁셩(陳桐生)은, 내게로는 양할아버

지인 추부청(褚輔成)과 양아버지인 추펑장(褚鳳章)의 부탁을 받아 한

국독립운동의 영수 - 김구 주석을 비롯한 임시정부요원들의 쟈싱(嘉

興)에서의 안전한 피신을 돕고 있었다.

　김구 주석이 은신하던 곳은 쟈싱의 매이완(梅灣) 거리였다. 임시정

부 요원 가운데 일부와 그 가족들은 메이완 거리에서 얼마 떨어지지

않은 르훼이차오(日暉橋)의 대문이 하나이며 정원이 딸린 2층집에서

몸을 숨기고 있었다.

그 때 내 나이는 아홉 살이었다. 김구 주석은 쟝젼치우(張震球) 혹은 쟝바이판(張栢范)이라는 가명을 쓰고 있었다. 나는 그분을 '장 씨 아저씨'라고 불렀는데 광동(廣東)이 고향인, 집안 손님인 줄로만 알았다.

(중략)

장 씨 아저씨가 엔지아방에 온 지 며칠이 지난 어느 날 그의 아버지가 쟈싱에서 상자 한 개를 실어 왔다. 책 상자라 하며 손 씨 집에 보관해 두었다.

어떤 때는 조 선생이란 사람이 '조우아이바오'의 배를 타고 왔다. 장 씨 아저씨와 같이 배를 타고 인적이 드문 호수 가운데까지 가서 밀담을 한 후, 장 씨 아저씨를 손 씨네 집까지 다시 바래다 드리고 조 선생은 쟈싱으로 돌아가곤 하였다. 조 선생이 손 씨 집에 나타나기 시작한 지 약 서너 달 후 그분은 쟈싱으로 떠났다. 그분은 손 씨 집을 떠나기 전 장진구(張震球)라는 세 글자가 써진 종이쪽지를 절반으로 찢어 한 조각은 자기가 가지고, 나머지 한 조각은 손 씨에게 맡기며 당부하였다.

"후일 어떤 사람이 '책 상자'를 찾으러 오거든 당신은 반드시 종이와 필적을 대조하고 이 나머지 반쪽과 맞추어 보아 이상이 없으면 그에게 이 물건을 건네주도록 하시오." 그러나 아무도 '책 상자'를 가지러 오는 사람이 없었다.

중일전쟁이 발생한 지 이태가 지난 1939년 11월, 일본은 마침내 쟈싱을 점령하였다. 일본군은 농촌에서도 예외 없이 중국 사람들을 못살게 굴었다. 돼지, 오리와 닭을 함부로 잡아먹는 등 약탈을 일삼았다. 그러던 어느 날 오후 큰할머니는 우연히 한 일본군이 집 뒤쪽에 있는 돼지우리에서 돼지를 총검으로 찌르고 있는 장면을 목격하게 되었다. 그 일본군은 큰할머니의 모습을 발견하자 돼지를 찌르던 총검을 뽑아 큰할머니를 향해 마구 찔러댔다. 일본군은 평생을 착하게, 본분을 지키며 살아온 평범한 시골 노인의 생명을 돼지 잡는 것보다 더 무자비하게 앗아가 버렸다.

집안에서 그것도 대낮에 집안 어른이 일본군에 학살당한 후로는 손 씨 일가는 공포에 질려 날이 밝자마자 집을 나가 하루 종일 밖에 있다가 어둑어둑해서야 집으로 스며들 듯 들어왔다. 손 씨 일가는 장 씨 아저씨의 '책 상자'가 걱정이 되었다. 일본군의 수색에 대비하여 그 '책 상자'를 열어 보기로 하였다. '책 상자'를 열자마자 우리는 너무나 깜짝 놀라 갑자기 그 자리에서 얼어붙은 것처럼 한참을 서 있었다. '책 상자' 속에는 책은 없고 폭탄만 가득 담겨있었다. 그들은 즉시 '책 상자'를 땅속에 다시 파묻었는데 파묻고 나서도 일본군에 들킬까 봐 안심할 수 없었다. 야음을 틈타서 하천 속에 쳐 집어넣어 버렸다.

우리는 1941년 여름 멀리 내륙 국민정부의 피난 수도인 스촨의 충칭으로 피난길을 떠나야 하였다. 그러다가 장 씨 아저씨를 다시 만나게 된 것은 1943년 스촨에서 중학교를 다니게 될 때이다. 쟈싱에서 헤어진 후로는 처음인 셈이다. 이미 그분은 그의 실명-金九를 사용하고 있었다. 하지만 나는 그분을 입에 익은 대로 계속 '장 씨 아저씨'라고 불렀다. 그분은 방학 때마다 차비를 동봉한 편지를 보내어 나를 충칭에 돌아오게 하였는데 편지의 송신인의 이름은 쟈싱 시절과 같은 장백범(張栢范)이었다. 1943년에 내가 국립2중학교에서 겨울방학을 지내게 된 것을 제외하고는 방학 때마다 충칭에 돌아와서 임시정부의 기숙사에서 숙식을 해결하고 있었다.

충칭시절의 임시정부는 청사대문에 현판만 달지 않았지, 거의 공개적으로 활약하고 있었다. 청사를 흐핑루 우스애샹(和平路 吳師爺巷)에서부터 리엔화츠(蓮花池)로 이전하면서 임시정부는 더욱 활기를 띄었다. 그분은 쉴 새 없이 바빴다. 방학이 되어 충칭으로 돌아왔을 때 그분 집무실에 찾아가 문안 인사를 드리고 다시 방학이 끝나 학교로 되돌아 갈 때야 작별 인사를 할 수 있는 정도로 뵙기가 힘들었다. 특별한 용무로 그분을 집무실에서 찾아뵙는 일은 더욱 드물었다.

임시 정부 기숙사에서 숙식할 때 한국 청년 몇 사람을 사귀게 되었는데 그들은 나에게 한국노래를 몇 곡 가르쳐 줬다. 「낙화암」이라는 제목의 노래가 생각난다. 애틋하면서도 비장한 느낌을 주는 선율이 아름다운 가요였다. 나는 한국어로 노래 부를 줄 몰라 한국어 가사 위에다 중국어 발음 토씨를 붙여 배웠는데 나중에는 가사를 보지 않고도 부를 수 있게 되었다. 몇 곡을 배웠는데도 다른 노래는 다 잊어 버렸다. 유일하게 「낙화암」이라는 이 가요만이 나의 인상에 오래 남게 되었다. 아마도 내가 제일 즐겨 불렀기 때문일 것이다.

1945년 초 무렵이다. 내가 쟝진(江津)현의 백사(白沙)진에 있는 교육부가 설립한 대학의 예비반에서 공부하던 어느 날, 그분이 보낸 편지 한 통을 펼쳐 보았다.

"아들 인(仁)이가 폐병을 앓다가 죽었다. 노부(老夫)가 덕이 없어 …"
편지에는 사랑하는 아들을 잃은 아버지의 단장(斷腸)의 아픔이 이어지고 있었다. 편지를 읽다 말고 나도 모르게 울고 말았다.

꽃다운 나이에 요절한 장남 김인은 중앙(中央)대학을 다니고 있었는데 그는 묵직한 성품에다 언행이 단정한 모범 청년이었다. 몇 번인가 나는 김인이 친아버지인 그분 곁에 항상 공손히 선 채로 수행하고 있는 것을 목격하였지만 단 한 번도 그분 앞에서 앉아 있는 모습을 본 적은 없었다.

임시정부 청사가 리엔화츠로 옮긴 후부터 그의 모습이 보이지 않았는데 아마도 이미 병을 앓고 있었기 때문이었을 것이다. 그 때만해도 폐결핵은 외국에서 수입한 약과 주사제를 투입해야만 나을 수 있는 중병이었다.

임시정부요원 중에도 비싼 수입폐결핵 치료제를 구하기 어려워 죽어 가는 나이 많은 동지가 적지 않은 마당에 임시정부 주석의 장남이라고 하여 특별한 예외를 인정하지 않았던 것이다. 거주하던 동포들이 송금해온 적지 않은 독립운동자금과 중국정부로부터의 상당한 재정적 지원이 있었을 터임에도 불구하고 죽어 가는 아들의 병 치료에 그 피눈물 같은 공금을 사사롭게 쓰지 않았던 그분의 청렴한 자세와 멸사봉공 정신에 고개가 절로 숙여지지 않을 수 없다.

1945년 8월 일본이 항복을 선언하였다. 마침 갓 대학에 입학하게 된 나는 그분께 작별인사를 하러 갔다. 그분은 지묵을 꺼내

"정성소지 금석위개 精誠所至, 金石爲開 (정성을 다하면 모든 어려움을 극복할 수 있다)."

의미의 붓글씨를 써 주셨다. 글자마다 힘이 넘쳤는데 특히 '정精'자가 뻗쳐나간 곳에 약간 떨림이 있었다. 글머리 위의 편액에는 국심현질(國琛賢姪) 이라고 썼으며 말미에는 '白凡 金九'라는 낙관을 찍었다. 그가 남긴 글씨에는 나에 대한 격려와 기대를 표시한 것뿐만 아니라 민족의 광복과 번영을 위해 조국의 독립과 자유를 위해 백절불굴 정신으로 투쟁하여 온 그분의 한 평생을 집약한 정신이 담겨 있었다. 그

러나 누가 알았으랴. 그 때가 그분과의 마지막 만남이었다는 것을….

그 여덟 글자를 오랫동안 항시 몸에 지니고 다니며 학업과 일을 고무해주는 원동력으로 삼았다. 몹시 안타까운 사실은 어떤 역사적 사건으로 말미암아 그분이 주신 그 글씨와 기타 진귀한 편지들을 모두 잃어버리고 만 것이다. 하지만 아직도 그 여덟 글자는 나의 뼈 속에 깊숙이 박혀 살아 숨 쉬며 끊임없이 나 자신을 채찍질해주고 있다.[93]

김구의 어머니, 아내의 묘비명

1924년 1월 1일 상하이에서 폐렴으로 세상을 떠난 부인 최준례 여사의 묘비 주위에 모친 곽락원 여사, 김구, 장남 인, 차남 신이 서 있다. 백범 김구가 손수 세운 묘비의 순한글 비문과 대한민국 ㅂ해 ㄱ달 ㄱ날 표시가 인상적이다.

쟈싱에서 살던 어느 날 엄항섭 아저씨가 자상하게 생긴 노부인과 두 아이를 데리고 왔다. 큰 아이는 약 15~6세, 작은아이는 약 11~12세로 우리 집의 '장 씨 아저씨'를 보러 왔다. 바로 그 노부인이 '장 씨 아저씨 즉 김구'의 어머니였으며 두 아이는 장남 인(仁)과 차남 신(信)이었다. 훗날 김신은 그때 난생 처음으로 그의 아버지와 대면하게 되었다고 털어놓았다.

노부인은 어린 시절에 어머니를 잃은 두 아이들을 어렵고 고단한 시절

속에서도 늠름한 청년으로 키워냈다. 조국 광복을 위한 것이라면 어떠한 어려움과 가난뿐만 아니라 죽음도 마다 않는 강인한 의지는 여느 사람은 상상조차 하기 어려운 것이리라.

노부인과 두 아이들은 르훼이챠오에서 살고 있었다. 어느 날 나의 어머니가 노부인에게 남호 호숫가의 유명한 명승지 엔위로우 구경을 가자고 권하였다. 그러자 노부인은 "진 씨 부인! 당신의 호의는 정말 고맙습니다. 하지만 우리 동포는 나라가 망해 가족이 뿔뿔이 흩어져 정처 없이 유랑을 다니는 처지라오, 우리 동포는 지금 깊은 수렁 속에 빠져 몸부림치고 있는데 어떻게 나 혼자 유람을 즐길 수 있는 기분이 나겠소?"라고 하며 정중하게 거절하였다.

노부인이 생신을 맞이하게 되자 르훼이챠오에서 사는 임시정부의 사람들과 아낙네들은 생신축하 선물로 비단 한 필을 사서 노부인에게 보냈다. 그러나 노부인은 분노를 억누를 수 없는 큰 목소리로

"날더러 생일을 쇠라고? 아니, 나라를 잃어 남의 땅에서 망명생활을 하는 주제에 날더러 비단옷을 입으라니? 설령 승리하는 그날, 비단옷을 입는다 하더라도 나는 한국산 비단옷을 입으면 입었지 외국산은 입지 않겠다" 하고 소리치며 생신 선물로 보내온 비단을 이층에서 땅바닥 아래로 내동댕이쳤다.

거룩한 애국심에 불타던 높고 큰 노부인의 모습은 수십 년 동안 나의 가슴속에 지울 수 없는 깊은 인상으로 살아 있다.

아직도 빼앗긴 들, 증거 15선

1. 한국인 대다수는 한국대표 워드프로세스 아래한글이 '일본' '이완용'은 한자 변환되나 '고려' '안중근'은 안 된다는 사실을 모름(아래한글은 '일본아래한글'인가 참조).

2. 한국 초대 대통령의 국적은 '대일본제국'.

3. 한국 법률용어의 대부분은 일본식 한자어.

4. 한국 법제의 대부분은 구일본 법제 모방.

5. 한국 타락 금수저의 상당수는 친일매국노 현행범.

6. 한국인 대다수는 일본을 아직도 '선진국'이라고 생각.
   * 일본 2017년 1인당 GDP 세계44위. GDP 대비 국가부채율 6연속 세계1위(미 CIA 자료 참조)

7. 한국인 대다수는 일본이 독일 다음으로 법제가 세계 2번째로 잘된 나라로 생각.
   * 실제 세계에서 법제가 잘된 나라 1위 미국, 2위 중국, 3위 독일: 종합국력순위와 동일

8. 한국의 시사용어 대다수는 일본식 용어, 예: '위안부', '선진국', '5공화국', '오지선다', '내국민대우'….

9. 한국인 대다수는 2015~2017년 대일 수출비중이 미미하다는 (5%미만) 사실을 모름.

 * 2017년 대일수출비중은 4.7%로 대베트남 수출비중(8.3%)과 중국의 1개 특별행정구인 대홍콩 수출비중(6.8%)보다 적음

10. 한국의 국제관련 보도 상당부분은 일본 언론의 논조와 싱크로율 90%에 육박.

11. 한국인 대다수는 일본이 유엔헌장상 '적국(enemy state)'이라는 사실을 모름.

 * 유엔헌장 53조, 107조

12. 한국인 상당수의 언어습관, '그래도 일본은 배울 점이 많은 나라야.'

13. 한국인 상당수의 동맹관, 한미 '일' 동맹 용어에 별다른 이의를 제기하지 않음.

14. 한국 뉴라이트 대다수는 근대화시켜준 일본에 고맙다고 생각.
 * 이는 강간범에게 임신시켜주어 고맙게 생각해야 한다는 것과 같은 천인공노할 궤변

15. 한국 언론의 대다수는 친일수구세력을 '보수 세력'이라고 씀.

제 6장

역사2: 일제의
윤봉길 사진 조작

- 쇼펜하우어 진실 3단계 법칙
  모든 진실은 세 가지 단계를 밟는다. (1) 조롱당한다 (2) 격렬한 저
  항을 받는다 (3) 명백한 것으로 받아들인다.
  - A. 쇼펜하우어

- 사람들은 사전이나 법전, 교과서는 물론 권위 있는 매체의 글과 말,
  지도, 사진과 영상 등을 사실로 믿어버리는 경향이 있는데… 한시라
  도 잊지 말라. 그것들 역시 불완전한 사람이 만든 거라는 진실을.
  - 강효백

- 중국 100만 대군과 4억 중국인이 못한 일을 조선의 한 청년 윤봉길
  이 해냈다.
  - 장제스(蔣介石)

- 때때로 총 한 자루보다 사진 한 장의 힘이 더 세고 오래간다. 사진이
  진실을 말해줄 거라는 사람들의 믿음을 종종 진실의 왜곡에도 악용
  하고 있다. 사람들은 시청각에 의해 기억하고 학습한다. 올바른 사
  진이어야만 윤봉길 의사의 뜻을 형상화할 수 있지 않을까?
  - 강효백

- 역사상의 모든 문제의 근본은 민족에 있다. 역사의 주체는 민족이기
  때문이다.
  - 함석헌

- 남북한이 함께 존경하는 5대 위인(19세기 이후): 정약용, 전봉준, 윤
  봉길, 홍범도, 신채호.
  남북한이 '5대 위인'을 공동연구 공동기념 함으로써 민주평화 남북
  통일의 불씨를 지피자.
  - 강효백

역사 바로 알기부터 시작하자

얼마 전 짬을 내 세계 10대 도서관에 든다는 상하이 도서관에 갔다. 1932년 4월 29일 홍커우공원 의거 당일의 윤봉길 의사의 참모습을 알아보기 위해서였다. 1997년 4월 바바리코트 차림의 윤 의사 동상이 실제 모습과 다르다는 유족의 주장이 연일 신문지상에 보도됐던 터였다. 근대문헌 자료실에서 당시 현지 발행된 중국어와 영자 신문 열 가지쯤을 열람 신청했다. 열람자 기록명부엔 한국인을 찾아볼 수 없었음은 물론이다. 씁쓸했다. 나는 열람 중 너무 놀라 몇 번이나 비명을 지를 뻔했다. 신문들은 그날의 거사를 냉정하고 소상하게 시간, 장소, 상황별로 기록하고 있었다. 그 내용은 우리가 알고 있던 장면과는 너무 달랐다.

신문들이 이구동성으로 범인으로 묘사하고 있는 윤봉길 의사는 우리 눈에 오랫동안 익었던 거사 직후 바바리코트를 걸치고 중절모까지 집어든 채 일본군에 둘러싸여 걸어 나오는 일본 신문의 사진 속 모습과는 전혀 딴판이었다. 그는 거사 3일 전 태극기 앞에서 찍은 사진처럼 회색 신사복 차림이었다. 거사 직후 일본군경은 윤 의사를 공포에 질린 군중 앞에서 두 번이나 땅바닥에 내동댕이쳤으며, 군홧발과 몽둥이세례를 줬다. 그는 현장에서 혼수상태에 빠졌으며, 옷은 형체를 알아볼 수 없을 정도로 찢겼다.

더 이상 윤봉길 의사 연행 당시 사진의 진위를 따질 필요는 없다. 오래된 착오는 바로잡힐 수 있다. 그러나 한 가지 기억해야 할 것은 '역사 바로 알기'를 시작해야 한다는 점이다. 윤 의사 의거 같은 근세의 역사적 대사건의 진실은 현지 발행신문 몇 부만 제대로 검토했으면 알 수 있는 일이었다. 일본 신문의 권위에 기대 '오래된 착오'를 하지 않아도 좋은 것이다.

어디선가 순국선열들의 통곡소리가 들리는 듯하다.[94]

한국과 류큐의 명운, 윤봉길이 갈랐다

2차 세계대전 당시 일본의 패색이 짙어가던 1943년 11월 22일부터 27일까지 미국의 루스벨트 대통령, 영국의 처칠 수상, 그리고 중화민국의 장제스 총통이 이집트의 카이로에서 만나 서로 회담을 통해 종전 후 세계질서 유지를 위한 카이로 선언문을 발표했다. 이 선언문은 일본의 무조건 항복을 요구하면서 일본이 강탈 또는 무력으로 점령한 영토를 반환해야 한다는 것이 주된 내용이었다. 카이로 선언문이 우리 민족에게 특별히 의미 있는 것은 대한민국의 독립이 이 선언문 속에 최초로 명문화되었기 때문이다.

미국 루스벨트 대통령과 중화민국 장제스 총통 사이에 개인 회담은 1차 회담이 11월 23일에 열렸고 2차 회담은 이틀 뒤인 11월 25일에 열렸다. 두 회담에서 모두 루스벨트 대통령은 일본이 무력으로 병합한 류큐 열도를 만약 중국이 원한다면 옛날 류큐 왕국이 조공을 바쳤던 중국에게 넘겨주겠다고 제안했다. 그러나 장제스 총통은 미국과 중국이 공동으로 류큐 열도를 신탁통치하자는 식으로 루스벨트 대통령의 제안을 거절했다. 만약 장 총통이 당시에 루스벨트 대통령의 제안을 받아들였더라면 오늘날 오키나와와 인근 140여 개의 섬들은 중국령이 되어있을 것이다. 왜 그때 장제스 총통이 류큐 열도를 넘겨주겠다는 루스벨트 대통령의 제안을 거절했는가에 대해서는 여러 가지 설이 있다.

이를테면, 당시 장제스 총통은 타이완이나 만주처럼 일본이 무력으로 점령하고 있던 중국의 영토에만 관심이 있었다든지, 대륙 출신인 장제스 총통은 해양의 가치에 대해서 모르고 있었다든지, 당시 장제스 총통은 마오쩌둥의 공산군을 섬멸하는데 총력을 기울이고 있었기 때문에 류큐 열도 같은 곳에는 관심을 둘 여유가 없었다든지, 류큐 열도를 제안하는 루스벨트 대통령의 진의를 장 총통이 의심하고 있었다든지 하는 것과 같은 설들이다.

이러한 설들 가운데 어느 것이 정확한지는 아무도 알지 못한다. 그러나 분명한 것은 장제스 총통은 류큐 열도를 가지라는 루스벨트 대통령의 제안은 거절하면서 한국의 독립을 주장했다는 것이다.

그런데 왜 장제스는 류큐의 독립 또는 중국영토화를 마다하고 한국의 독립만을 주장했을까?

실제로 카이로 회담에서 처칠은 한국에 대해 미-영-중 3국의 신탁통치안을 제안하였으나 장제스는 이를 일축하는 대신 한국의 독립 약속을 선언에 발표하자고 기습적으로 제안하여 관철시켰다. 누구 때문이었을까? 무엇 때문이었을까? 딱 한 사람만, 딱 한 사건만 들라면, 역사는 명쾌히 대답할 것이다. 그 누구는 한국의 청년 윤봉길(1908~1932)이고, 그 무엇은 윤봉길의 상하이 의거(1932.4.29.)라고.

장제스는 윤봉길의 상하이 의거를 일컬어 중국의 백만 대군이 이루지 못한 것을 한국의 한 청년이 해냈다며 극찬했다. 윤봉길 의거 전에 대한민국임시정부는 참 외로웠다. 장제스는 임시정부를 할 일 없는 망명객들이 내부투쟁이나 일삼는 파락호 집단쯤으로 여기고 하나도 돕지 않았었다.

그런데 수통 폭탄 한 방으로 일본 침략군 사령부 이동체를 일거에 섬멸한 윤봉길의 쾌거를 접하고서야 장제스는 물심양면으로 대한민국임시정부를 돕기 시작했다. 반면에 류큐인은 류큐의 독립을 위해 무엇을 했던가? 일찍이 일본에 병합된 그만큼 일본에 의해 완전히 순치되었는지 독립의지와 그 실천이 너무나 미약하고 미미했다. 카이로 회담 4개월 전인 1943년 7월 26일 장제스는 김구를 만난 자리에서 한국의 완전한 독립과 국제 공동 관리의 신탁통치를 반대하는 임시정부의 요구를 흔쾌히 수락하였다. 장제스는 카이로 회담 첫날인 11월 22일 그의 일기에 '종전 후 한국의 완전 독립과 자유의 건의 예정'이란 자구를 명기하기까지 하였다.

대한민국 초대 대통령이자 프린스턴대 국제정치학 박사인 이승만도 1943년 카이로 회담에서 장제스가 한국의 독립을 제안하고 그 선언문에 명문화시킨 최대 원인은 윤봉길 의거에 있다고 높이 평가했다. 그렇다. 답은 윤봉길이다. 한국은 윤봉길이 있었기 때문에 광복을 성취했고, 류큐는 윤봉길 같은 항일 독립영웅이 없었기 때문에 실패하였다(<표> 참조).

심난했던 동북아의 창공을 찬란하게 수놓은 의거를 감행한 윤봉길 의사의 24년의 생애는 너무나 짧았다. 그러나 그가 이룩한 의거가 항일독립운동의 기관차 역할을 하였고 그 위에 대한민국이 섰다.[95]

<한국과 류큐 독립의 성패 요인 대조표>

		대한민국	류큐왕국
상황	이전 국가 지위	자주 독립 왕국	자주 독립 왕국
	2차대전시 상황	일본의 식민지(1910~1945)	일본의 오키나와현화(1879~　　)
	지정학적 위치	매우 중요	중요
내적 동인 (動因)	항일 독립 영웅	윤봉길, 이봉창, 안중근	미상
	지도자 및 조직	대한민국 임시정부, 김구의 한국 독립당, 이승만의 해외조직 등	미상
	민중의 독립의지	3.1운동, 지속적인 독립의지 표출	미약
외적 요인	미-영의 방안	처칠, 미-영-중 공동신탁통치	루스벨트, 류큐의 중국 귀속제안
	중국의 방안	장제스, 한국의 독립 주장	장제스, 류큐의 미-중 공동신탁통치
결과		한국의 독립 달성	류큐의 미-일 이중종속화

윤 의사 사진 문제 제기한 강 영사를 벌하라(국회 통외위)[96]

<상략>

○ 김덕룡 위원; 외교부 직원과 관련해서 말씀드리겠습니다.

예전에 상해 총영사관에 근무하다가 지금은 주중대사관에 근무하는 강효백 영사와 관련된 문제입니다. 사실 저 자신이 관련되어 있기 때문에 여기에 대해서 문제제기를 하는 것을 망설였는데, 지금 제가 매헌 윤봉길 의사 기념사업회 회장 일을 맡아서 하고 있습니다.

그런데 제가 알기로 강효백 영사는 역사학자도 아닌데 공직자의 신분으로서는 무책임한 빌인을 해 가지고 많은 애국단체로부터 분노를 사고 있습니다.

1932년 홍구공원에서 거사를 하고 일경에 의해서 끌려가는 윤봉길 의사의 사진을 가지고 이것은 윤봉길 의사가 아니고 가짜 사진이라는 무책임한 발언을 여러 차례에 걸쳐 함으로써 지금 혼선을 빚고 있는 것입니다.

그래서 우리 국내에서는 거기에 대한 대책위원회가 구성되었는데 윤봉길 의사와 같이 있었던 동생이 지금 저희 단체의 상임고문으로 계십니다.

이분들이 그것이 아니다 라는 자세한 설명을 친절하게 해 주었음에도 불구하고 계속해서 잘못된, 개인적인 추론으로, 어떤 증거가 있는 것이 아니라 사진이 당시 나이보다 젊어 보인다, 또 그 당시에 진흙탕 물에 쓰러졌으니까 옷에 흙이 묻어 있어야 하는데 그것이 아니라는 등등 이런 이유를 가지고 이 사진의 진위문제를 이야기하고 있습니다.

이것은 공직자의 신분으로서는 정말 맞지 않는 일이고 물의를 일으켜서 안 된다 생각이 됩니다.

그래서 만일에 자기가 학문적인 학자로서의 양식을 가지고 있다면 다른 입장에서, 공직자의 신분이 아닌 다른 입장에서 과학적 근거를 제시하면서 주장을 하는 것은 있을 수 있는 일이지만 경거망동은 없어야 하기 때문에 우리 장관이나 외교부에서 분명히 지도를 해주어야 한다 이런 생각에서 문제를 제기 합니다.

외교통상부장관 이정빈; 예, 알겠습니다.

그리고 김덕룡 위원님께서는 대부분의 서면답변을 요청을 하시고 특히 강효백 영사에 대해서 말씀이 계셨는데 저희들도 동감입니다.

저희도 그렇지 않아도 강 영사가 공관원으로서 할 일을 떠나서 학자적 입장에서 그런 이야기를 했기 때문에 주의를 주고 다시는 그런 일이 없도록 저희들이 적절한 주의를 환기시킨 바가 있다는 것을 이 자리에서 말씀을 드리고 앞으로 그런 일이 없도록 하겠습니다.

○ 김덕룡 위원; 강 영사로부터 앞으로 처신을 조심하고 삼가 하겠다는 서약이라든가 약속을 받아야 한다고 생각을 합니다. 그래서 장관께서 주중대사께 위임해서 그것을 받아주신다든가 이런 조치를 꼭 좀 취해 주었으면 좋겠습니다.

○ 외교통상부장관 이정빈; 공관원이 본부 지시에 대해서 서약을 하고 안하고 지시에 대해서 따르지 않으면 그때에 가서는 거기에 따라서 별도조치를 하겠습니다.

○ 위원장 박명환; 장관, 지난 주말에 제 집무실로 아주 고령의 독립투사들, 독립군으로 활동하시던 어른들이 많이 찾아왔어요. 그래서 무슨 내용이냐고 물었더니 바로 이 문제를 저에게 항의를 하시는 것입니다.

저는 아주 황당한 일입니다. 이분들이 어느 정도 오해를 하시느냐 하면 혹시 이 외교관의 가문이 철저한 친일파가 되어서 독립운동에 대한 음해공작을 하는 것이 아니냐 이런 오해까지 가지고 계시는데 지금 어불성설인 것이 최서면이라는 이가 일본에서 이 자료를 발견해 가지고 그것도 바로 일본사람들이 주장하는 자료를 발견해서 그것이 제 기억으로 한 10년이 넘어요. 그때 이 사진을… 저도 근세사에 관심이 많기 때문에 참 우리 윤봉길 선생님이 거사를 하신 뒤에 풀이 푹 죽어서 나오지 않고 당당하게 고개를 들고 관원들에게 팔장을 끼워서 나오는 모습을 보고 참 장하게 생각을 했는데 친동생이 지금 생존해 계시고 자기 형의 얼굴을 누구보다도 잘 알고 그 미망인이 돌아가신 지가 2~3년밖에 안 되는데 무슨 뚱딴지 같은 사람이 나와서 이것은 가짜다 무슨 그 당시에 윤봉길 의사께서는 많이 얻어맞아가지고 실신을 했느냐 어떻게 일어나서 걸어 나올 수가 있느냐 뭐 이런 발언을 하니 이 사람이 조금 정신이 잘못된 사람이에요.

그러니까 그 강효백이라는 사람이 생각하는 평범한 사람은 그런 일을 하면 실신하고 쓰러지고 하지만 이분은 자기 손이 끊어져도 벌떡 일어나서 갈 수 있는 정신력을 가진 애국자입니다. 이런 기개를 가진 어른의 당당한 모습을, 그것도 가족들이 반대하고 애국열사들이 반대하고 얼굴을 잘 아는 가족들이 반대하는데 본인이 한두 번도 아니고 계속해서 언론에다가 이것은 가짜다,[97] 무슨 그런 발언을 할 수 있겠는가 해서 이 문제는 장관께서 민족자존 차원에서 강하게 다스려서 본인의 사과문이나 잘못된 점을 소명을 받아 가지고, 그리고 명예훼손으로 애국 열사들이 이 사람을 걸어서 고발하겠다는 의사도 가지고 있는데 이것이 또 한 번 이 어르신네를, 돌아가신 윤봉길 의사를 또 욕 먹이는 일이 되니까 그런 일이 없도록 하고 본인이 반성할 수 있도록 장관께서 각별히 신경 써 주시기를 바래요.

○ 외교통상부장관 이정빈; 예, 잘 알겠습니다.

○ 이낙연 위원; 위원장님!

○ 위원장 박명환; 이낙연 위원 말씀하십시오.

○ 이낙연 위원; 아까 강효백 영사 건으로 많은 말씀이 있었습니다. 강 영사의 언동이 적절하다고 저도 생각하지 않습니다. 그러나 단지 한 사람의 학문의 자유에 속할 수 있는 문제라면 그것을 조직의 상하관계라든가 국회 차원에서의 여러 사람의 힘

만으로 눌러 버릴 수 있는 것이냐 하는 문제도 있을 수 있다는 생각은 듭니다. 그래서 아주 소수 의견으로 이런 것은 한 말씀 남기고 싶어서 말씀을 드렸습니다. 이상입니다.[98]

<하략>

일제, 윤봉길 의사 체포사진 조작

일본 시마네현의 '다케시마의 날' 조례 제정으로 반일 감정이 확산되고 있는 가운데, 일본 신문을 통해 최초 보도돼 70여 년 이상 그대로 받아들여 온 윤봉길 의사의 의거 직후 체포 모습이 거짓이라는 주장이 제기됐다.

· 강효백 교수, "윤봉길 의사 체포 사진 조작된 것"

중국 전문가로 널리 알려진 강효백 경희대(국제법무대학원) 교수는 17일 "1932년 4월 29일 윤봉길 의사의 의거 당시 해외 신문의 관련 기사를 살펴본 결과 우리가 익히 알고 있는 체포 모습과는 전혀 달랐던 것을 알게 됐다"며 "일본군에 의해 심하게 구타를 당해 만신창이가 됐음에도 의연했던 윤봉길 의사의 모습이 조선인에게 미칠 영향을 우려해 다른 사람을 체포하는 사진으로 조작된 것"이라고 <프레시안>에 밝혔다.

윤봉길 의사는 1932년 상하이(上海) 홍커우(虹口) 공원에서 열린 '천장절' 겸 전승 축하 기념식에 수류탄을 도시락에 숨겨 몰래 가지고 들어가 단상에 투척했다. 이 의거에 당시 상하이 일본 거류민 단장 가와바타와 상하이 파견군 사령관 시로카와 대장이 그 자리에서 즉사했고, 제3함대 사령관 노무라, 제9사단장 우에다 중장, 주중 공사 시게미쓰 등이 중상을 입었다. 이 의거는 당시 침체일로를 걷던 우리나라 독립운동에 커다란 활기를 불어넣어 줬고, 중국 정부에 임시정부에 대한 인식이 전환되는 계기를 마련해줬다.

윤봉길 의사의 의거는 일본 <아사히신문>이 이틀 후인 5월 1일자 호외를 내면서 국내외에 널리 알려졌다. 당시 <아사히신문>은 현장 사진으로 전면을 편집하였으며, 뒷면에 간략한 기사와 함께 관계 사진을 다수 실었다.

한때 교과서에도 실려 우리가 익히 알고 있는 윤봉길 의사의 체포 당시 모습은 이 <아사히신문> 5월 1일자 호외 전면 하단에 실렸던 것. 사진 속 윤봉길 의사는 바바리코트 차림에 중절모까지 집어 들고 온전한 상태로 일본군에 둘러싸여 호위되다시피 걸어 나오고 있다.

· 당시 〈상하이타임스〉, "주먹, 군화, 몽둥이로 온몸 만신창이"

하지만 강효백 교수는 이런 <아사히신문>의 사진과는 전혀 다른 정황을 기록하고 있는 당시 해외 신문의 관련 기사를 다수 발굴해냈다.

먼저 당시 화동(華東) 지방 최고 권위지이자 본사를 미국에 두고 있던 미국계 신문이었던 <상하이타임스>의 4월 30일자 기사를 살펴보면, 이 신문은 당시 정황을 다음과 같이 전하고 있다.

"(폭탄이 터진 후) 회오리바람이 소용돌이치는 군중들 사이에 조선 사람 윤봉길이 있었다. 그는 군경들에 의해 구타당해 쓰러졌다. 주먹, 군화, 몽둥이가 그의 몸을 난타했다. 만일 한 사람이 죽게 된다면 바로 그 조선인이었을 것이다. 그는 회색 양복을 입고 있었다. 곧 그 회색 양복은 갈기갈기 찢겨져 땅에 떨어졌다. 잠시 후 그 한국 인은 땅바닥에 쓰러졌는데 아무런 기척도 없었다. 그의 몸은 형태를 알아보기 어려울 정도였다. 총검을 가진 군경들이 그가 쓰러져 있는 곳에 비상 경계선을 치고 군중들로부터 그를 차단했다. 군경들이 비 상 경계선 안에서 그를 감시하였다. 곧 차 한 대가 나타났다. 그 조 선인은 (일본군에 의해) 머리와 다리가 들려 짐짝처럼 통째로 차 뒷 좌석에 구겨 넣어졌다. 그는 아직 숨을 쉬고 있었다."

▲ 의거 후 윤봉길 의사의 참혹했던 체포 장면을 보도한 『SHANGHAI TIMES』 1932. 4. 30. p.2. 상하이타임즈는 중국계 영자지가 아니라 미국의 시카고에 본사가 있는 미국계 신문 ⓒ 강효백 1999. 5. 5. 상하이 도서관 근대문헌자 료실에서 복사 후 스캔.

5월 3일 발행된 <노스차이나 헤럴드(영국계 신문)>도 마찬가 지 상황을 전달하고 있다.

"폭탄 투척자(윤봉길)의 가장 가까이 있는 자들은 분노하였다. 그들은 그를 붙잡아 땅바닥에 내 동댕이쳤으며 주먹으로 몰매를 때리고 그의 옷을 찢어내었다…. 그는 머리에서 허리께까지 피가 흘러내리고 있다."

강효백 교수는 "당시 윤봉길 의사의 의거를 다룬 모든 신문이 공통적으로 '현장에서 체포돼 집 단으로 잔혹한 구타를 해 윤봉길 의사의 얼굴이 피투성이가 되고 옷 차림이 엉망진창으로 변했다'고 기록하고 있다"며 "<아사히신문>의 사진은 현장에 있었던 다른 사람을 체포하는 사진"이라고 주장했다.

- **"현장에서 윤 의사 말고도 체포된 사람 수십 명"**

이런 강효백 교수의 지적은 당시 현장 정황과도 부합한다. 당시 관련 보도를 추적한 결과 의거 직후 현장에서 윤봉길 의사와 함께 체포된 자는 최소한 5명 많게는 40명에 이르는 것으로 추정되기 때문이다.

당시 상하이에서 발행된 <신보>는 4월 30일자 1면에 "(윤봉길이라는 조선 사람 외에도) 엄밀한 수사를 위해 중국인 및 기타 외국인 8명도 현장에서 체포됐으나 본 사건과 관계가 없다고 한다"고 보도했다.

중국 <중앙일보>도 5월 1일자에 "일본 총영사관은 29일에 훙커우 공원에서 체포당한 사람은 대부분 석방됐으며, 아직 석방되지 않은 사람 가운데는 조선인 7명, 중국인 5명이 있다고 발표했다"고 보도하고 있다.

실제로 <조선일보> 1998년 3월 1일자에 따르면 "명지전문대 김장춘 교수의 아버지 김성일(1968년 작고)씨가 1932년 윤봉길 의사와 함께 체포돼 4개월간 고문을 받았다"는 증언도 나와 있는 상태다. 당시 현장에 있던 많은 조선인, 중국인 등이 윤봉길 의사와 함께 체포됐고 <아사히신문>은 이런 체포 사진 중 하나를 윤봉길 의사의 것이라고 속였다는 것이다.

- **의거 전후 사진 완전히 달라, 〈아사히신문〉 뒷면 사진은 전혀 다른 인물**

이런 강효백 교수의 주장은 의거를 전후한 윤봉길 의사의 사진을 비교하는 것을 통해서도 확인된다. 의거를 전후해 윤봉길 의사의 것으로 알려진 사진은 총 4장이다. 현재 중학교 <국사> 교과서에 실려 있는 거사 3일 전 태극기 앞에서 수류탄을 들고 찍은 사진, 거사 당시의 윤봉길 의사 사진 그리고 <아사히신문> 호외의 전면과 뒷면에 각각 보도된 체포 당시의 사진 2장이다.

특히 <아사히신문>의 뒷면에 실린 체포 사진의 경우에는 윤봉길 의사가 매우 비겁하게 묘사돼 있어, 거사 후 다른 사람에게 피해가 갈 것을 우려해 "내가 폭탄을 던졌다"고 말했을 정도로 당당했던 윤봉길 의사의 모습과는 너무 다르다.

강효백 교수는 "상하이 주재 한국 총영사관에서 근무할 당시 상하이 의대 부속 화둥의원 정형외과팀 등에 의뢰해 두 사진을 비교한 결과 귀 생김새가 전혀 다른 것을 포함해 같은 사람이 아니라는 결론을 내렸다"고 지적했다.

· **"일본인 절대 윤 의사에게 관대하지 않았다. 기본 사실부터 바로잡아야"**

강효백 교수는 "당시 신문은 물론 한국과 중국의 많은 문헌들을 살펴본 결과 이 사진은 조작됐다는 결론을 내리게 됐다"며 "당시 일본이 참혹하면서도 당당한 윤봉길 의사의 모습이 조선인에게 미칠 엄청난 영향을 우려해 사진을 조작한 것"이라고 다시 한 번 목소리를 높였다.

그는 "이렇게 조작된 사진은 윤봉길 의사의 이미지를 깎아내리는 반면, 폭탄 투척범을 인도적이고 신사적으로 연행하는 일본 군경의 모습을 선전해 일제의 대내외적 이미지를 높이려는 목적도 있었을 것"이라고 덧붙였다.

▲ 거사를 전후해 윤봉길 의사를 찍은 사진. 위의 2장과 아래 <아사히신문>에 나온 사진 2장은 눈에 띄게 모습이 다르다. 회색 양복 차림의 만 24세의 앳된 청년의 모습을 담고 있는 앞의 2장과 달리 <아사히신문>의 사진은 거의 중년에 가까운 모습이다. ⓒ 강효백

한편 이미 1997년에 유족 다수가 이 사진이 조작된 것이라고 주장했으나 윤봉길 의사의 동생인 윤남의 옹이 "윤봉길 의사가 맞다"고 주장해 결론을 내리지 못한 바 있다. 고 윤남의 옹은 거사 당시 18세로 2년 전인 16세 때 윤봉길 의사와 헤어진 뒤 만나지 못했다.

이런 강 교수의 주장에 대해 '윤봉길 의사 기념사업회' 관계자는 "이미 수년 전부터 논란이 제기됐으나 사실상 진짜 사진으로 결론이 났다"며 "사업회 입장에서도 그 부분에 대해서 특별히 문제제기할 필요성을 느끼지 않는다"고 답했다.

하지만 강 교수의 생각은 다르다. 강 교수는 "상식적으로 생각해봐도 터무니없는 윤봉길 의사의 체포 사진에 대해서 지금까지 아무도 의구심을 안 가졌던 것은 '일본인은 적에게 관대할 것'이라는 친일관이 암암리에 작용했을 것"이라며 "독도 문제로 한참 시끄러운데 이런 기본적인 것부터 제대로 바로잡을 때 비로소 일본에 대해서도 당당할 수 있는 것"이라고 문제제기의 이유를 밝혔다.[99]

윤봉길 의사 사진 논란 끝에 삭제(MBC)

● 앵커: 우리 국사교과서에는 윤봉길 의사가 의거 직후 체포되는 사진이 실려 있습니다. 그런데 최근 이 사진이 조작된 것이라는 논란이 일면서 교과서에서 빠지게 됐습니다. 어찌된 일인지 박영회 기자가 알아봤습니다.

● 기자: 1932년 4월 29일 중국 상하이 홍커우 공원. 윤봉길 의사가 던진 도시락 폭탄으로 일왕 생일행사장은 아수라장이 됐고 일본군 장교 둘이 즉사했습니다.

의거 직후 연행되는 윤봉길 의사의 사진입니다. 3일 전 애국단에 가입할 때 모습이나 체포 이후 감옥생활 사진 속 윤 의사와는 인상이 달라 보입니다. 윤 의사가 맞고 쓰러져 주먹과 군화, 몽둥이로 다시 맞았고, 머리와 다리가 잡힌 채 들려 차로 옮겨졌다는 당시 보도와는 달리 말끔한 차림입니다.

● 강효백 교수(경희대 국제법무대학원): 이렇게 무참히 폭행당했다는, 피투성이 됐다는 소식이 한반도에 전해졌더라면 아마 3.1운동을 초과하는 대규모 무장 항일운동이 일어났을 겁니다.

● 기자: 일본 언론이 폭행당한 윤 의사의 모습을 숨기기 위해 조작된 사진을 실었다는 겁니다. 최근에는 UCC를 통해 논란이 확대되자, 출판사 측은 결국 2007년 국사교과서에서는 이 사진을 빼기로 했습니다. 하지만 유족들은 사진 속 인물이 윤 의사가 맞는다는 주장을 굽히지 않고 있습니다.

● 윤주(故 윤봉길 의사 친 조카): 선친 윤 의사 동생한테 들은 바에 의하면 얼굴이 가늘고 아주 갸름하고 긴 편이랍니다. 전면과 측

면이 평상시에도 달라 보인답니다.

● 기자: 학생들이 일제가 조작한 사진을 진실로 알고 배워온 것인지 아니면 역사의 한 장면이 맞는지 의문은 풀리지 않습니다. MBC 뉴스 박영회입니다.[100)

Here is the Korean believed responsible for hurling the bomb which seriously wounded Japanese officials, naval, and military officers during the celebrations yesterday in the Hongkew Park. Following the explosion the Japanese made a mass attack on the man responsible for the outrage and almost battered him to death. Police and military men succeeded in rescuing the Korean from the crowd which was bent on lynching him. He is here seen prior to being hundled into a car and taken to the Japanese Naval Headquarters. [Nihon Dempo.

Tokyo Is Shocked At London And Geneva Are

'진위논란' 윤봉길 연행사진은 진짜(국가보훈처)

▲ <노스차이나데일리뉴스> 1932년 4월 30일자에 실린 사진. 이 사진 설명 하단에는 분명히 일본 통신사 '니혼 뎀포(Nihon Dempo)'로부터 공급받은 것이라고 명시돼 있다. 따라서 국가보훈처가 진짜라고 판정한 사진도 사실은 일본 통신사 '니혼 뎀포'가 배포한 가짜 사진.

'진위 논란'에 휘말려 교과서에서 삭제됐던 매헌(梅軒) 윤봉길(尹奉吉, 1908~1932) 의사의 연행 사진이 윤 의사 본인을 촬영한 것이 맞다는 공식 분석결과가 나왔다. 국가보훈처는 윤 의사의 연행 장면이 담긴 사진에 대해 독립기념관 한국독립운동사연구소에 분석을 의뢰한 결과 "사진에 찍힌 사람이 윤 의사 본인이 분명하다"는 회신을 받았다고 2008년 10월 8일 밝혔다.

문제의 사진은 1932년 4월 29일 '훙커우(虹口) 의거' 직후 윤 의사가 일본군에 연행되는 장면을 같은 해 5월 1일 일본 아사히신문이 처음 보도한 것으로 '윤 의사와 닮지 않았다'는 일각의 주장으로 10여 년간 논란의 대상이 됐다.

그러나 보훈처의 의뢰로 이 사진을 감정한 한국독립운동사연구소는 "김구 선생이 저술한 '도왜실기'에 윤 의사가 연행되는 또 다른 사진이 실려 있는데 이 사진과 문제의 사진을 비교·분석한 결과 두 사진에 찍힌 인물이 동일한 것으로 드러났다"며 논란에 종지부를 찍었다.

연구소는 "연행되는 인물을 비롯해 주변에 있는 일본군들의 생김새와 복장 등을 종합적으로 고려해 볼 때 두 사진은 촬영 시점의 차이만 있을 뿐 같은 인물을 찍은 것"이라고 설명했다.

연행 사진의 진위 여부를 가리기 위해 고군분투해온 윤 의사의 친조카 윤주(60) 윤봉길기념사업회 부회장은 "국가보훈처에서 사진이 진짜라고 확인해준 만큼 이번에야말로 오랜 논란의 종지부를 찍을 수 있으리라 본다"며 이번 결정을 반겼다.[101]

경희대 국제법무대학원 강효백 교수 등이 제기한 가짜 사진 의혹이 한 네티즌의 UCC(손수제작물)를 통해 널리 확산되자 2007년 초 금성출판사가 '분쟁의 소지가 있다'는 이유로 2007년판 한국근현대사 교과서에서 이 사진을 삭제한 바 있다.[102]

"사진 속 인물 윤봉길 아니다" 강효백 교수 반론

국가보훈처가 '윤봉길 의사 연행 사진 속 인물이 윤봉길 의사가 맞다'고 발표한 다음 날 이 논란을 처음 제기한 경희대 강효백(국제법무대학원) 교수가 국가보훈처의 발표에 반론을 펼쳤다.

강효백 교수는 헤럴드경제와의 전화 인터뷰에서 보훈처가 독립기념관 한국독립운동사연구소에 분석을 의뢰한 결과 '사진에 찍힌 사람은 윤 의사 본인이 분명하다'는 회신을 밝힌 것에 대해 '인정할 수 없다'는 입장을 밝혔다.

강 교수는 독립기념관 한국독립운동사연구소가 윤봉길 의사 연행 사진이 진짜라고 밝힌 근거에 대해 조목조목 반박했다. 강 교수는 연행사진이 백범 김구 구술, 엄항섭이 저술한 도왜실기에 나온 윤 의사 사진과 동일하다는 연구소의 의견과 관련 "도왜실기에 나온 사진 자체가 당시 일본의 통신사인 일본의 니혼 덴뽀로부터 제공받은 사진"이라고 밝혔다.

강 교수는 또한 "당시 상황을 보도한 영자매체를 참고하면 의문이 쉽게 풀린다"며 "윤봉길 의사가 홍커우 공원에서 의거를 일으킨 1932년 4월 29일자 사건에 대해 상하이타임즈, 차이나 프레스 등의 영자매체 4월 30일자 기사를 보면 윤봉길 의사는 일본의 4성 장군을 폭사시킨 뒤 일본 군인들에 의해 처절하게 폭행당해 정신을 잃은 것으로 나온다"고 말했다. 사진 속 일본 군인들의 부축을 받고 걸어가는 인물이 윤봉길 의사와 다른 결정적 이유라는 것이다.

이에 대해 독립기념관 한국독립운동사연구소 김용달 수석연구원은 9일 헤럴드경제와의 전화통화에서 강효백 교수가 김구 선생의 도왜실기에 나온 사진은 일본 덴뽀로부터 제공받았다고 주장한다는 내용과 관련 "어디서 받았건, 윤봉길 의사가 살아생전에 가장 마지막에 만난 김구 선생이 사진 속 인물을 모를 리가 있겠느냐?"며 반박했다. 또한 김 수석연구원은 그날 상황을 보도한 "노스차이나데일리의 사진과 아사히신문에 나온 사진이 같다"고 주장했다. 이에 대해 강효백 교수는 헤럴드경제와의 재통화에서 "노스차이나데일리의 사진도 일본 덴뽀로부터 제공받은 것"이라고 말했다. 그리고 강 교수는 "아사히신문은 사건 발생 하루 다음 날인 4월 30일 이 사진을 싣지 않고, 5월 1일에 실었다"며 "하루 동안 아사히신문 내부에서 윤봉길 사진에 대해 고민했을 것"이라고 전했다.

강 교수는 또한 최근 한 방송사에서 아사히신문에 '그 당시 아사히신문에 실은 윤봉길 의사의 사진이 진짜가 맞느냐?'는 질의를 했고, 아사히신문이 하루 동안 내부적 회의를 거친 뒤 "이 문제에 대해 언급할 수 없다"는 답신을 받았다고 말했다.

연구소 측이 윤 의사의 부인 배용순 여사, 윤 의사의 동생 윤남의 선생이 "연행사진 속 인물이 윤 의사의 사진이 맞다"고 한 것을 판단의 근거로 삼은 것과 관련 김용달 수석연구원은 "내가 배용순 씨를 만난 게 지난 86년"이라며 "그때 맞다"고 했다고 밝혔다. 김 수석연구원은 "그러면 왜 처음에 연행사진이 논란이 됐을 때 이의를 제기하지 않았느냐?"는 질문에 "독립기념관 건립 당시에도 어느 누구도 연행사진 속 인물이 윤봉길 의사가 아니라고 주장한 사람이 없었다"고 질문을 비켜갔다.

또한 김 수석연구원은 상하이타임즈, 차이나프레스 등의 매체에서 윤 의사가 폭행당해 기절 상태에 이르렀다는 보도에 대해서는

"당시 윤 의사가 25세"라며 "한창 때라 기절했다가도 일어날 나이가 아니냐?"고 말했다.

한편 2007년 3월 1일 MBC '오늘 아침'에 출연한 조철현 성형외과 전문의는 "동일인일 가능성은 거의 없다"고 했고, 같은 프로그램에 출연한 이용헌 중앙대학교(사진학과) 교수도 "70%는 가짜 사진이라고 판단된다"고 말한 바 있다. 3월 2일 SBS '세븐 데이즈'에 출연한 이용국, 빈철원 성형외과 전문의도 동일인이 아니라는데 공감을 표시했었다.103)

윤봉길 맞다는 주장이 친일사관

<동아일보>가 뜬금없이 조작 의혹이 제기된 1932년 5월 1일자 <아사히신문>에 실린 윤봉길 의사 연행 사진을 옹호하고 나서 그 배경에 관심이 쏠리고 있다. <동아일보>는 12월 16일자에서 김상기 충남대학교 교수(국사학과)의 말을 인용해 "(윤봉길 의사의) 다른 연행 사진과 비교했을 때 그 사진은 윤 의사의 연행 장면이 맞다"고 보도했다.

이 신문은 김상기 교수가 "사진 속 윤 의사가 구타를 당했는데 얼굴과 옷이 깨끗한 것은 (<아사히신문>이) 이 부분을 지웠기 때문"이라며 "해당 사진은 당시 격화된 반일 감정을 부추길 우려가 있다고 판단해 핏자국을 지운 것으로 추정된다"고 설명했다. 김 교수는 이런 내용을 오는 17일 여는 '매헌 윤봉길 의사 탄신 100주년 기념 심포지엄'에서 발표한다.

이 신문을 보면, 김상기 교수는 문제의 사진을 또 다른 <아사히신문>의 사진(1932년 5월 1일자), <노스차이나데일리뉴스>에 실린 다른 사진(1932년 4월 30일자)과 비교해서 이런 결론을 얻었다. 그러나 최초로 사진 조작 의혹을 제기한 강효백 경희대 교수(국제법무대학원)는 "가짜와 가짜를 비교해 내린 틀린 결론"이라고 정면 반박했다.

다음은 강효백 교수와의 일문일답.

- <동아일보>에서 충남대 김상기 교수의 주장을 인용해 "가짜 논란 일축" 보도를 내보냈다. 어떻게 보는가?

"한마디로 웃음밖에 안 나온다. 가짜와 가짜를 비교해서 틀린 결론을 내려놓고 마치 새로운 사실을 발견한 것처럼 말하고 있으니… 이런 함량 미달의 주장을 보도한 <동아일보>의 의도가 궁금할 뿐이다. 1999년 내가 이런 조작 의혹을 처음 제기했을 때 지금 윤봉길의사기념사업회 회장을 맡고 있는 김학준 동아일보 회장이 직접 편지를 보내 '강 선생 덕에 윤 의사에 대한 오류가 바로잡혔다'고 말했었다."

- 가짜와 가짜를 비교했다? 구체적으로 설명해 달라.

김상기 교수가 문제의 사진과 비교한 사진은 두 장이다. 하나는 <아사히신문> 1932년 5월 1일자에 실린 또 다른 사진이다. <아사히신문>에서 윤봉길 의사 사진이라고 보도한 가짜 사진 두 장을 비교한 다음에 '한 사진에는 핏자국이 없으니 진짜가 맞다'라는 엉뚱한 결론을 내리고 있는 것이다.

<노스차이나데일리뉴스>의 사진도 마찬가지다. <동아일보>는 이 사진이 '중국에서 발행한 영자 신문'에 실린 것이라고 보도하고 있다. 그러나 이 사진 설명을 보면 명백하게 일본 통신사 니혼 뎀포 (Nihon Dempo)로부터 공급받은 사진이라는 게 명시가 돼 있다. 문

제의 사진을 또 다른 일본 언론의 가짜 사진과 비교해놓고 역시 엉뚱한 결론을 내린 것이다.

- 그럼, 무슨 사진과 비교해야 하나?

▲ 김구가 1932년 5월 10일 공개한 거사 3일 전인 1932년 4월 26일 태극기 앞에서 찍은 윤봉길의 사진. 성형외과 의사는 "<아사히신문>이 공개한 사진과 얼굴 윤곽이 다르다"고 지적했다.

"당연히 김구 선생이 윤봉길 의사의 거사 이후인 1932년 5월 10일 공개한, 거사 3일 전인 1932년 4월 26일 태극기 앞에서 찍은 윤봉길 의사 사진과 비교를 해야 한다. 내가 지난 10년간 성형외과 의사의 자문을 얻어 이 사진의 인물과 <아사히신문> 등에 실린 사진 3장의 인물이 다른 사람이라는 결론을 얻은 것도 이런 이유에서다."

- 최근 강효백 교수의 주장을 뒷받침하는 증언도 나오고 있는데….

"그렇다. 가장 주목해야 할 것은 지난 2008년 6월 15일 <SBS 스페셜>에서 방송한 '윤봉길은 이렇게 총살됐다'의 취재 과정에서 <아사히신문> 고위 관계자가 했다는 증언이다. 그는 '(이 사진은) 우리도 의문이 가지만 왜 그것이 그렇게 표현이 되었는지 확인할 길이 없습니다. 계속 검증해 나가야 할 것입니다'라고 문제를 시인했다.

정작 이 사진을 보도한 <아사히신문>마저도 진위 여부를 의심하는 판에 왜 한국 정부(국가보훈처), 유족(윤봉길의사기념사업회), 언론(<동아일보>)이 나서서 가짜 사진을 옹호하는지 그게 가장 곤혹스러운 부분이다. 역사의식이 부족한 방계 유족이 나를 검찰에 고소하기도 했는데, 담당 검사가 무혐의 처분을 내리면서 이렇게 얘기를 했다.

윤봉길 의사가 거사를 치른 후 일본군 폭행에 의해 만신창이가 됐다는 사실을 새롭게 발굴해냈는데, 고마워하기는커녕 왜 고소를 하는지 이해할 수 없다고. 바로 이것이 당시 <아사히신문>을 비롯한 일본 언론이 윤 의사의 사진을 조작한 이유이다. 만약 만신창이가 된 윤 의사의 사진이 신문에 실렸다면 아마 반일 감정이 횟불처럼 일어났을 것이다.

윤봉길 의사의 이름을 높여야 할 주체들이 오히려 일제 강점기 일본의 간악함을 인정하는 것도 모자라 홍보까지 하고 있으니 답답한 노릇이다."

- 방금 언급한 이들이 굳이 문제의 사진 속 인물이 윤 의사가 맞다고 주장하는 이유가 뭐라고 생각하는가?

"정말 그 이유를 모르겠다. 어떤 사람은 유족이 윤 의사가 맞다고 주장하고 있으니 인정해야 한다고 얘기하는데, 아주 오래 전 어릴 적 잠시 윤 의사를 접한 적밖에 없는 유족의 주관적 기억력과 당시의 신문 기사, 성형외과 의사의 얼굴 윤곽 비교 등을 놓고 봤을 때 뭐가 더 신뢰할 만한가? 유족이 인정했기 때문에 조작한 사진을 진실로 받아들여야 한단 말인가?"

- 공교롭게도 이명박 대통령은 문제의 사진을 진짜라고 강하게 주장하는 윤봉길의사기념사업회의 전임 회장이었다. 이런 게 이명박 대통령이 들어서자마자 국가보훈처가 문제의 사진이 진짜라고 판단하는 데 영향을 미치지 않았을까?

"이 질문에는 대답하지 않겠다. 이 논란은 그런 정치적 해석이 개입될 필요가 없는 논란이다. 가짜를 가짜라고 판단하면 그 뿐이다. '사실(fact)'에 근거해서 문제의 사진의 주인공이 윤봉길 의사가 아니라고 판단을 하면 그 뿐이다. 다만 국가보훈처가 경솔하게 문제의 사진을 진짜라고 판정한 것은 아주 잘못된 일이다."

- 지난 10년간 이 논란을 계속 끌어온 이유는 무엇인가?

"내가 문제를 제기하기 전까지 교과서를 비롯한 오만 군데에 이 문제의 사진이 윤봉길 의사의 것이라고 실려 있었다. 일본이 조작한 가짜 사진이. 그걸 바로잡아야겠다는 생각에서 나섰을 뿐이다. 나는 좌파도 우파도 아니다. 다만 일본이 조작한 사진을 합리적인 증거에 의거해서 가짜라고 판단할 만한 상식을 갖고 있다. 우리 국민도 그런 상식을 갖고 있다."104)

"윤봉길 의사 연행 사진" 일제의 조작가능성 커(SBS)

<앵커> 내일 3·1절(2011년)입니다. 지금 이 사진은 일제 치하인 1932년 일본군 사령관 등 2명을 폭사시키고 수뇌부 다수에게 치명상을 입힌 윤봉길 의사의 모습입니다. 이 사진은 한때 보물로 지정돼 교과서에도 실렸지만 진위 논란이 계속돼 왔는데요. SBS 취재결과 사진 속의 인물이 윤의사가 아닐 가능성이 큰 것으로 드러났습니다.

먼저, 김흥수 기자가 보도합니다.

<기자> 1932년 4월 29일, 윤봉길 의사가 상하이 홍커우 공원 일왕 생일연에서 일본군 사령관 등에게 폭탄을 투척한 뒤 연행되는 사진입니다. 그러나 윤 의사 모습은 거사 직전 찍은 사진과 판이합니다.

이로 인해 진위 논란이 제기됐고 보훈처는 2008년 진짜라고 발표했습니다.

하지만 SBS 취재결과 사진은 윤 의사가 아닐 가능성이 높은 것으로 드러났습니다. 의거 직후 사건을 크게 보도했던 신문들, "윤봉길은 회색 양복을 입고 있었다." 또 다른 신문도 "폭탄 던진 자는 양복차림의 한국 젊은이였다"고 전했습니다.

하지만 사진 속 인물은 무릎까지 내려오는 '봄 코트'를 입고 있습니다. 또 다른 신문, "윤 의사가 일본인에 정신을 잃을 정도로 폭행당한 뒤 피 흘리며 질질 끌려 차에 태워졌다"고 전했습니다.

SBS 2011. 3.1.절 특집방송 "일제에 의해 조작된 윤봉길 사진" 화면 캡쳐

"강효백 교수/ 경희대 국제법무대학원: 진짜사진은 양복을 입었는데 코트를 입고 있고 다정하게 팔짱을 끼고 중절모를 쥔 채 목가적 분위기마저 풍기는 연행 장면을 본 적이 없습니다."

사진을 처음 실었던 아사히신문도 첫 보도에선 범인은 회색 양복 저고리를 입었다고 했습니다.

"안조 유코/ 일본 쇼와여대 교수(복식전문가): 이 사람을 보고 세비로(양복)를 입었다고 말했으면 그것은 틀렸다고 생각해요. 코트를 입고 있으니까. 이것을 보고 세비로라고 말 할 리는 없는 거죠." 지난 1976년 보물로 지정돼 2006년까지 역사교과서에도 실렸던 윤 의사 연행 사진. 그 조작의 개연성이 드러난 셈입니다.105)

윤봉길의사 연행 사진, 일제의 조작으로 밝혀짐[106)

1999년, 강효백 경희대학교 국제법무대학원 교수는 현재 널리 알려진 홍커우 의거 이후 체포사진(사진 1, 2)이 가짜라는 주장을 제기하였다. 오른쪽 사진과 표제 사진의 인물 모습이 확연하게 다른 것은 물론, 윤봉길은 중절모를 쓴 적이 없으며, 트렌치코트를 입지 않았다는 점이 지적되었다.

이에 관해 대한민국 정부는 오랫동안 입장을 밝히지 않았다. 그러던 2008년 10월 8일 국가보훈처는 독립기념관의 주장에 근거하여 이 사진 속 인물이 윤봉길이 확실하다고 답변하였으며 강효백 교수는 이에 대해 재반박을 하는 한편, SBS스페셜에서 이와 관련한 다큐멘터리를 제작하고 있다고 밝혔다.

윤봉길의 유족들 중 6촌 동생인 윤명의는 "윤 의사가 생전에 입지 않았던 바바리코트를 입고 있다"며 윤봉길의 실제 모습과 닮지 않았다고 지적했다. 한편 윤봉길의 부인 배용순과 동생 윤남의는 1976년에 위 사진의 인물이 윤봉길이 맞다고 증언한 바 있다.

· 조작으로 밝혀짐

2011년 3월 1일 SBS 스페셜 특집다큐 '일본이 찍은 체포사진 속 인물 그는 윤봉길인가' 방송에서 윤봉길의 사진은 조작으로 밝혀졌다.[107) 상해 총영사관의 외무성 경찰사에서는 "윤봉길은 두들겨 맞고 기절해 군인과 헌병의 힘에 의해 끌려갔다"고 기록하고 있다. 한편, 아사히신문 기사에 실린 사진 두 장 또한 컴퓨터 그래픽 판독 결

과 각각 동일인물이 아닌 것으로 판명되었다.108)

사진1. 1932년 5월 1일 아사히신문 1면에 실린 　사진2. 1932년 5월 1일 아사히신문 2면에 실린
　　　조작사진 　　　　　　　　　　　　　　　　　　조작사진

역사 아포리즘 15선

1. 역사는 영원히 되풀이된다.　　　　　　　　- 투키디데스

2. 역사 외에는 확실한 것은 없다.　　　　　　- 키케로

3. 오직 현재만이 있다. 과거의 현재는 기억이며 현재의 현재는
   직감이며 미래의 현재는 희망이다.　　　- 아우구스티누스

4. 역사란 예언이 적힌 두루마리 족자다.　　　- J.A. 가필드

5. 세계 역사는 자유 의식의 진보다.　　　　- G.W.F 헤겔

6. 역사는 학대받는 자의 승리를 참을성 있게 기다리고 있다.
   　　　　　　　　　　　　　　　　　　- R. 타고르

7. 역사란 현재와 과거의 끊임없는 대화다.　　- E.H. 카

8. 역사가 이미 써진 소설이라면 소설은 존재할 수 있었던 역사다.
   　　　　　　　　　　　　　　　　　　- 무명씨

9. 역사는 정지하는 것도 역류하는 것도 아니며 그저 발전하는 것
   이다.　　　　　　　　　　　　　　- 한비자(韓非子)

10. 내 역사책이 후세에 전해져 널리 유포된다면 내가 받은 치욕을 보상할 수 있을 것이니 비록 만 번 주륙을 당한다 해도 어찌 후회가 있겠는가.   - 사마천(司馬遷)

11. 역사를 잊은 민족에게는 미래가 없다.   - 신채호

12. 이 나라의 지나간 5천 년 역사가 내 몸 속에 있다.
                                              - 함석헌

13. 자아에 철저하지 못한 믿음은 돌밭에 떨어진 믿음이며 역사의 이해 없는 믿음은 가시덤불에 난 곡식이다.
                                              - 함석헌

14. 세계사라 쓰고 서양사라 읽는다. 역사도 혁명도 학문도 예술도 죄다 서양이다. 서양이 아닌 세계는 인간이 살지 않는 동물의 왕국인 것인가.   - 강효백

15. 역사의 궤적은 좌우 방향이 아닌 속도의 완급이다. 자유, 평등, 민주, 민족의 힘으로 새역사 네 바퀴를 신명 나게 돌리자.
                                              - 강효백

제7장

지리1: 북방영토

- 만리장성을 올라 보지 못한 자는 사나이가 아니지.

  不到長城非好漢   - 마오쩌둥(毛澤東)

- 만리장성에 올라서도 한쪽 면만 본다면, 사나이가 아니지.

  到長城只看一面非好漢   - 강효백

- 자오선이 진리를 결정한다. 불과 수 년 동안에 법과 제도의 근본이
  바뀐다. 기묘한 정의(正義)여! 한 줄기의 강에 지배를 받나니. 피레네
  산맥의 이쪽에서는 진리인 것이 저쪽에서는 오류이다.

                                                - B. 파스칼

- 바람이 분다. 한반도에 평화와 통일의 바람이 분다. 70년 만에 제대
  로 된 바람이 분다. 앞으로 700년 넘게 계속될 평화와 통일의 바람
  이 분다.

                                                - 강효백

- 강산은 바꾸기 쉬워도 사람의 본성은 바꾸기 어렵다.

  江山易改 本性難改   - 중국 성어

- 잃지 않으려면 잊지 않아야 한다. 미국과 중국을 함께 활용하며 북
  한과 소통하고 일본을 극복하자(用美用中 通北克日).

                                                - 강효백

간도를 잃지 않으려면 잊지 않아야 한다

한국과 중국 사이(間)에는 섬(島)이 있다. 그 섬은 바로 간도(間島)이다. 간도는 주위가 물로 둘러싸인 예사 섬은 아니다. 간도는 사방이 동북아 민족의 혈사(血史)로 에워싸인 '역사적 섬(Historic Island)'이다.

바다의 섬들이 21세기 세계 각국에 그 중요성이 갈수록 두드러지는 땅이라면 대륙의 섬 간도는 대한민국에 체념과 망각의 피안 너머로 사라지게끔 해서는 안 될 우리의 소중한 옛 영토이다. 잃지 않으려면 잊지 않아야 한다.

간도라는 지명의 유래는 여러 가지 설이 있지만, 조선과 청나라의 사료를 검토해보면 만주족의 청나라가 중원을 석권한 뒤 만주 중북부지역을 약 200년간 사람의 주거와 수렵활동이 금지된 중간지대인 봉금 지역으로 정한 것에 기인한 것으로 보인다.

조선과 청나라 양국 간의 국경선은 압록강과 두만강이 아니었다. 압록강과 두만강보다 훨씬 북쪽으로 들어간 지역에서 양국 간의 경계가 획정되었다. 지금의 랴오닝, 지린성의 남부지역은 조선 땅이었다. 랴오닝과 지린성의 중북부와 헤이룽장성은 중간지대 즉 간도였다. 간도는 세계역사상 최장 최대의 비무장지대(DMZ)였던 셈이다.

따라서 이제껏 간도로 알고 있었던 현재의 중국 '연변조선족자치주'는 19세기 중반까지는 중간지대, 간도가 아니라 완전한 조선영토에 속하였다. 원래 연변조선족 자치주의 이북지역에 위치해 있었던 간도가 9세기 후반에 이르자 남만주 지역으로 축소 후퇴하여 원래의 간도지역은 북간도로, 조선 영토였던 지역은 두만강 이북의 동간도와 압록강 이북의 서간도로 불리기 시작한 것으로 생각된다.

장쩌민시대의 서부 대개발이 경제적 논리에 중점을 두었다면, 후진타오시대 이후의 동북공정은 역사적 문화적 지정학적 논리에 중점을 두고 있다. 동북공정은 중국의 동북지역(만주)과 한반도의 역사적 문화적 지정학적 상관성을 부정한다.

동북공정에서의 '동북'이라는 범위는 동북 3성에 국한하지 않는다. 간도(남만주)는 물론 북한지역(특히 대동강과 원산만 이북 지역)과 그 해역, 나아가 제주도와 이어도 해역 등 한반도를 모두 포괄한다는데 문제의 엄중성을 인식해야 한다.

다시 말해서 동북공정은 초기 고구려 역사를 중국사로 편입시키는 논리개발에서 진화를 거듭하여 이제는 한반도와 주변 해역까지 넘보는 전방위 공세로 치닫고 있다.

북한지역의 동해 어업권을 획득하고 나진항을 50년 조차한 중국은 자국의 내해를 북한의 동해 해역으로까지 확장하려는, 즉 중국의 군함이 동해에까지 진출하는 중장기 플랜을 수행하려는 동선(動線)을 예고하고 있다.

중국은 근래 <환구시보(環球時報)>를 비롯한 각종 언론매체를 통해 북한급변사태 발생 시 중국군의 북한지역 내 주둔 계획을 공공연히 밝히고 있다. 근래에는 '암탉이 병아리를 데리고 가는' 이른바 '모계대소계(母鷄帶小鷄) 계획'을 중국의 북한전문 인터넷 사이트 <조선중국(朝鮮中國)>에 네티즌 논객 논단 형식으로 슬금슬금 흘리고 있다. 암탉은 중국을, 북한은 병아리를 의미하는 이 계획의 골자는 중국 인민해방군이 북한급변사태 때 남포와 원산을 잇는 대동강 이북 지역을 점령하여 북한 전역의 치안을 유지해 북한 주민들의 동북 3성 유입을 막는다는 것이다. 즉 동북공정의 궁극적 목표가 북한지역 점령과 한반도 주변 해역 침탈이라는 마각을 대놓고 드러내고 있는 주변 상황이다.[109]

자책골 1호, 간도 100년 시효설

무엇보다 우선 척결해야 할 것은 '간도 100년 시효설'이다. 영토를 점유한 지 100년이 지나면 나중에 무효로 할 수 없다는 고약한 괴담이 우리나라 온오프라인에 정설로 둔갑해 창궐하고 있다. 내로라할 만한 한국의 오피니언 리더들조차도 각종 시론과 칼럼에 100년 시효설을 근거로 하여 '이제 간도는 영영 중국 땅'식으로 적고 있다. 때문에 일반 국민들 다수는 간도가 중국으로 넘어간 지 100년이 지났으니 간도는 영원히 중국 땅으로 굳어져버렸다고 탄식하고 있다.

그러나 분명한 사실은 국제법상 영토문제는 시효가 없다는 것. 필자가 16세기부터 2011년 현재까지 동서고금의 모든 영토관련 국제

규범과 다자조약, 양자조약, 국제 판례를 전수 분석한 결과 남의 나라 영토를 '100년간 점유'하면 자기나라 땅이 된다는 조항이나 판례는 단 한 구절도 발견할 수 없었다.

다만 400년 전의 단 한 사람만의 주장을 접할 수 있었다. 그는 바로 '국제법의 아버지(필자 의견: 서세동점의 제국주의시대 유럽우월사관에 근거한 과잉칭호)'로 불리는 네덜란드의 휴고 그로티우스(Hugo Grotius 1583~1645). 그는 저서 『전쟁과 평화의 법』에서 "실효적으로 점유한 영토가 100년이 지나면 해당국의 영토로 간주한다"고 주장한 바 있다.

그로티우스가 이런 주장을 한 시대적 배경은 무엇일까? 그가 활약하던 17세기 초 네덜란드가 자바에서 영국세력을 몰아내고 인도네시아에 식민지를 건설하기 시작한 것에 부응하기 위한 일종의 '주문자 생산방식의 맞춤학설' 내지 '어용학설'이었다. 만일 100년 시효설이 영원불변의 진리라면 그로티우스의 모국인 네덜란드가 350년간 통치한 인도네시아는 여전히 네덜란드 땅이 되어 있어야 할 것이 아닌가?

간도 100년 시효설을 최초로 유포한 자는 누구일까? 필자는 먼저 중국 측을 의심하고 샅샅이 뒤져보았다. 그러나 중국의 논문과 언론매체에서는 한국이 간도 100년 시효설을 주장하고 있다는 내용 외에는 중국 측이 조작 유포한 혐의는 찾을 수 없었다. 다만 간도 관련 기사 말미에 "한국 너희들 말처럼 이제 100년 지났으니 간도는 영원히 우리 중국 땅이다"식으로 비웃거나 표정 관리하는 중국 네티즌들의 댓글은 다수 발견할 수 있었다.

간도 100년 시효설의 최초 유포자는 중국인이 아니었다. 놀랍게도 한국인 김 모 교수였다. 김 교수는 2009년 11월 9일 한 인터넷

매체에다 '간도영유권 100년 시효설의 긍정적 수용 제의'라는 납득하기 어려운 제목으로 기고한 글에서이다. 이는 필자가 언론매체 칼럼으로는 한국 최초로 (국민일보 2009. 5. 20.) 간도 100년 시효설이 허구라는 견해를 밝힌 것을 계기로 하여 우리학계 일각에서 일기 시작한 의문에 대한 해명성 글로 여겨진다.

김 교수는 그 기고문에서 100년 시효설은 1977년 백산학회 창립 제31주년 기념 학술회의에서 자신의 주장에 기원한 것이라고 자랑스럽게(?) 밝혔다. 김 교수 글의 요지를 그대로 인용해본다.

당시 필자는 그로티우스의 100년 시효기간을 원용하여 "1909년 이래 간도를 실효적으로 지배하고 있는 중국은 한국의 항의가 없는 경우 적어도 2009년에는 국제법상 간도의 영유권을 취득하게 된다"고 주장하여 상기 '시효취득 100년 시효설'을 주장한 바 있다.

상기 김 교수 이외에도 또 다른 김 모 재미학자는 실효지배 100년을 넘기면 국제소송조차 제기할 수 없다고 하며 그로티우스의 100년 시효설을 가장 먼저 제기한 주인공이라고 바로 자신이라고 주장하였다.

두 김 교수들은 서로 그로티우스 100년 시효설을 먼저 말했다며 이른바 '원조경쟁'을 벌이고 있는데, 이는 마치 축구경기에서 자책골을 자기가 넣었다고 우기는 격이다.

먼저 후자의 김 교수에게 묻겠다. 100년을 넘기면 국제소송조차 할 수 없다고 그로티우스가 언급한 적이 있던가? 두 김 교수에게 묻겠다. 설령 그로티우스가 국제법의 아버지, 아니 국제법의 할아버지라고 치자. 그렇지만 그로티우스의 주장이 국제법 세계에서 영원히 따라야 할 전지전능한 신의 말씀이라도 된다는 말인가? 17세기 일개 학자의 주장의 효력이 현대에 통용되고 있는 국제협약, 다자조약, 양자조약, 국제 판례, 국제관습법, 보편적인 국제법원칙보다 우선하는가? 이것과 17세기 조선시대 일개 학자의 주장이 21세기 대한민국 헌법과 법률보다 우선 적용해야 한다는 얼토당토 않는 주장과 그 무엇이 다른가?

· 대못을 뽑아내듯 간도 100년 시효설을 척결해야

그로티우스의 100년 시효설을 원용하고, 민간단체들이 이 설을 유포한 동기를 최대한 좋게 해석한다면 간도에 대한 국민적 관심을 높이고 정부에 간도문제의 해결을 촉구하기 위한 의도였다고 이해할 수는 있다.

그러나 100년 시효설은 결과적으로(단, 누구라도 충분히 예견할 수 있었던 결과) 중국에게 간도를 내주는 가장 완벽한 논리를 제공한 셈이다. 두 김 교수가 그로티우스의 주장을 간도 100년 시효설의 근거로 원용한 것은 참으로 근시안적이고 자가당착적인 국토 참절적 언행이 아니라고 아니 할 수 없다.

이러한 치명적 자책골로 연결되는 백패스 '100년 시효설'이 우리 수비수의 몸에 맞아 골문 가까이 진입한 시점은 1997년 홍콩반환 무렵이었다. 당시 한국의 정, 언, 학 일각에서는 중국이 홍콩을 99년 만에 반환받았으니 우리도 2009년이 되기 전에 일본이 중국에 불법으로 넘겨준 간도를 되찾아보자고 목청을 돋우었다. 100년 시효설이 국제사회의 보편적인 원칙인양 더욱 그럴싸한 철칙처럼 굳어졌다.

흔히들 '조차 조약' 기간은 대부분 99년간으로 알고 있는데 이는 명백한 오류이다. 조차 조약의 조차기간은 조약 당사국이 정하기 나름이다. 99년 만에 중국이 홍콩(홍콩섬+구룡반도+신계)을 반환받은 것이 아니다. 중국은 영국에 1842년 영구조차 당하였던 홍콩섬을 155년 만에, 1860년 영구조차 당하였던 구룡반도를 137년 만에 되찾은 것이다. 중국이 99년 만에 되찾은 지역은 1898년 제2차 북경조약으로 99년간 조차 당하였던 홍콩변두리지역인 신계지역 뿐이다.

그리고 100년 시효설이 맞는 것이라면 신계를 제외한 홍콩의 핵심부분인 홍콩섬과 구룡반도는 여전히 영국 땅으로 남아 있어야 한다. 100년 시효설이 정설이라면 포르투갈이 450여 년간 점령한 마카오도 여전히 포르투갈 땅이어야 한다.

간도협약은 법적 권원이 없는 제3국에 의한 영토 처리이므로 국제법상 무효이다. 일제가 1909년 간도협약을 체결한 바탕이 된 1905년 을사늑약(을사보호조약), 역시 강압에 의한 것으로 원천 무효이다. 국제법상 보호조약이란 보호국이 외교권을 장악할 뿐 피보호국의 영토처분권까지 갖게 하는 것은 아니므로 동 조약이 법적근거가 될 수 없다.

거듭 강조하건데 국제법상 시효기간이 없는 것은 엄연한 사실이다. 하지만 팔마스섬 사건과 베네수엘라와 가이아나 국경분쟁사건 등 소수의 국제 판례에서는 어떤 국가가 다른 국가의 영토를 통치권을 행사해왔는데, 당해 영토의 국가가 '오랫동안' 항의하지 않은 경우, 그 영유권을 포기한 것으로 간주된다고 판시하고 있다.

이처럼 국제 판례는 구체적 시효기간은 명시하지 않고 있지만 100년이라면 '오랫동안'으로 유추 해석될 위험성이 전혀 없다고 볼 수 없다. 따라서 우리 정부는 하루빨리 간도협약이 무효임을 공식 선언하여야 한다. 아울러 우리 정부는 대못을 뽑아내듯 다수 국민들을 체념하게 만든 원흉, 간도 100년 시효설이 터무니없는 허구라는 실상을 공포하고 이를 널리 홍보하여야 할 것이다.

100년 시효설을 주장하거나 그것의 유포에 적극적으로 가담한 인사들은 지금이라도 100년 시효설이 오류였다는 사실을 공개적으로 인정하고 사과하여야 한다고 생각한다. 2009년 백산학회와 간도 되찾기 운동본부는 100년 시효설은 오류였다고 솔직히 고백한 바 있다. 지식인일수록 자신의 잘못을 시인하고 시정할 수 있는 용기는 목숨을 버리는 용기보다 더욱 어렵다고 한다. 필자는 이러한 진솔한 용기를 실행한 두 민간단체를 높이 평가하며 필생의 연구태세의 거울로 삼고자 한다.110)

큰 한국, 대한의 고유한 판도를 꿈꾸자

▲ 1749년 프랑스 지리학자 당빌리에 (D'Anville)가 제작한 한국지도, 요하(遼河,랴오허)강의 동쪽을 조선의 영역으로 표시되어 있다. 이 지도상의 국경선과 정약용의 『아방강역고』의 "요하의 동쪽에 있는 나라를 동국(조선)이라 한다"와 정확하게 일치한다. 경희대 부설 혜정박물관 소장.

"우리 모두 리얼리스트가 되자, 그러나 가슴속에는 항상 불가능한 꿈을 가지자."

이는 중남미의 독립혁명가 체 게바라의 명언이다. 현실을 직시하되 현실에 안주하지 말고 잘못된 현실을 극복하려는 의지와 원대한 이상을 지니고 있어야 한다는 말이다.

꿈이 없는 개인과 국가는 타인과 타국의 꿈을 위해 살게 된다. 오랫동안 꿈을 그리는 개인과 국가는 마침내 그 꿈을 실현할 수 있다.

　대한민국임시정부 수뇌부들의 머리와 가슴속의 국토영역은 지금의 한반도에 국한된 '작은 한국, 소한(小韓)'이 아니라 한반도와 간도를 아우르는 '큰 한국, 대한(大韓)'이었다고 추론된다. 이는 그저 그런 막연한 추정이 아니라 알려진 사실에서부터 새로운 사실을 찾아가는 추론과정의 결과물이 실체적 진실에 가깝다는 것을 확인해 줄 수 있는 증인들과 증거들을 다수 확보할 수 있었다. 그중 대표적 증인은 '다산 정약용'이고 대표적 증거는 '동국대지도'이다.

▲ 대한민국임시정부 헌법상의 영토관. 1750년대 무렵 정상기(鄭尙驥)가 만든 조선시대 대표지도이자 왕실공인지도인 동국대지도(보물 제1538호, 국립중앙박물관 소장). 이 동국대지도상의 국경선 역시 정약용의 『아방강역고』의 "요하의 동쪽에 있는 나라를 동국(조선)이라 한다"와 정확하게 일치한다. 한반도(울릉도, 대마도, 독도 포함)와 간도지역을 아우르고 있는 영토범위는 대한민국임시정부 헌법상의 내한의 고유한 판도의 영토관과 합치된다.

조선시대 대표적 실학자인 정약용은 저서 『아방강역고』(1811년 간행)에서 "만리장성의 남쪽에 있는 나라를 중국이라 하고 요하(遼河)의 동쪽에 있는 나라를 동국(조선)이라 한다"라고 조선과 청의 영토범위를 정의하였다. 공리공담과 신비주의를 철저히 배격하고 정확한 고증과 사실에 토대를 두는 과학적 객관적 인식을 중시하는 실사구시학파의 거두, 정약용이 쇼비니스트나 징고이스트가 뇌까리는 허튼 소리를 할 리는 없을 터.

　그래도 만에 하나 그것이 조선시대의 보편적 영토의식이 아니고 정약용 개인의 광신적 애국심이나 당파적 이익에서 발로한 사설(私說)이었다면 어떻게 되었을까? 당시 반청북벌의 목소리는 사라진 지 오래이고, 청나라와의 우호관계유지를 외교원칙의 최우선으로 삼고 있던 정조-순조 연간의 조정이 아니던가? 3족이 능지처참 형에 처해지는 멸문지화를 당한다 해도 아무 소리 없이 죗값을 달게 치러야 할 망발 중의 망발이었으리라. 과문한 탓인지 필자는 이제까지 정약용의 요동지역과 남만주를 포함하는 북방 영토관에 대한 반론을 접하지 못했다.

뿐만 아니다. 조선시대 대표적 국가공인지도인 '동국대지도' 역시 만주와 조선을 아우르는 조선전도로 표기하고 있다. 1750년대 정상기가 제작한 동국대지도가 대동여지도보다 훨씬 널리, 오래, 그리고 영조 이래 역대 조선 왕실에 의해 공인된, 조선시대 대표지도라고 할 수 있다. 영조는 동국대지도를 홍문관에 보내 모사하도록 하고 영조는 70 평생에 이런 지도를 본 일이 없다면서 감탄을 했다고 사서는 기록하고 있다.

흔히들 1861년 평민 출신인 김정호가 동국대전도를 토대하여 사적(私的)으로 제작한 대동여지도를 조선시대를 대표하는 지도로 알고 있는데 이는 일제의 식민사관이 만들어낸 '상식의 오류'이다. 대동여지도가 조선을 대표하는 지도처럼 인식된 계기는 일제의 조선총독부가 1934년에 교과서 <조선어 독본朝鮮語讀本>에 김정호와 대동여지도를 수록한 이후부터다.

우리에게 알려진 김정호의 이야기들. 그가 대동여지도를 만들기 위해 전국을 세 차례나 답사하고 백두산을 일곱 번이나 등정했으며, 대동여지도가 완성된 후에는 국가의 기밀을 누설했다고 하여 분노한 흥선대원군이 옥에 가둬 죽였다는 이런 이야기는 <조선어 독본>에 실린 내용으로 실제 사실이 아니다.

지금도 대동여지도보다 앞서 만들어진 정교한 고지도가 동국대전도를 비롯한 4백여 종이 남아 있다. 당시에는 더 좋은 고지도가 많이 있었다. 그래도 일제가 발행한 <조선어 독본>은 김정호가 지도를 제작하게 된 계기는 조선의 지도 제작 수준이 형편없었던 데 있었다고 하는데, 무엇 때문이었을까? 거기에는 우리 민족의 전통과 우수성을 깎아내림으로써 식민지 지배를 합리화하려는 음모가 있었다. 또한 공교롭게도 대동여지도가 동국대지도와 달리 만주지방을 국토에서 제외된 것으로 표기되어 있어 일제의 구미에 부합한 것도 일제가 김정호의 대동여지도를 부각시킨 요인의 하나로 분석된다.

요컨대, 정약용과 동국대지도에서 우리는 18세기 이래 일제강점 직전까지 우리의 영토관은 한반도만의 '소한'이 아니라, 한반도와 간도를 아우르는 '대한'이었음을 알 수 있다. 대한민국임시정부는 이러한 북방영토의식을 계승 발전시키고자 이를 헌법에 수용하였다고 판단된다.

따라서 헌법 제3조를 손질할 필요성이 있다. '대한민국의 영토는 한반도와 그 부속도서로 한다'는 조항은 중국과의 간도협상에서 족쇄가 될 수 있다. 만일 중국이 "당신네 영토는 한반도라고 헌법에까지 명시해놓고 왜 남의 땅을 넘보느냐?"고 한다면 무슨 논거로 항변하겠는가? 향후 헌법을 개정할 때 한반도에 간도를 포함시킬 것을 제안한다.

그리고 '통일신라'라는 시대명칭을 고쳐야 한다. 국내 학계에서는 대동강 이남의 통일에 그친 신라의 삼국통일에 대한 평가가 분분하다. 그러나 궁극적인 국가이익과 중국의 팽창주의적 동향을 감안한다면 이 명칭은 재고되어야 한다. 1925년 조선총독부 치하의 조선사편수회에 의해 처음 붙여진 이 명칭엔 우리 역사를 한반도 남쪽 3분의 2로 축소하려는 일제의 저의가 배어 있다.

중국에 의해 두만강 건너 대동강까지의 남하를 유혹하는 역사적 근거로 악용당할 위험성도 없지 않다. 하루빨리 통일신라를 (발해와 아울러 부르는) '남북국시대'로 바꿔 올바른 역사관을 담은 국사교육을 실시해야 한다.

끝으로 동북공정에 대한 총체적 대응 필요성이다. 중국은 동북공정을 간도 확보라는 방어논리를 넘어 한반도까지 넘보는 전방위 공세로 전환하고 있다. 이제 인문 사회 자연과학의 모든 지식과 정보를 망라하는 통섭적 연구를 통한 국가차원의 체계적인 전략수립과 적극적인 대책마련이 시급하다. 북방영토와 이어도, 독도 등 영토문제를 총괄할 컨트롤 타워를 중앙부처에 설치할 것을 제안한다.[111]

순망치한의 입술은 북한이 아니라 만주

흔히들 '순망치한(脣亡齒寒, 입술이 없으면 이가 시리다)'의 입술은 북한, 이는 중국으로 알려져 있다. 1950년 10월 2일 새벽부터 10월 4일 오후 중국군의 한국전 참전여부를 결정하는 정치국확대회의의 최근 공개된 발언록을 살펴보자.

마오쩌둥은 참전에 부정적 입장을 견지하는 대다수의 정치국원들을 집요하고 진지하게 설득했다. 마오가 역설한 중국군 참전 이유

요지는 이렇다.

"스탈린은 인천상륙 작전 후 사실상 북한을 포기하고 김일성에게 패잔병들을 동북(만주)으로 퇴각하도록 명령했다. 미군은 그들을 끝까지 추격해 올 것이다. 만약 미군이 동북을 침략한다면 소련은 중-소 군사동맹 조약에 근거해 수십만 명의 소련군을 동북에 추가로 진주시킬 것이다. 장춘철도와 뤼순과 다롄항은 여전히 소련이 점거하고 있다. 만약 미군을 패퇴시키더라도 어떻게 그 많은 소련군을 철군시킬 것인가? 동북이 전쟁터로 변하면 전체 중국의 경제건설계획이 파괴되고 민족자산계급과 일부계층이 우리에게 적대적으로 돌아설 것이다. 동북의 미국이나 소련의 영유를 막기 위해서 동북까지 이어지는 전란의 도화선을 미리 끊기 위해서는 북한으로 출병해야만 한다."

그러자 군사적 열세를 들어 가장 먼저 반대하던 주더(朱德)가 가장 먼저 찬성의 뜻을 표시했다. 그는 호탕하게 웃으며 '순망치한'이라는 사자성어를 외쳤다. 이때 주더가 말한 입술은 '북한'이 아니라 '만주'를 지칭한 것이다. 마오쩌둥의 발언 중에 '만주'가 전쟁터로 화하면 '전체 중국'의 안위가 위태로워진다는 사실을 강조했을 뿐이지 북한의 안전에 대해서는 한마디도 언급을 하지 않았다.

유사 이래 20세기 전반까지 중국의 주류민족인 한족(漢族)들의 머리와 가슴속의 영토에는 만주는 없었다. 만주가 중국인의 영토의식의 판도밖에 있었다는 것을 방증해줄 수 있는 자료들이 중국사의 벌판에 수북하게 널려있다. 이를테면 일본이 만주를 점령하고 만주국이라는 괴뢰국을 세웠을 때 대부분의 세계열강들은 강력하고 분명하게 일본 제국주의 야욕을 규탄하고 가능한 한 강경한 제재조치를 가했다. 그러나 정작 피해 당사국인 중국정부는 별다른 저항을 하지 않았다. 심지어 중국이 일본과 밀약을 맺어 만주지역을 같은 아시아 국가인 일본에게 넘겨주었을 것이라는 의구심이 들만큼 중국정부의 저항은 미약했다.

세세대대로 한족들에게 만주지역은 쓸모나 이익은 없으나 버리기는 아까운 계륵(鷄肋)이었다. 아니 어떤 면에서는 계륵보다 훨씬 못한, 뽑아내야 할 '충치'이거나 떼어 내어야 할 '종양'이었다. 그도 그럴 것이 한족들의 입장에서 만주는 조상대대로 국경선인 만리장성을 넘어 중국의 본토를 위협하거나 지배하여온 오랑캐들, 흉노, 부여, 고구려, 발해, 말갈, 거란, 여진, 몽골, 만주족들의 본거지였으니.

더구나 대한민국임시정부는 오랜 세월 동안 중국 국민당 수뇌부와 피난행렬을 같이하며 맺어진 끈끈한 관계를 통해 그들의 내면 의식 깊숙한 곳에 숨겨진 영토의식의 실체를 엿볼 기회가 많았을 것이리라. 대한민국임시정부는 중국인의 내심의 국토에는 만주가 없었으며 일본의 지배하에 있던 만주의 수복의지 역시 미약하였음을 정확히 간파했기 때문이라고 생각된다.

또한, 종전 1년 전 1944년이라는 시간과 힘의 진공상태에 임박한 만주라는 공간이다. 연합국의 승리와 일본의 패망을 목전에 둔 시점에 대한민국임시정부는 만주지역에서의 일본세력의 패퇴와 그로 인한 만주지역의 힘의 진공상태가 도래할 것을 예견하였다. 임정수뇌부는 간도 및 북방영토를 '대한의 영토'로 수복할 수 있는 천재일우의 기회로 포착, 이러한 염원을 임시정부의 최종 헌법인 헌장 제2조에 전격 수용한 것이라고 파악된다.

중국이 6·25 참전한 진짜 이유

우리에게 중국은 진정한 우방인가? 선뜻 '그렇다'고 답할 수 없다. 70년이 지나도 씻기 힘든 트라우마(trauma, 집단적 상처 또는 정신적 외상), '중국의 한국전쟁 참전' 때문이다.

도대체 중국은 무슨 의도로 6·25에 참전했던 것일까? 사회주의 진영의 수호를 위해서, 소련의 파병종용 때문에 순망치한의 지정학적 안보 이익을 위해서 등이 거론되어 왔다. 그러나 이런 것들만으로 중국의 참전 이유를 설명하기에는 뭔가 부족하다. 8년간의 항일전쟁과 4년간의 국공내전을 연이어 치르느라 기진맥진한 신생 정권이 세계 최강 미군을 위시한 16개국 연합군과 맞서, 국가의 존망을 건 모험을 할 필요가 있었을까? 합리적 이성적 가치판단의 잣대로는 풀기 어려운 미스터리다. 오죽했으면 중국의 참전 가능성을 묻는 트루먼 대통령의 질문에 맥아더 원수조차도 '아주 적다'고 오판했을까.

· 동북(만주) 실세 가오강 역할 중요

중국의 한국전 참전에 얽힌 진실을 풀기 위해 필자는 가오강(高崗)을 언급하고자 한다. 동북 3성의 최고 책임자였던 동북국(東北局) 제1서기 가오강은 공산정부 수립 이후 최초로 숙청된 고위 정치지도자다. 그는 중국 내에서 유일하게 산업화된 동북 지역(만주)을 자기의 독립 왕국으로 변모시키려다가 1954년 발각돼 체포되자 자살했다.

1949년 7월 류샤오치와 함께 모스크바를 방문한 가오는 스탈린과의 회담에서 "동북이 소련의 17번째 공화국으로 편입될 것과 칭다오항에 소련 함대를 파견하고 다롄항의 소련군 병력을 증강해 미국의 위협에 대응할 것"을 제안했다. 류는 가오를 매국노로 질타하며 그의 발언을 베이징에 보고했다. 하지만 가오는 귀국 후 되레 승승장구했다. 당시 동북의 모든 가정과 공공기관에는 마오쩌둥 대신 스탈린 초상화만 걸려 있었다. 외지인에게 동북은 중국보다 소련의 일부처럼 보였다. 가오는 동북인민정부 단독으로 소련 중앙정부와 국제무역 협정을 체결하는 호기를 부렸다. 중앙정부의 지시를 묵살하기 다반사였던 가오는 베이징의 방문 요청을 바쁘다는 핑계로 거절하는 대신 선양으로 와 줄 것을 요구하기도 했다. 중앙정부가 이처럼 방약무인한 가오에게 속수무책이었던 까닭은 당시 여타 지역을 압도하던 동북의 경제력, 군사력과 아울러 그에 대한 소련의 적극적 후원 때문이었다.

유엔군이 인천상륙작전에 성공하자 마오는 비상정치국 회의를 소집했다. 마오는 중국의 참전에 부정적 입장을 견지하던 정치국 위원들을 설득했다. "스탈린은 김일성에게 패잔병들을 동북으로 퇴각하도록 명령했다. 미군은 그들을 끝까지 추격해 올 것이다. 만약 미군이 동북을 침략한다면 소련은 중·소 군사동맹 조약에 근거해 수십만 명의 소련군을 동북에 진주시킬 것이다. 동북까지 이어지는 전란의 도화선을 끊기 위해서는 출병해야만 한다."

· 정적 제거하고 땅 지키는 전략

가오는 "북한은 소련이 책임지는데 왜 중국이 끼어들려고 야단인가"라며 참전반대 의사를 고수했지만 대세에 따를 수밖에 없었다.

결국 중국군의 주력부대는 동북(만주) 출신 제4야전군으로 충당·소모되었고, 병참지원은 가오가 떠맡게 됐다. 풍부하던 동북의 인적, 물적 자원과 막강하던 가오의 권력은 하수구에 물이 빠지듯 전쟁 후반부로 갈수록 급속히 소진됐다. 중국보다 소련의 국익에 부합되는 가오의 친소 행각과 동북의 독자세력화는 중국의 한국전 참전을 유발하는 요인이 되었다.

마오쩌둥의 장남을 포함 20여만 명의 사망자를 낸 한국전에서 중국이 얻은 대가는 무엇일까? 마오는 그의 일생에서 가장 껄끄러웠던 정적을 축출했고 동북을 소련과 미국의 영향을 받지 않는 중국의 영토로 확보했다. 동북의 오랑캐로써 서양의 오랑캐를 무찌른 이이제이(以夷制夷) 전략이 거둔 전리품이었다. 요컨대 중국의 한국전쟁 참전의 핵심 의도는 이데올로기 수호 따위와는 거리가 먼 만주 확보를 위한 국가이익 추구였다. 정적 제거를 곁들인.112)

중국 최고(最古)의 조선족 마을

길. 오는 길과 가는 길은 원래 쌍방통행이 자유로운 한 길이다. 그러나 실제와는 달리 관념의 눈은 종종 같은 길을 서로 다른 길로, 또는 일방통행만 가능한 길로 잘못 보는 착시현상을 일으킨다.

한반도와 중국대륙을 잇는 길은 예나 지금이나 그게 물길이든 뭍길이든 쌍방통행이다. 그 길은 한때 막히면 막혔지 한쪽에서 다른 한쪽만 갈 수 있었던 일방통행이었던 적은 없었다. 오랜 옛날부터 대륙의 여러 민족과 7들의 문물이 한반도로 이주해왔듯 한민족과 그들의 문명도 중국대륙으로 건너가 빛을 주어왔다. 그래서 한중교류사를 한마디로 요약하자면 "내 안에 그대가 있고, 그대 안에 내가 있네(我中有你, 你中有我)"라고 하지 않던가.

중국의 조선족은 한민족이지만 국적은 중국이다. 따라서 중국조선족은 한국인이 아니라 중화인민공화국의 국민이자 중국인이다. 중국조선족은 대개 19세기 후반부터 20세기 전반에 걸쳐 한반도에서 주로 중국의 동북지역(만주)으로 이주해온 한민족과 그 후예들이다. 그렇지만 그보다 더 옛날, 중국으로 건너가 살아온 한민족은 없었을까? 엄동설한, 북풍한설의 만주지방 말고 만리장성 이남지역, 즉 따뜻한 남쪽나라로 이주해온 한민족은 없었을까?

필자는 잘 알려진 것, 많이 논의되어온 것보다는 새로운 것과 잊힌 것을 사랑한다. 19세기 후반 이후 조선족에 대해서는 선배학자들의 거작들이 참 많다. 그보다 더 옛날 우리 민족들의 중국대륙으로의 이주에 대해 알고 싶지 않은 이들에게는 이 글을 더 이상 읽는 것은 시간과 정력 낭비가 아닐 성 싶다.

중국의 역대 사료들은 필기 하나는 끝내주는 성실한 중학생처럼 한반도에서 중국으로 건너온 한민족들의 사적을 꼼꼼히 적고 있다. 19세기 이전 중국으로 이민 간 한민족들은 거의 한족, 몽골족, 만주족 및 기타 민족에 의해 동화, 흡수되고 말았다. 그들의 흔적은 문헌이나 족보, 그리고 일부 후대들의 의식 가운데 희미하게 남아 있을 뿐이다. 그런데 그 아련한 추억의 빈 벌판 한 가운데의 볏짚단 마냥 웅크리고 있는 곳이 하나 있다. 중국 최고(最古)의 조선족 마을이다. 지금의 허베이(河北)성 친황다오(秦皇島)시 칭롱(青龍)현 타고우(塔溝)촌에, 대부분 박(朴) 아무개로 불리는, 약 350여 명의 조선족이 살고 있다. 참고로 현재 약 3천여 개의 한족(漢族) 성씨 중 박(朴) 씨는 없다. 즉 예나 지금이나 중국에서 박(朴) 씨 성을 사용하는 사람은 한국인과 조선족뿐이다.

16세기 말엽 중국 만주지역에 거주하던 여진인들 사이에는 통일을 주도하는 전쟁이 발발했다. 건주야인(建州野人)의 수령 누르하치는 30년의 전쟁을 거쳐 여진 각 부를 통일하고 1616년에 후금국을 건립했다. 누르하치가 두만강 유역의 여진인 각 부를 정복할 때 가끔 조선변경을 침범해 주민들을 납치해갔는데, 납치된 사람들의 일부는 8기군 군졸로 충당되고 다른 일부는 장전의 장정으로 안치되었다. 『조선왕조실록 광해군일기』에도 만주인들이 변경을 침입하고 조선인을 납치해간 기록이 자주 보인다.

누르하치가 1619년(광해군 11년) 명나라의 변경을 침략하자, 명나라에서는 조선에 구원병을 청했다. 처음 광해군은 응하지 않다가 마지못해, 강홍립을 도원수, 김경서를 부원수로 삼아 1만여 명의 구원병을 보냈다. 조선 군대는 관뎬(寬甸)에서 명나라 군대와 합류해, 지금의 라오청(老城) 60리 지점에서 누루하치 군대와 회전했으나, 명나라 군대는 대패하고 조선군도 포위되었다. 강홍립은 조선군의 출정이 본의가 아니었음을 알린 뒤, 후금에게 항복했다. 그의 항복은 출정 전에 '형세를 보아 향배를 정하라'는 광해군의 당부에 따른 것이다. 따라서 명·후금의 세력교체기 때 이러한 양면외교정책으로 광해군 때에는 외침의 화를 면할 수 있었다. 그러나 인조 때는 이를 이용하지 못하고 병자호란을 맞게 되었다.

강홍립의 항복군 중 일부만 조선으로 돌아갔고 대부분 모두 누루하치의 포로로 남고 말았다. 1627년 정묘호란과 1636년 병자호란

때는 이보다 더 많은 조선인들이 납치되었다. 중국 측 문헌『심양일기』(沈陽日記)의 정축년 음력 5월 17일의 기록을 살펴보면 조선에서 납치한 포로를 송환시킬 때 수만 명에 달했다는 기록만 보더라도 얼마나 많은 조선인들이 잡혀왔는가를 짐작할 수 있다.

앞에서 말한 허베이성 칭룽현 타고우촌 거주 조선족들의 조상도 청나라의 조선포로들이다. 1644년 청나라가 명나라를 멸했을 때 청나라 군대에 끌려 산해관을 넘어 만리장성 남쪽으로 들어와서 오늘날까지 그곳에 눌러앉은 것이다. 박 씨 마을 주민들은 언어, 생활, 습관 등 모든 면에서 한족화되었지만 조선인이라는 민족의식만은 용케 살아 있었다. 조선족으로 끝까지 남기 바라는 마을 주민들의 일치된 희망에 따라 중화인민공화국 정부는 1951년 그들을 중국 조선족으로 인정했다.

미국 시민권인 그린카드를 수십 장 따내고도 또 남을 그 장구한 세월, 4백 년을 중국 땅에서 살아온 박 씨네 마을사람들. 이제 그만 다수민족인 한족으로 융합해 살면 여러모로 이득이 많고 편리한 점도 많을 텐데도 자진해서 소수민족 조선족으로 남았다. 왜? 무엇 때문에? 콧잔등이 찡해지고 눈시울이 뜨거워진다.

고향으로 돌아온 여자, 환향녀

베이징 시내에서 동북쪽의 만리장성으로 가는 국도를 따라가다 보면 10분도 채 안 되어 왼편에 '고려영(高麗營)'이라는 도로표시판이 나타난다. '고려인의 병영'이라는 뜻이 담긴 고려영은 베이징시 중심지에서 불과 25㎞, 베이징 공항에서는 10㎞로 매우 가까운 거리에 있다. 어느 주말 짬을 내어 필자는 그곳에 가 보았다. 고려주유소, 고려사진관, 고려이발소 등 간판이 즐겁게 맞이해주었으나 아무리 애를 써보아도 고려 사람은 찾을 수 없었다.

고려시대의 중국 이민자 수를 정확하게 알 수 없지만, 원나라 때만 해도 약 20~30만의 고려인이 중국으로 이주한 것으로 추정되고 있다. 그들은 대부분 현재의 베이징, 산시성 다퉁(大同)과 랴오닝성 등 주로 중국의 북부지역에 살고 있었다.

중국의 수도 베이징시 부근은 고려인의 주요 거주지였다. 당시 원나라의 군사도시 부근에는 '고려 여진 한군 만인부'라고 하는 일종의 다민족 연합부대가 진주하고 있었다. 1265년 원나라는 황실 시위 친위대 1만 명을 증원했는데 그중에는 고려인이 3천 명이나 포함되어 있었고, 그중에서 또 일부는 지금의 내몽골까지 파견되었다.

고려 제25대 충렬왕은 1290년 원나라에서 내란이 발생하자 다퉁에 억류되어 있던 수만 명의 고려인을 돌려보내 달라는 국서를 보냈다. 그러나 원나라 측은 단 한 명의 고려인도 돌려보내지 않았다(『원사』 권16 세조기).

1368년 원나라를 몰아내고 명나라를 세운 명 태조 주원장은 즉위하자마자 고려에 사절을 파견해 원나라에 끌려왔던 수만 명의 고려인들을 돌려보내겠다는 칙서를 보냈다. 이에 따라 이듬해인 1369년부터 고려인들은 꿈에 그리던 고국으로 돌아올 수 있었다. '고향으로 돌아온 여자'라는 뜻으로 환향(還鄕)녀라는 말이 생긴 것도 그때부터다. 환향녀들은 이미 되놈들에게 더럽혀졌다 해서 '탕녀', '잡년' 등 저속한 의미로 '화냥년'으로 취급받으며 사람행세도 못했다. 화냥

남도 상당히 많았을 것인데…. 옛날 우리 여성들은 여러 모로 불리하고 억울했다.

그래서 고국에 돌아가면 화냥년으로 천대받을까 봐 중국에 그냥 눌러앉은 '불환향녀(不還鄕女. 아니 돌아온 여자)'도 상당히 많았을 것으로 짐작된다. 그 무렵에 나온 『철경록』(輟耕錄)이라는 고서를 살펴보면 '우리 중국인은 고려인을 포함한 8개 민족으로 구성되어 있다.'라는 매우 진귀한 구절을 만날 수 있다.

우리 역사의 고려 말엽에 해당하는 시절의 랴오둥 일대는 원나라 잔여세력의 통제하에 있었다. 명나라가 돌려보낼 수 있는 것은 오직 베이징과 다퉁 일대 및 중원지역의 고려이민뿐이었다. 따라서 랴오둥 일대의 고려이민들은 전부 아니면 일부가 귀국했는지 그 뒤의 문헌에도 찾기 힘들어 안타깝다. 다만 명나라 초기의 문헌인 『요동지』에는 지금의 랴오닝성 거주 한족 대 고려·여진인 비율이 17: 13이라고 적혀 있다.

역사로만 남은 고려포의 조선인들

이제는 지도에서조차 찾아보기 힘들지만 3백 년 전만 해도 조선 사람들이 한 마을을 이루고 살았다는 허베이 성 펑룬(豊潤)현의 고려포(高麗鋪), 그 이름만으로도 낯선 이역 땅에서 망향의 정을 달래며 굳세게 살아온 실향민들의 애틋한 향수가 가슴에 젖어온다. 하지만 드넓은 허베이 평야에 자리 잡고 있는 고려포는 생각보다 애상적이 아니었다.

동서로 곧게 뻗은 국도 양쪽에 옹기종기 서 있는 벽돌집 사이로 간혹 고풍스러운 흙담집이 옹색하게 끼워 있기는 하나 우리나라 옛 시골 초가집의 전통적인 격조는 찾아볼 수 없고 중국색이 짙은 동네였다. 그래도 동네 이름이 주는 정감 탓일까? 지붕 위에 쌓아놓은 누런 볏짚들이 시골농가의 푸근한 느낌을 자아내는데 동구 밖 비석에 쓰인 '고려포'라는 세 글자가 유난히 눈길을 끌었다.

황토 옆에 2미터 높이로 세워진 비석은 고려포향 인민정부에서 세운 것이다. 비석 뒷면에는 고려포 역사가 적혀있다. 수양제와 당 태종 때 그리고 기원전 668년 당 고종이 고구려를 멸망시킬 때 군사들은 모두 여기를 지나갔다. 당태종은 고구려를 여러 번 쳤으나 실패하자 649년 4월 "고구려는 작아도 무서운 나라이니 절대 얕보지 말라"는 유언을 남기고 죽었다.

고구려의 수많은 포로와 평민들이 당나라 군사에게 잡혀갔는데 개모성, 여주, 백암성에서만 해도 7만여 명의 고구려 백성이 당나라에 끌려갔다. 20년 후인 당 고종 원년에는 나당연합군에 의해 고구려가 망하자 고구려 귀족과 평민 20여만 명이 당나라에 잡혀가 여러 지방에 분산 수용되었다. 그 고구려 유민의 후손의 한 사람인 이정기(李正己)는 당나라 말엽, 산둥과 쟝쑤 일대에 치청(淄靑)왕국을 세워 중국 남북물류의 이동 경로를 장악하였다. 이정기 일가가 4대에 걸쳐 55년 동안이나 호령하던 영역은 현재의 한반도보다 넓었다. 인구도 패망 당시 고구려의 인구보다 많았다(『신당서』, 『자치통감』).

1780년 연암 박지원이 고려포를 들렀다. 연암은 여기에 들르기 전에는 논 한 뙈기 볼 수 없었는데 유독 이 고장에 오니 논이 있었고 동네 집들은 모두 거칠고 엉성한 초가집이었지만 재래식 조선집처럼 꾸며져 있었다. 떡이나 엿 같은 조선 음식이며 풍속을 고스란히 간직한 것이 하나 둘이 아니었다. 그때 연암은 이 동네를 '고려보'라고 적고 있는데 후에 청나라 말엽 '고려포'로 바뀌었다.

우리 사신들이 들르면 하인들이 사 먹는 음식값을 받지 않았고 여인들도 같은 핏줄이라 해 내외조차 하지 않았으며, 숙소에 눈물 닦을 수건을 들고 와서 고국 소식을 묻고는 훌쩍훌쩍 울기 일쑤였다. 한편 고려포의 조선 후예들과 사행(使行)길 상민들 사이에는 수양딸을 맺어 서로의 정을 나누는 풍습도 있었다. 수양딸을 맺어두면 사행길에서 돌아올 때 정표로 값진 물건을 사다 준다는 욕심 때문이기도 했지만, 옛날부터 지나가는 나그네를 환대하던 우리 한국 사람의 풍습이 만리타향 외지에서도 부활된 것으로 보아야 할 것이다. 연암도 고려포에서 수양딸 들일 것을 요청받았으나 정중하게 거절하고 있다.

연암의 사절단 하인배들이 "너희 놈들도 조선 사람의 자손이 아니냐. 너희 할아버지가 지나가시는데 어찌 나와서 절하지 않느냐" 욕을 하면 그곳 사람들도 못 알아들을 중국말로 욕지거리를 퍼붓곤 했다고 한다.

필자가 고려포 마을 서쪽에 자리 잡고 있는 고려포촌 사무실에 이르니 촌장이 사람들을 모아놓고 기다리고 있었다. "주민들의 성씨 말인가요? 대개 리 씨, 전 씨, 류 씨, 종 씨 등이지요. 전에는 조선 사람들이 살았는데 지금은 한족, 만주족뿐입니다."

'출산'하러 올 조선족은 없다

김무성 새누리당 대표가 2015년 1월 29일 저출산 문제 대책으로 중국 동포(조선족)를 대거 수용해야 한다고 주장했다. 중국 동포에게 깊은 상처를 준 김 대표의 발언은 그저 '미봉책', '헛발질' 따위로 얼버무리며 지나칠 수 있는 사안이 아니다. 필자는 그의 발언을 헌정사상 최악의 정치인 망언이라고 생각한다. 그 이유를 들겠다.

김 대표는 박근혜 정부가 자부하는 '대중 밀착외교'의 공든 탑을 내부(정서)적으로 일거에 무너뜨렸다. 한국의 집권당 대표가 중국의 역린 즉, '소수민족 문제'를 건드린 것이다. 다민족 국가인 중국은 민족을 차별하고 분열을 조장하는 언행에 대해 형법은 물론 헌법 조항으로까지 규정, 엄단하고 있다.

"중국의 각 민족은 모두 평등하다. 어떠한 민족적 차별을 금지하며 민족단결을 파괴하고 민족분열을 조장하는 행위를 금한다(중국 헌법 제4조)."

중국 소수민족 문제라면 흔히 '티베트'를 먼저 떠올릴 것이다. 그러나 이는 티베트를 한때 지배했던 대영제국의 아련한 추억으로 인해 서방언론의 집중 조명을 받아왔기 때문이다. 중국의 55개 소수민족 중 최고로 휘발성 강한 민족은 단연 '조선족'이다.

중국 안의 그 어떤 민족이나 문화도 흔적도 없이 녹여버리는 중국마저도 삭히기 힘든 조선족, 그들만의 강인한 생명력과 특징은 한두 가지가 아니다. 먼저 조선족은 중국 소수민족으로 편입된 역사가 가장 짧아 젊고 강한 결기가 살아 있다.

또 민족 집거지가 베이징 등 중국의 심장부와 가장 가까운 거리에 위치하고 있으며, 민족인구에 비례해 고학력자가 가장 많다. 많은 정도가 아니라 압도적 1위로 조선족의 높은 교육열과 뛰어난 두뇌는 중국 내에서도 알아준다. 중화사상에 각인돼 자존심 높은 주류민족 한족을 능가하는 수준이다.

이러한 특징을 가진 조선족에게 한국의 집권당 대표가 '애 낳는 기계' 정도로 대접했으니 중국 내 조선족 사회뿐 아니라 국내에서 경제활동을 하는 중국 동포에게 큰 상처가 되었으리라. 김무성 대표의 망언은 결코 쉽게 잊히지 않을 것이다.

삼척동자도 다 알고 있는 사실을 김무성 대표만 모르는 것 같아서 하는 말인데, 조선족은 한국인이 아니다. 중화인민공화국의 국민이자 중국인이다. 한국과 중국이 수교하고 상호 왕래를 한 지 20년이 넘었다. 웬만한 조선족들은 일자리나 학업 또는 다른 업무로 한두 번씩은 모국인 한국을 다녀갔고, 한국 사회가 어떠한지도 잘 알고 있다.

김 대표의 주장처럼 '출산하려고' 다시 말해 '출산 비즈니스'로 한국에 올 조선족 여성은 없다. 또한 10만~20만 명으로 추정되는 재중 탈북여성의 대부분은 지린성·랴오닝성·헤이룽장성 등 동북 3성의 중국 남자와 사실혼 관계에 있으며, 자녀도 있다.

조선족 대다수는 멸시당하며 살아야 하는 한국으로의 이주보다는 여성의 사회적 지위가 비교적 높은 중국에서 삶의 안정을 원하고 있다.

아이를 두세 명 낳고도 잘 기를 수 있는 사회적 시스템을 개발하고 '좋은 법'을 만드는 것이 대한민국 집권여당의 대표로서, 또 법을 만드는 국회의원으로서 할 일이다. 한·중 관계를 훼손하고 조선족 동포들을 민족적, 성적으로 폄훼하고 모욕하는 언행을 하라고 국민의 혈세로 고액의 세비를 주는 것이 아니다. 아무튼 정치지도자가 국민을 걱정해야 정상인데 국민이 정치지도자의 언행을 걱정하며 마음을 졸여야 하니 참으로 걱정스럽기 짝이 없다. 설날 아침 떡국이 제대로 넘어가지 않을 것 같다.[113]

국가 아포리즘 15선

1. 나의 소원은 우리나라 대한의 완전한 자주독립이다.
   - 백범 김구

2. 살아서 독립의 영광을 보려 하지 말고 죽어서 독립의 거름이 되자.
   - 안창호

3. 국가의 운명은 청년의 교육에 달려 있다.
   - 아리스토텔레스

4. 국가는 최고의 도덕적 존재이다.
   - H. 트라이치케

5. 위대한 나라란 곧 위대한 인물을 낳은 나라이다(Great countries are those that produce great man).
   - B. 디즈레일리

6. 평화를 원한다면 전쟁을 준비하라. 무력이 강한 국가에 대해선 감히 공격하거나 모욕하지 못하는 법이다.
   - P. 베게티우스

7. 국민에게 자유를 이루어주는 것은 국가의 힘밖에 없다.
   - J.J. 루소

8. 조국애는 세계의 어떠한 이치보다도 강하다.

- P.N. 오비디우스

9. 모국을 사랑하는 자는 인류를 미워할 수 없다.   - W. 처칠

10. 인간 최고의 도덕은 무엇인가? 애국심이다.

- B. 나폴레옹1세

11. 백성이 믿어 주지 않으면 국가는 존립할 수 없다.

- 공자/논어

12. 공자가 노나라를 떠날 때 발이 떨어지지 않는다고 말했다. 모국을 떠나는 도리였다.   - 맹자

13. 일찍이 아시아의 황금 시절에 빛나는 등불의 하나였던 한국, 그 등불 다시 한 번 켜지는 날에 너는 동방의 밝은 빛이 되리라.

- R. 타고르

14. 한국은 아시아 대륙의 귀고리다. 이 세상을 아름답게 만들기 위하여 신(神)은 그 자리에 한국이라는 귀고리를 달아 놓은 것이다.   - C.V. 게오르규

15. 다른 나라를 보면 볼수록 나는 우리나라를 사랑하게 된다.

- 강효백

제8장

지리 2: 섬과 바다

- 바다를 제압하는 자는 언제인가 제국마저 제압하기에 이른다.

  - 키케로

- 우리들의 고정관념에는 나라의 영역을 바다와 하늘을 포함하지 않은 땅, 즉 육지영토만으로 생각하는 착시현상이 남아 있다.

  - 강효백

- 뜻이 맞으면 산이 막히고 바다가 사이에 있다 해도 멀다 하지 않으며, 가는 길이 서로 다르면 지척의 거리에 있어도 가깝게 느껴지지 않는다(志合者 不以山海爲遠 道乖者 不以咫尺爲迫).

  - 갈홍(葛洪)

- 자존심은 자기 확립이고 자기 강조다. 위대한 개인, 위대한 국가, 위대한 민족은 오직 자존심 하나로 결정되는 것이다.

  - 강효백

- 분할된 국가는 어쨌든 불행하다.

  - 볼테르

- 일본이 남북한의 화해에 소극적인 까닭은 남북통일의 시너지 효과가 항일민족주의와 '일본 응징'으로 집약되는 게 두렵기 때문이다.

  - 강효백

독도에 일본은 양심이 없고 한국은 대책이 없다

독도에 대해 일본은 양심이 없고 한국은 대책이 없다. 일본의 망언은 이미 망언 수준을 넘었다. 망동으로 치닫는 일본의 행태에 대다수 우리국민들은 치 떨리는 배신감과 공분을 금치 못하고 있다. 명명백백한 대한민국 국토를 초등학교와 중학교 교과서에 자국 영토로 표시해 놓고 가르치고 있는 데도 '아직 나는 배가 고프다'는 식인지 최근 일본 국회의원들마저도 독도탈환을 공언하며 울릉도를 방문한다고 한다.

그런데 이런 어이없는 일본의 행위에 더욱 어이없는 것은 우리 지도층 일부의 패배주의에 함몰된 지나친 저자세이다. 아니 이제 좀 식상하지 않는가? 수십 년간 앵무새처럼 반복해 온 '독도를 분쟁지역화하려는 일본의 의도에 넘어가지 않아야', '조용한 외교', '(실행 없이) OOO검토해야' 따위의 상투어들은 스스로 생각해도 무의미하고 민망하지 않는가? 만일 남이 자신의 사유지를 뺏으려고 할 때도 자신의 정당한 소유권의 주장을 감정적 대응으로 매도하면서 주야장천 '조용한 교제'만을 읊조리고 있을까?

독도는 우리나라에서 제주도에 버금가는 큰 섬이다. 독도의 지정학적 위치와 독도관할 해역은 남한 육지 전체면적과 맞먹는 어마어마한 크기의 대한민국 국가 부동산이다. 맞대응하지 않음으로써 분쟁지역화하지 않겠다고 하지만 실제로 독도는 남사군도와 센카쿠, 오키노도리와 북방 4개 도서처럼 분쟁도서(Disputed Islands)가 된 지 이미 오래이다. 국내절차법과 달리 설사 일본이 독도영유를 주장하며 국제사법재판소에 제소하더라도 한국이 응소만 하지 않으면 소송이 진행될 수 없는 것이 일반적인 국제절차법 원칙이다.

어떤 땅을 자국의 영토로 주장하기 위해서는 현재 국제법상으로 는 선점이론이 적용된다. 선점이론은 해당 지역을 점유의 의사를 갖 고 먼저 실효적으로 지배하는 나라가 그 땅의 영유권을 갖는다는 이 론이다. 즉 국제법상으로도 사실상으로도 '실효적 지배'만 확실히 유 지, 강화하면 영유권의 주체가 교체되는 사태는 발생하지 않는다.

독도에 대해 갈수록 도를 더하고 있는 일본의 망언과 망동에 대해 몇 십 년 해묵은 레퍼토리로 끌고 나가면, 즉 당연한 우리 땅 독도인 데 일본 정부에 강력한 항의나 실효적 지배 강화조치 없이 미지근한 '당부(부탁)'만 하다 보면 자칫 국제법상 '묵시적 승인'으로 간주 될 수 있는 위험성도 없지 않다.114)

대마도가 답이다

'공격은 최선의 방어'라는 말은 축구경기의 전유물이 아니다. 외교 에서도 마찬가지이다. 최근 외교부 장관이 '일본 중학교 교과서 해 설서'의 독도 영유권 표기 문제에 대해 일본 정부에 신중한 판단을 당부했다고 한다. 독도는 당연히 우리 땅인데 일본 정부에 강력하게 항의를 해야지 왜 '당부'만 하는가?115)

2005년 3월 경남 마산시 의회는 '6월 19일 대마도의 날'의 조례 제정을 가결하였다. 이 조례는 대마도(일본명 쓰시마)가 우리 영토 임을 대내외에 각인시키며 영유권 확보를 목적으로 하고 1419년(세 종 1년) 이종무 장군이 대마도를 정벌하기 위해 마산포를 출발한 날을 기념하기 위한 것이다. 대마도의 날 제정 이후 신정부 출범 이전까지 일본의 독도관련 동향을 분석하면 일본 중앙정부차원의 독도망언의 빈도가 눈에 띄게 잦아들었음을 알 수 있다. 마산시 의회가 1995년 지방자치제 실시 이후 거둔 쾌거의 하나라고 높이 평가하고 싶다.

옛 지도에 등장하는 대마도를 보면 우리의 대마도 영유권 주장이 일본의 독도망언에 단순한 맞불 놓기가 아니라는 걸 알 수 있다. 우리 영토는 백두산이 머리가 되고 태백산맥은 등뼈가 되며 영남의 대마(對馬)와 호남의 탐라(耽羅)를 양발로 삼는다고 명기한 해동지도를 비롯, 대동여지도, 조선전도 등 조선시대 지도 대다수는 대마도를 우리 땅으로 표기하고 있다. 심지어 왜란 당시 일본지도인 팔도총도에도 대마도를 조선영토로 표기, 공격대상이라고 표시하였다.

조선시대뿐만이 아니다. 대한민국이 탄생한 지 3일째 되던 1948년 8월 18일 이승만 대통령은 '대마도는 우리 땅'이라고 선언하고 일본 측에 대마도 반환을 요구하였다. 일본 측이 항의해오자 우리 외무부는 이를 반박하면서 그해 9월 '대마도 속령에 관한 성명'을 발표하였다.

이듬해 1월 7일에 열린 한국 최초의 대통령 연두 기자회견에서도 이승만 대통령은 대마도 반환 촉구를 재천명하였다. "대마도는 오래전부터 우리나라 땅이었다. 한때 일본이 이를 무력 강점하였으나 결사 항전한 의병들이 이를 격퇴한 전적비가 대마도 도처에 있다. 1870년대 대마도를 불법 점유한 일본은 포츠담 선언에서 불법 점유한 영토는 반환하기로 약속했기 때문에 이제 우리에게 돌려줘야 한다." 같은 달 18일 31명의 제헌의원들은 연명으로 '대마도 반환촉구결의안'을 국회 본회의에 제출하여 샌프란시스코 미·일 강화회의에서 대마도 반환을 관철시킬 것을 요구하였다(서울신문 1949년 1월 8일, 1월 19일 기사 참조).

만일 후임 역대 대통령과 국회 또는 외교부장관이 그들 선배처럼 대마도 영유권을 한 번이라도 주장하였더라면 어찌되었을까? 설령 대마도를 회복하지 못했다손 치더라도 최소한 일본이 독도가 자기네 땅이라는 망언을 함부로 내뱉지 못하게 하는, 억제력 상당한 카드로 작용하였을 가능성도 없지 않았으리라. 자랑할 것이라고는 가을 하늘 하나뿐이었던 건국 초기에도 그토록 당당했었는데 세계 10위권 경제대국이 된 지금에 와서는 왜 이토록 패배주의와 열등의식에 기초한 수비 일변도에서 웅크리고 있는지 그 내막을 도대체 알 수 없다. 한·일 축구경기에서 한국 팀이 시종일관 백패스나 일삼는 수비만 하고 공이 일본 진영으로 한 번도 안 넘어 간다면 우리 관중은 얼마나 마음 졸이고 답답해하겠는가? 방패로만 맞서다가는 언젠가는 뚫리고 패배의 서러움만 남는다. 창에는 창이 제격이듯 독도에는 대마도가 해답일 수 있다.[116]

중국, 지도에서 이어도 기점 변경했다

이어도가 지금까지 알고 있었던 것보다 한국 쪽에 훨씬 가깝게 위치한다는 확실한 증거가 중국 지도에 표시돼 있는 것으로 확인돼 중국의 이어도 야욕에 확실한 제동이 걸릴 전망이다.

중국전문가 강효백 경희대 국제법무대학원 교수는 2008년 10월

16일 <데일리안>과의 통화에서 "중국의 현재 지도를 검수한 결과 지금까지 알고 있었던 중국에서 이어도까지의 거리 245km(133해리)보다 42km(22해리)나 더 먼 287km(155해리)로 확인됐다"고 밝혔다.

강 교수의 설명을 정리하면 지금까지 이어도는 중국의 무인암석 퉁다오(童島)에서 245km, 한국에서는 마라도에서 남서쪽으로 149km 떨어진 수중 암초였지만 중국의 현재 지도를 상세히 검수한 결과, 중국은 이어도의 기점을 '퉁다오'로 두고 있지 않고 한국의 마라도와 비슷한 규모의 유인도인 '서산다오(余山島)'라는 곳을 기점으로 두고 있다는 것. 중국 스스로도 이미 기점을 달리하고 있는 상황이라는 것이다.

图1 苏岩礁的战略位置和影响

▲ 출처: 高之國, 關于蘇岩礁和 '沖之島'思慮和建議 『國際海洋發展趨勢研究』, (北京: 海軍出版社, 2007), p.2의 삽도를 스캔. 중국 측 기점이 종전의 '퉁다오'가 아닌 '서산다오'가 위치한 장강 하구에서 출발하는 것으로 표시되어 있다.

국제법에 따르면 무인 암초를 기점으로 삼을 수 없다. 도서와 관련한 해양경계획정에서 우선 고려해야 할 원칙은 해양법협약 제121조 3항이다. 이 조항에는 '사람이 지속적으로 거주하거나 자체 경제생활이 불가능한 암초는 배타적 경제수역 또는 대륙붕을 가질 수 없다'고 규정돼 있다. 그런데 중국이 1996년에 선포한 49개 영해 기선점 중 제12번 기점 퉁다오는 중국의 보통지도에는 표시도 되지 않는 조그만 무인 암초(총면적 0.0440㎢)다.

중국으로서는 이어도에서 42㎞ 후퇴하는 손해를 감수하고 슬그머니 제11번 기점 서산다오로 바꿔놓은 셈이다. 이처럼 중국이 기점을 바꾼 시점이나 이유에 대해 공식적으로 나온 자료는 없다. 강 교수는 이에 대해 "중국은 유엔 상임이사국 지위를 갖고 있으면서도 특히 해양법과 관련해 국제법 위반 사항이 많아 타국에 비난을 많이 받아 왔었다"면서 "기점을 서산다오로 옮겨도 42km, 22해리 정도 후퇴하는 것이고 그래도 200해리 안에는 포함돼 있어 국제법까지 위반해가며 무리수를 둘 필요 없다고 판단한 듯하다"고 분석했다.

강 교수는 "기존의 중간선보다 21km나 더 중국 해역 측으로 전진하게 되고 이어도의 관할권 확보는 물론 우리나라 쪽에 더욱 유리하게 광대한 해역을 획정할 수 있는 확고한 근거가 마련된 셈"이라며 "이러한 중국 측의 동향을 잘 모르고 그동안 우리 스스로가 자살골을 넣어왔던 셈"이라고 안타까워했다. 21km라면 2만 ㎢가 넓어 것으로 현재 남한 영토의 20% 가량을 더 확보하는 결과가 된다. 이어 강 교수는 "이제 이어도의 관할권 주장을 놓고 더 이상 논란할 여지가 없다"면서 "우리에게 유리한 내용이 중국 지도에 나와 있으니 이를 근거로 하면 된다"라고 강조했다.

강효백 교수, 이어도 기점 바로잡는 데 기여

국토해양부 산하 국립해양조사원이 2009년 초 이어도의 중국 측 기점을 기존 '퉁다오'보다 42km 더 떨어진 '서산다오'로 변경했다. 외교부는 이를 근거로 해외 공관의 지도에 이어도 기점을 변경했다.

이어도 문제를 집중 연구해왔던 강효백 경희대 국제법무대학원 교수는 "정부가 학계의 문제 제기를 받아들여 수정한 것은 이례적인 일"이라며 "이는 정부가 이미 실효적으로 지배하고 있는 이어도에 대한 그간의 잘못된 표기를 인정해 받아들인 것"이라고 의미를 부여했다.

국립해양조사원이 이어도의 중국 측 기점을 변경한 것은 올해(2009년) 초다. 그동안 학계에서는 강 교수를 중심으로 중국이 기점으로 설정한 퉁다오가 무인도로 배타적 경제수역(EEZ)의 기점으로 삼기에는 적절하지 않다고 지속적으로 문제를 제기했다.

당초 이어도의 중국 측 기점인 퉁다오는 이어도에서 245km 떨어졌고, 서산다오는 이어도에서 287km 떨어졌다. 이에 대해 2008년 10월 강 교수는 "수년 전부터 중국 측이 '서산다오'를 이어도의 기점으로 표시했다"면서 "'퉁다오'라는 주장은 한국 측 지도를 인용한 것으로 우리 측의 명백한 오류라고 판단된다. 우리 관계기관은 즉시 이어도의 중국 측 기점을 '서산다오'로 시정해야 한다"고 주장해왔다.

· 이어도 중국 측 기점 문제, 강효백 교수 최초 제기

이어도가 논쟁의 중심이 된 것은 한국이 이어도에 해양과학기지를 설치할 때부터다. 중국은 이에 이의를 제기하기 시작했고 2006년 9월에는 외교부 대변인 브리핑을 통해 해양과학기지 설치를 반대한다는 입장을 밝혔다.

이후 2007년 12월 중국이 국가해양국 산하기구 사이트를 통해 이어도를 자국 영토라고 주장해 한국과 마찰을 빚기도 했다. 이전까지 문제 제기는 해왔으나 공식 문서를 통해 자국 영토라고 주장한 것은 치음이라 상당한 논란을 빚었다.

중국측 이어도 기점 변화

한국
동해
서해
제주도
마라도
이어도
149km 도리시마
서산다오 287km
276km
상해 245km 기존 기점
중국
퉁다오
태평양

▲ 강효백 자료 제공 ⓒ국민일보

2008년 8월 이 사실을 뒤늦게 안 우리 정부의 항의로 삭제됐다가 다시 복원되는 우여곡절 끝에 같은 달 15일 최종 삭제됐다. 이후 강효백 교수가 '한중 해양경계'와 관련한 논문을 준비하면서 이어도의 기점 표시에 심각한 오류가 있음을 발견했다. 2009년 9월 강 교수는 "중국에서 슬그머니 기점을 바꾼 것 아니냐"는 의문을 제기했고, 이후 더 세밀하고 깊이 있는 연구 끝에 10월 "열람 또는 접촉 가능한 모든 중국 측 문헌과 자료, 중국 최대의 포털사이트 바이두에 게재된 이어도 관련 사진과 그림 총 270개를 전수 분석 검토한 결과 '서산다오'가 기점"이라고 밝혔다. 이는 2009년 10월 말 국회에서 열린 '이어도 관련 토론회'에서도 제기되어 이어도에 관한 정치권의 관심을 촉발키도 했다.

한편 강 교수는 우리 정부의 중국측 이어도 기점 변경과 관련, "학계의 주장이 현실정책에 반영되는 예는 매우 어려운 일"이라면서 "국가이익적 차원에서 학자의 주장을 받아들여 오류를 정정한 국토해양부와 외교부를 높이 평가한다"고 기쁨을 전했다.117)

남한 육지의 3.5배 우리가 지켜야 할 바다 면적

항해자들은 암초를 죽음의 계곡으로 경원시한다. 그런데 누구나 기피하는 수중 암초인 이어도의 중요성을 간파하고 해양법협약 발효 이듬해인 1995년에 해양과학연구기지 건설을 착수한 것은 지점과 시점을 절묘하게 선택한 청사에 길이 빛날 쾌거로 높이 평가하고자 한다.

우리나라 학계 일각에서는 이어도는 일 년에 몇 차례 모습을 드러내는 간출지라고 주장하고 있다. 이와 같은 주장은 해양법협약 제13조 1항과 2항, 제7조 4항에 근거하여 이어도의 권원을 최대한 확장할 의도인 것으로 보인다.

그러나 해양법상 간출지는 만조 시에는 수중에 잠몰하지만 간조 시마다 수면에 출현해야 하는 것이기 때문에 이어도는 간출지가 아니라 수중 암초이다. 설령 이어도가 해수면 아래가 아닌 해수면 위의 암초라 가정할지라도 먼 바다에 고립되어있는 무인 암석에 대하여 영해와 EEZ(배타적 경제수역)나 대륙붕을 주장한다면 이는 관계국과의 분쟁의 원인이 될 수 있다.

이어도의 해양과학기지는 '인공시설 및 구조물'이나 '인공도'에 해당하는 것으로 해양법상 도서로서의 지위를 가지지 못한다.(해양법협약 제60조 8항) 그러나 연안국은 EEZ 내에서 협약의 관련규정에 따라 인공도 시설 및 구조물 설치와 사용에 관한 관할권을 갖는다 (해양법협약 제56조 1항 b호의 (1)). 공해상에서도 모든 국가는 공해상에 자유로이 인공도나 기타 시설을 할 수 있다(해양법협약 제87조 1항(d)). 따라서 우리나라는 해양법협약에 근거하여 이어도에 해양과학기지를 축조할 권리를 보유하며 이어도 해양과학기지 건설 및 그 운영에 대한 중국 측의 이견 표시는 해양법상 근거가 희박한 것이다.

· 이어도, 국제법 파고를 뛰어넘어라!

1996년 제정한 한국의 '배타적 경제수역법' 제2조 2항은 한국과 대항하거나 인접하고 있는 국가(관계국) 간의 배타적 경제수역의 경계는 국제법을 기초로 합의에 의한다는 내용을 밝히고 있다. 이는 해양법협약의 경계획정 관련규정의 내용을 반영하는 것인데 경계획정의 원칙을 특정하지 않고 '합의'를 강조한 것이 특징이라고 할 수 있다.

동법 제5조 2항은 "한국의 배타적 경제수역에 있어서의 권리는 한국과 관계국 간에 별도의 합의가 없는 경우 한국과 관계국의 중간선 외측의 수역에서는 이를 행사하지 아니한다. 이 경우 '중간선'이라 함은 그 선상의 각 점으로부터 대한민국의 기선상의 가장 가까운 점까지의 직선거리와 관계국의 기선상의 가장 가까운 점까지의 직선거리가 같게 되는 선을 말한다"라고 규정하여 중간선 원칙을 명확히 하였다.

대륙붕에 관하여 한국은 '해저광물자원법'(1970년 제정)상의 7개 광구의 설치와 관련된 일본과의 2개 조약 등을 감안, 중국과 일본과는 달리 대륙붕에 관한 별도의 법률은 두지 않았다. 한국은 오래전부터 일본에 대해서는 대륙붕의 경계획정 원칙으로 자연적 연장을 주장해왔으며 중국에 대해서는 중간선을 제시하여 왔다.

한국은 황해와 동중국해의 대륙붕은 동질적인 연속체로 된 하나의 대륙붕으로 간주하여야 한다는 견해이다. "먼저 잠정적으로 등거리 선을 채택하고, 그 다음 이 등거리 선을 수정해야 되는 '특별한 사정'이 있는가를 적용하여야 한다"는 일관된 입장이다.

한편 중국은 1998년 '배타적 경제수역 및 대륙붕법'을 제정하여 시행하였다. 동법은 배타적 경제수역의 범위를 200해리로 하고 대륙붕은 중국 육지영토의 전부가 중국영해 바깥쪽으로 자연적으로 연장되어 대륙단의 외연까지 뻗어 나간 해저 구역의 해저와 그 지하로 하며, 만일 대륙단의 외연이 200해리에 미치지 못할 경우에는 200해리까지 확장하도록 규정하였다(법 제2조 2항). 또한 중첩수역 및 중첩대륙붕에 있어서의 해양경계는 국제법에 기초한 형평과 상호주의원칙에 따라 합의로써 정한다고 규정하였다(법 제2조 3항).

해양경계획정과 관련하여 한국의 배타적 경제수역법에는 '합의'와 '중간선'은 있고 '형평'이라는 자구가 없다. 이와 대조적으로 중국의 배타적 경제수역 및 대륙붕법에는 '합의'와 '형평'은 있으나 '중간선'이라는 자구가 없다. 여기에서 한국과 중국은 해양법협약 제74조가 규정한 대로 국제법을 기초로 합의에 의하여 경계선을 획정하는 것을 목표로 삼고 있으나, 그 결과에 도달하기 위한 방법에 관해서는 상당한 인식 차이를 유지하고 있다.

한국은 중간선을 일단 획정한 후 관련 상황들을 고려하여 이를 조정함으로써 해결할 수 있다고 하는 반면에 중국은 형평의 원칙을 주장하면서 중간선을 임시경계선으로 사용하는 데 반대하고 있다.

전통적으로 한국은 서해와 동중국해에서의 경계획정과 관련하여 중국에 대하여 중간선 원칙을 주장하고 있지만 중국은 오래전부터 해저지형을 최대한 고려하는 형평의 원칙을 주장해 왔다. 그러나 리비아-몰타 사건에서 보듯이 대안국 간의 거리가 400해리를 초과하지 아니하는 경우 해저지형은 고려하지 아니하며 경제수역과 대륙붕에 단일경계선을 긋는 것이 오늘날 국제사회의 일반적인 경향이므로, 중국의 종래의 주장은 설득력을 잃고 있다.

따라서 등거리선 원칙을 근간으로 하여 합리적인 결과를 도출하기 위하여 특별한 사정을 참작한 중간선의 조정이 있는 경우에도 한국 측의 마라도와 중국 측의 서산다오를 기점으로 출발한 가상 중간선으로부터 48해리 더 한국 쪽으로 들어와 위치해 있는 이어도는 당연히 한국의 관할해역 범위 안에 들어오게 된다.

· 이어도, 법과 제도로써 주권을 지켜야

무엇보다 인식의 전환이 우선되어야 한다. 닫힌 뭍에서 열린 바다로 나아가야 한다. 무한한 자원의 보고인 바다를 누가 더 잘 활용하느냐가 21세기 국가경쟁력을 결정하는 핵심이라고 한다면 우리도 이제 바다로 눈을 돌려야 할 것이다. 우리가 관할하는 해양의 면적은 약 34만 8천㎢로서 남한 육지면적의 3.5배에 달한다.

특히 이어도 주변해역은 돌돔, 조피볼락, 붉바리 등 고급어종이 서식하는 대형어장일 뿐만이 아니라 우리나라가 설정한 제4광구에 속한다. 천연가스와 원유, 가스하이드레이트 등 각종 광물자원의 부존량이 풍부한 것으로 밝혀졌다.

끝으로 정부차원의 해양 영역 문제를 총괄하는 컨트롤 타워 설립을 제안한다. 즉 이어도 주변해역을 비롯한 우리나라 관할 해역에 대한 인문 사회 자연과학 등 모든 지식과 정보를 총망라하는 국가차원의 조직화된 추진체가 필요하다. 나아가 해양자원의 공동개발, 해양경계획정의 원활한 추진 등 동북아 공동번영과 상생의 지혜를 모을 한·중 또는 한·중·일 해양협력체 설립을 검토할 필요가 있다.[118]

『최보식이 만난 사람』 '중국의 습격' 예고한 강효백 교수

"중국은 이어도 해역을 자국 영해로 여기고 있다. 중국이 어느 날 이어도를 꿀꺽한 후 시치미를 떼는 일이 발생하더라도 '그까짓 암초와 암초 위의 시설물 하나 때문에 중국과의 관계를 악화시킬 수 없다'고 충고하는 우리 지도층 인사의 수도 적지 않을 것 같다."

책이 출간되고 닷새 뒤 중국의 류츠구이(劉賜貴) 국가해양국장(차관급)이 신화통신과의 인터뷰에서 "이어도는 중국 관할 구역"이라고 말했다. 중국의 복심(腹心)을 미리 알고 썼나? 경희대 중국법학과 교수로 재직 중인 그는 중국과 대만에서 12년간 외교관으로 일했다.

"봄이 되면 꽃이 피는 것처럼 사실 난 놀라진 않았다. 다만 너무 빨리 오는구나 생각했다. 후진타오 주석이 2006년 '해양대국'을 선언한 이후로 진행되어온 것이다. 우리만 관심이 없었을 뿐 새삼스러운 게 아니다."

— 이 발언이 있고서 국내 언론에서는 '대륙위협은 그동안 있었지만 해양위협은 처음'이라고 분석했다.

"중국은 서북방과 동북 3성(省) 등 대륙 끝까지 개발했다. 역사상 지금보다 힘센 중국은 없었다. 이제 무한팽창의 욕구가 바다로 향하고 있다. 전 세계 바다에 오성홍기(五星紅旗)가 휘날리는 '해양제국' 건설이 목표다. 중국 대륙에서 인도양과 태평양으로 나가는 관문이 바로 이어도 해역이다. 중국이 그런 이어도를 놔둘 리가 없다. 무력 점령도 준비하고 있을 것이다."

— 탁상(卓上)에서 생각해볼 수 있는 시나리오지, 한중 관계의 현실에서 일어날 수 있겠나?

"중국은 돌발점령의 챔피언이다. 1974년 베트남전을 틈타 '서사군도'를 점령했다. 1987년에는 '남사군도'에도 군대를 파견했다. 이 때문에 베트남·필리핀·대만·말레이시아 등과 영유권 분쟁을 일으키고 있다. 과거는 지금의 거울이다. 무엇보다 '이어도 관할권을 법제화하겠다'는 중국 국가해양국장의 말에 주목해야 한다. 이어도를 중국 법질서 안으로 편입하겠다는 뜻이다. 일본이 독도를 교과서에 싣는 것보다 더 위협적이다."

— 어떤 사안에 너무 집착해 극단의 경우만 가상하는 게 아닌가?

"이어도와 가장 가까운 중국의 섬인 서산다오(余山島)에는 해군기지가 있다. 18시간이면 점령된다. 그런데 제주해군기지 반대 시위 현장에서 심상정 통합진보당 공동대표가 '해군기지 건설로 중국을 자극해 암초에 불과한 이어도 문제가 발생했다'는 식으로 말했다. 좌파 매체도 '이어도는 암초 맞다'고 동조했다. 어떻게 이럴 수가 있나."

— 아마 상당수 국민은 이어도가 어디에 위치하고 있는지조차 모른다.

"바로 '암초에 불과한 것'이라는 인식이 중국에 침공의 동기를 부여한다. 어떤 부류들은 중국이 점령해도 '그까짓 걸로 최대교역국인 중국과 다툴 필요 있느냐고 할 것이다."

— 이어도는 섬이 아니라, 수면에서 4.6m 아래 있는 암초다. 그 자체는 영토가 될 수 없다.

"이어도 주변 해역(약 6만 ㎢)은 남한 면적의 60%쯤 된다. 우리는 해양에 대한 인식이 없다. 중국에서는 가장 큰 성(省)을 하이난성(海南島)이라고 가르친다. 하이난도의 해역을 포함하면 가장 넓다는 것이다. 그런 기준으로는 우리나라에서 가장 넓은 도(道)는 제주도다. 왜 육지만 '영토'로 보는가?"

— 해양의 관점에서 한·중·일 삼국을 보면 어떤가?

"일본의 관할 해양면적은 약 386만 ㎢, 국토(37.7만 ㎢)의 10배 이상 된다. 중국의 땅은 960만 ㎢이나 해양면적은 135만 ㎢에 불과하다. 우리나라(남한)는 9.9만 ㎢에 해양은 34.8만 ㎢이다."

— 당신은 책에서 '일본은 넓고 중국은 좁다'고 표현했다.

"중국은 뒤늦게 해양의 가치를 깨달았다. 일본과의 센카쿠섬(중국명 댜오위다오) 영유권 분쟁은 시작에 불과하다. 이제는 센카쿠와 이어지는 류큐 군도(오키나와) 전체에 대해 시비를 건다. 류큐 군도는 2차 대전 직후 일본에 귀속됐다. 그게 국제법으로 무효라는 주장이다. 일본 전체 해역의 3할쯤 차지하는 류큐 군도를 내놓으라니 일본이 경악했다."

— 이어도 사태는 이명박 대통령이 "당연히 우리 관할"이라고 대응한 뒤로 일단 잠복한 것 같다.

"우리는 끝난 줄로 안다. 하지만 이를 계기로 중국의 유명 시사평론가가 TV에 출연해 '이어도에 오성홍기를 꽂아야만 국가 주권을 수호할 수 있다'고 했다. 신문과 인터넷에는 '이어도의 한국 시설물을 모두 철거하자', '한국이 가장 두려워하는 사태가 발생했다'는 등의 글이 게재됐다."

― 중국 외교부 대변인은 "영토분쟁이 아니다. 이어도가 위치한 곳은 중국과 '배타적 경제수역'에서 중첩된다. 쌍방이 협상으로 해결해야 한다"고 말했다. 이는 타당하지 않은가?

"이어도가 양국의 배타적 경제수역(200해리·370㎞) 안에 들어가 있는 것은 맞다. 하지만 한국에서 더 가깝다. 마라도에서는 149㎞이지만, 중국의 서산다오에선 287㎞나 떨어져 있다."

― 양국의 배타적 경제수역 안에 들어 있는데, 거기서 얼마 더 멀고 가까운 걸 따지는 게 의미가 있나?

"통상 해양경계를 획정할 때 양국 간 거리의 '중간선'으로 한다. 이어도는 중간선으로부터 48해리(약 89㎞, 1해리는 1852m)나 더 한국 측으로 들어와 있다."

― 1996년 이후 양국 간 16차례 협상이 있었지만 해양경계 획정에 실패했다. 협상은 상대가 있다. 중국은 대륙붕과 해안선 길이 등을 해양경계선의 기준으로 삼아야 한다는 것이다. 이런 주장은 억지인가?

"국제법상에는 그런 원칙도 적용된다."

― 이어도가 중국의 대륙붕에 연속된 게 맞나?

"해저 지형으로는 이어도가 중국의 대륙붕상에 있는 것은 맞다. 또 마주 보는 중국의 해안선(1.8만㎞)은 우리 쪽보다 9배쯤 길다."

― 그러면 우리가 완전히 우세한 입장이라고 보기 어렵지 않은가?

"최근 이런 분쟁이 국재재판소까지 갔을 때 '중간선' 원칙이 채택됐다. 특히 양국 사이에 놓인 해역의 폭이 400해리 미만에서는 더욱 그렇다."

— 외교적 마찰과 무력 충돌이 예상됨에도, 이어도 해역을 놓고 한 치 양보 없이 맞붙어야 하는가?

"배타적 경제수역이란 외국 선박과 항공기 통행을 허용하는 것 말고는 영해나 다름없다. 영해가 침실이라면 배타적 경제수역은 거실이다. 거실은 이웃과의 사교나 접객용도로도 쓰이지만 주택의 중심이 되는 공간이다. 이어도 문제는 본질적으로 '영토 분쟁'과 다를 게 없다."

— 2010년 센카쿠섬 해역에서 중국 어선과 일본 해상순시선이 충돌하면서 외교 분쟁이 일어났다. 센카쿠를 실효적으로 지배하고 있는 일본 정부가 "국내법에 따라 엄정히 처리하겠다"며 중국인 선장을 구속했다. 그러자 중국 정부는 고위급 회담 전면 중단, 일본 관광 취소, 희토류 수출 중단, 대규모 반일시위 등으로 일본을 압박했고, 결국 일본은 선장을 조기 석방했다.

"일각에서는 이를 내세워 겁을 준다. 하지만 일본은 여전히 센카쿠를 실효적 지배를 하고 있다. 나는 나름대로 중국을 안다고 할 수 있다. 한중친선협회 감사이고 서울-북경 친선우호협회 대표를 맡고 있다. 중국 사람들은 상대의 비굴함을 제일 경멸한다. 차라리 상대가 약간 도도하면 더 인정하는 경향이 있다. 중국에 우리가 만만찮은 이웃이라는 인상을 심어줘야 한다."

— 우리의 대(對)중국 수출액은 미국과 EU를 합친 것보다 많다. 또 북한 문제에서는 중국과의 긴밀한 협조가 필요하다. 이런 상황에 우리가 원칙적인 입장만을 유지할 수 있을까?

"우리는 반미(反美)는 쉽게 하면서 중국에는 입을 닫는다. 중국을 잘못 건드리면 어떻게 될지 모른다는 두려움이 있다. 여전히 사대주의가 우리 마음을 지배하고 있다."

— 원칙론만 내세우지 말고 실제 국익에서 어떤지를 묻고 있다.

"중국이 이어도를 장악하면 우리의 남방해역은 중국의 내해(內海)가 된다. 우리 바닷길이 완전히 차단된다는 뜻이다. 우리의 무역의존도는 85%다. 이 무역물동량 중 99.8%가 해상을 통해 이뤄지고, 대부분 제주-이어도 해역을 통과한다. 절대 포기할 수 없는 것이다. 무엇보다 이어도는 국제법상으로 우리 관할이다."

— 동해와 서해도 있는데, 왜 무역물동량 대부분이 남방해역을 통과하는가?

"서해는 중국 영해에 막혀 있다. 동해는 일본 열도가 가로막는다. 우리는 늘 대륙으로 쳐다봤는데, 지도를 180도 돌려놓으면 남쪽 바다로 세계의 문이 활짝 열려 있다는 걸 안다. 이러한 중요한 해양 영토를 방어하기 위한 최소한의 조건이 제주해군기지 건설이다. 이는 생존의 차원이다."

— 1995년 우리 정부는 '이어도 해양과학기지' 건설에 착수해 바다 위 36m 높이의 기지가 만들어졌다. 당시 결정에 대해 어떻게 평가하나?

"배타적 경제수역에서 연안국은 시설과 구조물을 설치·운영할 권리를 갖는다는 유엔해양법협약이 발효된 바로 이듬해였다. 앞날을 내다본 대응이었다. 그 뒤로 이어도가 우리 관할임을 실효적으로 보여준 것이다."

— 당시 '영유권 시비를 없애려면 아예 인공섬으로 만들어야 한다'

는 주장도 있었다.

"국제법 위반이다. 그랬다면 중국을 불필요하게 자극했을 것이다. 이어도를 '그까짓 암초가 뭐라고 중국이 원하면 줘버리지' 하는 식의 매국노적 언행도 금물이지만, 이어도를 수중 암초가 아닌 섬이라고 우기거나 인공섬으로 만들어야 한다는 등의 저급한 국수주의적 발언도 문제다."

— 도쿄에서 1740㎞나 남쪽으로 떨어져 있는 일본의 오키노도리(沖ノ島)는 인공섬으로 만든 사례 아닌가?

"태평양의 그 암초는 해면에 노출되는 면적이 10㎡가 채 안 된다. 만조 때는 아예 잠긴다. 일본 정부는 1987년 콘크리트를 들이부어 인공섬으로 만들었다. 등대까지 세웠다. 이를 기점으로 배타적 경제수역을 선포했다. 그 해역이 일본땅보다 더 넓은 42만 ㎢쯤 된다. 일본의 탐욕일 뿐, 국제법상 인정되지 않는다. 중국과의 불필요한 분쟁만 일으키고 있다."

— 그런 일본은 독도 영유권 분쟁도 일으키고 있고….

"정부 수립 사흘째 되던 1948년 8월 18일, 이승만 대통령이 '대마도는 우리 땅'이라고 선언한 사실을 나는 알게 됐다. 일본 측의 항의에도 불구하고 당시 우리 외무부는 '대마도 속령(屬領)에 관한 성명'을 발표했다. 이듬해 연두회견에서도 이 대통령은 '대마도는 역사적으로 우리 땅이었으니 돌려 달라'고 했다. 만일 그 뒤 정부에서도 이를 주장했다면 적어도 일본의 독도 망언은 없었을 것이다."119)

조선을 사랑한 류큐 국기는 태극기였다

잊어버린 것 외에 새로운 것은 없다.

잊힌 왕국 류큐의 역사를 대체로 구분하면 5단계로 나누어진다.

▲ 옛 류큐 왕국의 국기 '삼태극기'.
우리 태극기와 비슷하다

1. 해상무역 왕국의 황금시대
   (14세기~1609년)
2. 중국-일본에 의한 제1차 이중
   종속시대 (1609년~1879년)
3. 제1차 일본의 단독지배시대
   (1879년~1945년)
4. 미국-일본에 의한 제2차 이중
   종속시대(1945년~1972년)
5. 제2차 일본의 단독지배시
   (1972년~?)

해상왕국, 류큐의 황금시대

류큐는 독립왕국이었다. 12세기경에 200여 개의 크고 작은 섬들이 점점이 흩어진 류큐 제도의 최대 섬인 오키나와에서 류큐 왕국이 탄생했다. 류큐 왕국은 당시 명나라와의 무역독점권을 획득하고, 조선과 중국과 일본을 비롯한 동남아시아 여러 국가들과 활발한 중개무역을 통해 400여 년간 융성했던 해상중개무역의 요충지였다.

지금 오키나와 현립 박물관에는 슈리 왕궁의 정전에 걸려 있던 '류큐만국진량(琉球萬國津梁·류큐 만국의 가교)' 동종이 전시되어 있다. 거기에는 이런 명문이 새겨 있다.

"류큐는 남해에 있는 나라로 삼한(三韓·한국)의 빼어남을 모아 놓았고, 대명(大明·중국)과 밀접한 보차(輔車·광대뼈와 턱) 관계에 있으면서 일역(日域·일본)과도 떨어질 수 없는 순치(脣齒·입술과 치아) 관계이다. 류큐는 이 한가운데 솟아난 봉래도(蓬萊島·낙원)이다. 선박을 항행하여 만국의 가교가 되고 외국의 산물과 보배는 온 나라에 가득하다."[120]

류큐는 일본에서 보면 서쪽에, 중국에서 보면 동쪽에 있다. 한반도에서 봐야 정남쪽에 있는데 동종의 명문에 자신들을 '남해의 나라'로 규정한 것을 보면 류큐의 정체성이 한국이라는 사실을 선언한 것은 아닐까? 하여튼 동종의 명문이 한-중-일 동북아 삼국 중에서도 조선을 가장 먼저 언급하고 있는 데에서 류큐는 다른 나라를 좀처럼 침략할 줄 모르는 평화애호국인 조선에 대하여 동병상련이라 할까, 각별한 호감을 가지고 있었던 것으로 보인다.

『조선왕조실록』에 의하면 조선 개국 원년 1392년, 류큐 국왕의 명을 받을 공식 사절단이 조선을 예방하여 태조 이성계를 알현하였다. 태조는 사절단대표에게 정5품, 수행원들에게 정6품에 준하는 대우를 베풀었다. 류큐는 조선을 최초로 승인한 국가인 셈이다. 또한 『조선왕조실록』은 류큐 공식 사절단의 조선방문은 40회인데 반하여 조선 사절단의 류큐 방문은 3회로 기록하고 있다. 그 밖에도 양국의 각종 사료를 살펴보면 조선시대 거의 전 기간에 걸쳐 류큐와의 밀접한 관계가 이루어졌음을 알 수 있다.

특히 조선 제9대 임금 성종(재위기간 1469~1494)은 해인사 팔만대장경의 인쇄본을 류큐 왕국에 선물로 보내기도 하였다. 슈리성 아래 있는 연못가의 한 건물이 대장경을 보관하던 장경판고였다. 조선

초기를 대표하는 학자 중의 한 사람인 신숙주는 『해동제국기』에서 '류큐는 땅은 좁고 인구가 많기 때문에 바다에 배를 타고 다니며 무역하는 것으로 생업을 삼는다. 서쪽으로는 남만(동남아시아) 및 중국과 통하고, 동으로는 일본 및 우리나라와 통하고 있다. 일본과 남만의 상선들도 류큐 수도에 모여든다. 류큐 백성들은 수도 주변에 점포를 설치하고 무역을 한다'고 서술하였다.

홍길동 연구의 권위학자, 설성경 교수는 허균의 『홍길동전』의 홍길동은 연산군에 의해 비밀리에 석방되었으며 홍길동이 진출한 율도국이 지금의 류큐라고 주장했다. 설교수는 류큐 왕국의 혁명선구자의 아카하치(赤峰)의 별명은 홍가와라(洪家王)인데 그가 바로 홍길동이라는 논지를 펼치고 있다.[121]

한국과 류큐는 비슷한 부분이 많다. 일례로 류큐어로 엄마는 '움마'라고 한다. 일본은 돼지고기를 구워먹는 문화가 없지만 류큐는 한국과 같이 삼겹살 구이를 좋아하고 일본의 가부키는 얼굴에 화장을 하고 춤을 추지만 류큐는 우리의 안동 하회탈과 유사한 탈을 쓰고 추는 탈춤을 즐긴다. 그리고 고려시대의 삼별초가 제주도를 탈출, 오키나와 본섬의 남쪽 우라소에성(浦添城)으로 가서 류큐 왕국을 세운 기초를 다졌다는 연구도 있다.[122] 2009년 12월 1일 오키나와 시립극장에서는 '고국의 고려전사 삼별초'가 공연됐다. 실제로 류큐에서는 고려의 기와 양식과 문양이 동일한 기와가 발견되고 있고, 조선식 산성과 초가집, 칠기, 도자기 등 유적과 유물들이 다수 발견되고 있다.

한·미·중·일, 류큐 해양 공방도

조선과 류큐 양국의 각종 사료를 살펴보면 임진왜란 직전까지 류큐와의 밀접한 관계가 이루어졌음을 알 수 있다. 그러나 류큐는 임진왜란 당시 전쟁 군량미를 분담하라는 도요토미의 요구를 거부하였고, 전후 중국과의 관계를 회복하고자 알선 역할을 요구한 도쿠가와 막부에도 고분고분하지 않는 등 중국과 일본 모두에 일정한 거리를 두는 비무장·평화애호 정책으로 일관했다.

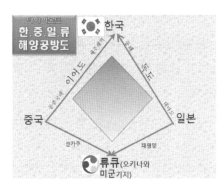

류큐의 독립왕국 지위가 흔들린 것은 도쿠가와 막부의 승인 하에 1609년에 이루어진 시마즈 다다스네의 침공이다. 이렇다 할 군대가 없었던 류큐는 싱겁게 굴복하고 이후 '중국을 아버지의 나라, 일본을 어머니의 나라'로 섬기는 이중 종속국으로 전락하고 만다.

이후 류큐 왕국은 청국과 일본의 이중 속국의 애매한 위치에서 일본의 강압에 의한 병합으로 일본의 오키나와현으로 편입되었으며 400년에서 600년의 유구한 역사를 자랑하던 독립왕국에서 하루아침에 일본의 무력 앞에 허무하게 무릎을 꿇었다.

류큐 왕국의 수난과 멸망의 역사는 지정학적 특수성 때문이다. 류큐 제도는 중국을 가두는 포위망이 될 수도 있고, 광대한 해양수역을 확보할 수 있는 영토의 기점이자 태평양으로 진출할 수 있는 출구가 된다. 이런 전략적 가치로 인해 류큐 제도는 중국과 일본, 미국의 이해가 첨예하게 충돌하는 뜨거운 지점인 것이다. 청나라가 류큐 왕국을 잃어버린 것은 통치자들이 해양의식과 지정학적 사고 능력, 국제법적 식견이 부족했기 때문이다. 이홍장(李鴻章, 1823~1901)은 태평양의 출구로서의 류큐의 전략적 가치를 몰랐다. 종주국과 속국 관계는 국제법적 효력을 가질 수 없었다. 조선이 청국에 조공을 하면서도 자주독립국이었듯이 류큐 역시 형식상 청국의 책봉을 받고 조공을 바치는 관계이긴 했지만 엄연한 독립국이었다. 당연히 국제법적으로 청국이나 일본으로부터 자주권을 갖고 있었다. 류큐를 독립국으로 유지함으로써 일본과 청국의 완충지대를 만들 수 있었던 기회는 두 번이나 더 있었다. 일본의 류큐 병탄에 놀란 미국이 전 대통령 그랜트를 청국에 보내 류큐 제도 전체를 3등분하여 일본, 류큐, 청국의 3분안(分案) 통치를 중재했지만, 이홍장의 '무대응 지연책'으로 국제법상으로 '묵시적 승인'의 결과를 낳았다.

또 제2차 세계대전에서 일본이 막바지에 몰리던 1943년 카이로 회담에서 미국의 루스벨트 대통령, 영국의 처칠 수상, 중화민국 장제스 총통은 일본이 탈취 또는 점령하고 있던 영토와 도서의 원상 반환을 결정했다.

이 때 장제스는 만주, 대만, 펑후도의 반환과 한국의 독립을 포함하면서 류큐 제도는 반환 및 독립의 대상으로 명시하지 못했다.

류큐 제도 맨 남쪽에 있던 센카쿠(댜오위다오)의 영유권 분쟁의 씨앗이 여기서 싹텄다. 중국은 센카쿠가 대만의 부속도서로 당연히 전후 반환되었어야 할 고유영토라고 주장한다.

반면, 일본은 1879년 오키나와현으로 정식 편입된 이후 1972년 미국 관할하에 있던 것을 되찾은 일본의 영토라고 주장하며 팽팽히 맞선다. 국제사법재판소를 통해 분쟁을 해결하자고 일본이 큰소리치는 것도 법적 근거에서 밀리는 중국의 약점을 잘 알고 있기 때문인 듯하다.

중국이 역사적으로 여러 계기가 있었음에도 류큐에 대한 영향력을 확실하게 유지하지 않다가, 1990년대 들어서부터 센카쿠(댜오위다오)와 류큐 제도에 대해 적극적 자세로 나오게 된 것은 해양 영토에 수반되는 해역의 전략적 가치를 재인식했기 때문이다. 역사적으로 육지와 대륙 중시 정책에서 해양중시 정책으로 전환시킨 사람은 덩샤오핑(鄧小平, 1904~1997)이다.

덩샤오핑은 청조 말엽 대만과 류큐 제도를 일본에 할양해준 이홍장의 치명적 실책을 비판했다. 그는 1974년 북베트남의 서사(西沙, Pardcels) 군도를 기습 점령하여 하이난다오(海南島)에 편입시켰다. 1988년에는 베트남의 남사(南沙, Spartlys) 군도 9개 섬을 습격, 강탈하였다. 마오쩌둥이 티베트 점령에 이어 인도를 침공하며 서쪽 경략에 힘을 쏟았다면 덩샤오핑은 해양영토 팽창의 전주곡을 울린 셈이다.

류큐 왕국은 중국과 일본과는 다른 언어와 독특한 문화를 갖고 있는 독립왕국이었다. 2005년 국립 류큐 대학의 여론조사에 의하면 75%의 류큐인 응답자가 주민투표를 통한 류큐 독립을, 25%는 독립에 반대하나 자치의 확대를 희망하는 것으로 나타났다. 이후로도 류큐인들의 독립 요구의 목소리는 높아지고 있지만 류큐 왕국의 부활이나 류큐의 독립으로 이어질 가능성은 희박한 것으로 보인다.

"류큐 군도의 해역이 일본 전체 해양국토면적의 3분의 1에 해당"할 정도로 넓고 해역이 품고 있는 지하자원의 가치가 무궁하다. 결코 이를 놓칠 일본이 아니다. 문제는 중국이 2006년 후진타오의 해양대국 선언이후 센카쿠(댜오위다오) 영유권 분쟁을 넘어 류큐 제도 전체를 노리는 장기적인 '류큐 공정'에 나섰다는 점이다.

"류큐 왕국은 원래 중국의 속국으로서 류큐 군도 전부를 일본이 불법 점령한 것"이므로 "미국의 센카쿠를 포함한 오키나와 반환은 중국 영토에 대한 미일 간의 불법적인 밀실 거래"라고 주장하고 나선 것이다. 해상의 요충지 류큐 제도를 놓고 중국과 일본의 격돌을 예고한 셈이다.

이제 중국도 국제법적 논거에 눈을 떴다. 중국은 1946년 맥아더 성명에서 일본 정부의 행정구역에 류큐를 명시하지 않았고, 류큐를 미국이 신탁통치 했던 점을 들어 일본과 분리된 지역으로 볼 수 있다는 논거를 주장한다. 물론 일본에 속하는 부속도서에 명시되지 않았다 하여 그 자체로 중국의 영토라고 볼 수 있는 법적 근거가 되는 것이 아니다. 어떻든 중국의 대 일본 공세의 초점이 류큐 제도 전체로 확대된 것은 틀림없다.

더구나 2010년부터 중국 해군에서 "중국-류큐 관계 연구 총서"를 발행하는 등 중국과 류큐 간의 역사 문화적 관계를 중점적으로 연구하기 시작했다. 이는 영토의 편입이전에 역사 문화적 편입을 시도한 동북공정의 초기 단계를 닮았다는 점에 주목할 만하다.

센카쿠(댜오위다오)나 류큐 제도의 영토분쟁이 중국과 일본만의 문제는 아니라고 본다. 동중국해에서의 해양주권의 분쟁은 중국의 해양대국화의 큰 추세 속에서 이루어지는 것으로 볼 때, 이어도 영유권 분쟁을 통해 한국으로 확산될 수 있다는 점이 우려된다.

중국이 항공모함 바랴크호를 취항하는 등 해양대국화 하면서 서사군도 및 남사군도의 기습 점령과 같은 시나리오가 이어도에도 벌어질 가능성을 배제할 수 없다. 또한 중국이 남사군도를 기습 점령한 후 실효적 지배를 강화하기 위해 부두시설과 헬리콥터 착륙장, 보급기지 등 시설물을 확대하는 것도 중국의 해상 팽창주의의 일면이라는 점에 대해 경각심을 갖도록 하여야 한다.

중화 해양제국주의와 이어도

· 중국이 백년간 울면서 후회하고 다짐한 것이 있다면

거문도는 제주도와 전라남도 여수 사이에 위치한 섬이다. 섬 주변은 수심이 깊어 대형 선박을 수용할 수 있는 좋은 조건을 갖추고 있다. 러시아 동양 함대의 길목에 위치한 전략적 요충지였다. 영국은 거문도를 발견자의 이름을 따서 '해밀턴항(Port Hamilton)'이라고 불렀다.

1885년 4월 15일 대영제국의 군함 6척, 상선 2척이 조선의 거문도를 무력 점령했다. 그 달 하순경 영국기를 게양하고 포대와 병영을 쌓는 등 섬 전체를 요새화했다. 점령이유는 러시아 제국의 남하정책에 맞서기 위해서라는 것이다.

영국 정부는 거문도 점령 사흘째인 4월 17일 청나라와 일본에 거문도 점령 사실을 통고하였으나, 조선 정부에는 주청 영국 공사관을 통해 5월 20일에야 통고하였다.

영국은 당초 청나라와 교섭하여 거문도를 홍콩처럼 영국의 영구조차지로 만들 계획으로 거문도 협정 안을 제시하였다. 그러나 당시 조선 문제에 결정적인 발언권을 가지고 있었던 이홍장(李鴻章)은 거문도사건으로 인해 러시아와 일본이 제각기 조선 내의 영토 점령을 요구하고 나설 경우에 국제분쟁으로 커질 것을 우려, 영국의 거문도 조차에 대해 강력히 반대하고 나섰다.

거문도사건은 영국과 러시아의 패권대립에서 일어난 사건이지만 조선은 이 사건의 해결과정에서 아무런 존재감이 없었다. 당시 조선은 자국의 영토가 강대국에 의해 흥정되는 상황을 아는지 모르는지 아랑곳하지 않고 부정부패 파벌투쟁 삼매경에 빠져있었다.

이홍장은 정여창(丁汝昌) 제독을 통하여 한심하기 짝이 없는 조선 조정에게 어르듯 충고했다.

"그 섬을 아무짝에도 쓸모없는 황량한 섬에 지나지 않는다고 보면 큰 착각이다. 원래 홍콩도 그랬지만 지금은 대청제국의 남쪽의 목덜미를 쥐고 있지 않는가? 쉽게 빌려주고 나면 러시아도, 일본도 같은 요구를 해올 것이니 정신 바짝 차려라."

이홍장의 판단은 올바른 것이었으나 이미 때는 늦었다. 중화제국의 굴욕은 바다로부터 시작되었다. 아편전쟁(1840~42) 패전 이후 중국은 서구열강과 일제 침략으로 '개와 중국인은 출입금지'로 요약되는 치욕의 '반(半)식민지' 시대를 겪어야 했다.

중국이 백년간 울면서 후회하고 다짐한 것이 있다면, 그것은 바로 "바다를 절대로 경시하지 않으리."

• 전대미문의 중화 해양제국주의 - 바다로 나가자!

2012년 6월 21일 세계에서 면적은 제일 넓으나 주민 수는 제일

적은 기상천외한 시(市 city) 하나가 남중국해상에 생겨났다. 그 시는 바로 하이난(海南)성 예하의 산사시(三沙市), 총면적 200여만 ㎢, 육지면적 20㎢, 호구등록인구 448명에 불과하다.

총면적은 남한 면적의 20여배에 달하는 어마어마한 면적이나 육지면적은 여의도의 약 2배, 등록주민 수는 아파트 한 개 동에 사는 주민 수만큼 적은 이 기상천외한 시를 중국정부는 왜, 무엇 때문에 만들었을까?

지금 중국은 전대미문의 중국이다. 이제까지 중국은 광대한 영토와 유구한 역사 속에서 문화와 문명을 꽃피우며 대륙의 종주국이자 세계의 중심국가로 자처해왔다. 하지만 해양진출을 통한 제국의 팽창을 모색한 적은 없다. 그런데 21세기 중화제국의 야망은 18세기 대청제국은 물론 질풍노도의 쾌속으로 세계를 정복한 13세기의 대원제국마저 넘어설 정도이다.

특히 시진핑 시대 이후 중국은 대륙국가도 모자라 해양제국까지 추구하며 팽창과 확산으로 질주하고 있다. 중국이라는 이름의 황색 항공모함이 연청색(light blue) 바다에서 감청색(navy blue) 바다로 향진하고 있다. 연안 방위를 임무로 했던 중국해군은 대양해군으로 치닫고 있다.

시진핑 시대의 메가 프로젝트 일대일로(一帶一路)도 육상의 실크로드 경제지대(Silk Road Economic Belt)와 해상의 21세기 해상 실크로드(21st Century Maritime Silk Road)를 통해 아시아와 유럽, 아프리카 대륙을 도로와 바닷길로 연결, 인근 일대를 종합적으로 개발하는 대규모 프로젝트이다. 중국은 일대일로에 소요되는 자금은 AIIB를 통해 조달하겠다는 계획이다. 특히 일대일로의 방점은 해상 실크로드 건설에 찍혀있다. 중국 푸젠성 취안저우(泉州)에서 출발하여 말레이시아의 쿠알라룸푸르, 인도의 캘커타, 케냐의 나이로비, 이집트의 알렉산드리아, 그리스의 아테네, 이탈리아의 베네치아, 네덜란드의 로테르담에 이르는, 아시아, 아프리카, 유럽 3대륙을 하나로 꿰는 모노레일이다.

한마디로 일대일로는 "미국은 북미와 중남미 신대륙을 맡아라. 중국은 아시아·아프리카·유럽을 아우르는 구대륙의 맹주가 되겠노라'란 선언문과도 같다.

· 중국, 자라 보고 놀란 가슴 솥뚜껑 보고 놀란다

제주도, 오륙도, 이어도..., 쓰시마, 오키노도리시마..., 우리나라와 일본에서는 대개 '섬'을 구분하지 않고 '도(시마)'라고 부른다. 그러나 중국에서는 섬을 도(島), 산(山), 서(嶼), 초서(礁嶼), 초(礁) 다섯 등급으로 구분하여 부른다.

1등급 도(島): 통상적으로 섬의 면적에 상관없이 사람이 상주하고
있는 섬

2등급 산(山): 상주민이 없으며 면적은 약 3만평 (10만㎡) 이상의
비교적 큰 섬[123]

3등급 서(嶼): 상주민이 없으며 약 200평 이상 3만평 미만의 동식
물이 생장하는 작은 섬

4등급 초서(礁嶼): 약 200평 이상 3만평 미만의 동식물도 생장하
지 않는 바위섬

5등급 초(礁): 약 200평 미만의 바위섬[124]

이처럼 섬의 크기에 상관없이 사람이 사는 섬이면 무조건 1등급 '도'이다. 제아무리 큰 섬이라도 실제로 거주하는 주민이 없으면 '산' 또는 '서'라고 부른다. 중국 문화의 특징은 모든 사물에 '사람' 위주의 인문적 아이덴티티가 있다. 반면 서양에서는 섬을 단지 크기와 지질로만 분류한다. 사람이 없다. 이게 바로 서양문화와 중국문화의 차이다.

오키노도리(일본명; 沖の鳥島 / 중국명; 충즈냐오자오沖之鳥礁)는 원래 만조 때는 바위섬 거의 전부가 해수면에 잠기는 암초였다. 다만 가로 2m, 세로 5m, 높이 70cm 정도의 바위만 2개 수면에 드러나는데 해면에 노출되는 면적은 10㎡(독도 면적의 약 18,000분지 1)가 채 되지 않는 '현초(顯礁; 드러난 암초)'였다.

그 더블베드 넓이만한 노출 부위마저 파도가 조금만 세게 몰아쳐도 잠겨버리곤 하는 현초를 일본 정부는 1987년 11월 26일부터 1989년 11월 4일까지 바위주변에 철제블록을 이용, 지름 50m, 높이 3m의 원형 벽을 쌓아 올리고 그 내부에 콘크리트를 부어 파도에 깎이는 것을 막아 인공 원형섬으로 재탄생시켰다.

일본은 이를 기선으로 하여 200해리 배타적 경제수역을 설정함으로써 오키노도리에 시마(島)를 붙여 '오키노도리시마'라고 부르고 있다. 그 인공도의 EEZ 면적은 일본 국토 면적(38만 ㎢)보다 넓은 약 42만 ㎢나 된다. 더 나아가 일본은 오키노도리 주변을 매립하여 제트기 이착륙이 가능한 활주로도 만들어 해양리조트를 건설할 계획까지 세워 놓고 있다. 중국은 현재까지 오키노토리를 '섬'이 아닌 '현초 또는 바위(岩)'에 불과하다며 이를 기선으로 한 EEZ 설정을 인정하지 않고 있다.

일본이 오키노도리에 가한 행위는 명백한 국제법 위반이며 해양 제국주의 전형이라고 아니할 수 없다. 그것이 일본의 주장대로 현초가 아닌 섬이라고 해도 유엔해양법협약 제121조 3항에는 '인간이 거주할 수 없거나 독자적인 경제활동을 유지할 수 없는 암석은 배타적 경제수역(EEZ)이나 대륙붕을 가지지 아니한다'는 유엔해양법협약 제121조 3항에 따라 기점으로 삼을 수 없다.[125]

중국은 일본의 '오키노도리시마'처럼 한국이 이어도를 기점으로 하여 영해와 EEZ를 주장하게 되어 결국 이어도가 제2의 '오키노도리시마'가 될 것을 우려하고 있다. 실제로 이어도는 가장 얕은 곳은 수심 4.6m이며 수심 40m를 기준으로 하면 남북 600m, 동서 750m로 면적이 약 3㎢가 된다. 과학의 발전에 따라 이곳에 인공섬이 건설될 가능성도 없지 않다.

이어도 문제의 본질은 자라 보고 놀란 가슴 솥뚜껑 보고 놀라듯 중국이 일본의 불법적인 '오키노도리시마' 보고 놀란 가슴, 한국의 합법적인 '이어도' 보고 놀라는 것이다. 즉, 한국의 이어도에 중국의 딴지 걸기도 사실은 태평양상의 더블베드 크기의 바위섬 오키노도리를 군사기지로 확장 공사한 후 '오키노도리시마'라 칭하며 프랑스 영토 면적의 EEZ를 선포한 일본의 국제법 위반행위로 촉발된 것이라 할 수 있다.

· **이어도의 EEZ뿐만 아니라 대륙붕에 집중해야**

한국 정부는 '독도는 영유권 분쟁'이고, '이어도는 EEZ(배타적 경제수역)와 대륙붕 경계획정의 문제'이며 우리나라가 이어도에 대한 충분한 권리를 갖고 있음을 확고히 천명하여야 한다. 중국에 대하여 이어도 해양기지 설립은 한국의 영해와 EEZ, 대륙붕을 확장하기 위한 것이 아니라 해양관측 및 조난구조를 위해 설립하였음을 강조함으로써 중국의 우려를 불식시킬 필요가 있다. 즉 해양과학기지를 설립 운영함으로써 이어도는 한국이 실효적으로 지배하고 있는 상태이므로 일본의 '오키노도리시마'처럼 무리한 실효적 점유의 강화로 분쟁을 일으키는 일은 회피하여야 할 것이다.

끝으로 이어도와 주변 해역은 풍부한 수산자원뿐만 아니라 한국이 설정한 제4광구에 속하며 천연가스와 원유, 다양한 해저자원 부존량이 풍부한 것으로 알려져 있다. 중국의 최근 해양정책동향의 중심은 과거의 EEZ의 상부수역에서의 어업권 확보로부터 대륙붕의 해저와 하층토의 자원개발을 탐사 채굴하는 광업권 확보로 전환되고 있다. 한-중 양국의 EEZ 경계획정문제는 엄밀히 말하여 <한중어업협정(2000)>을 체결함으로써 '잠정적으로' 해소되었다고도 할 수 있다. 따라서 이제는 EEZ는 물론 대륙붕에 더욱 많은 관심을 기울어야 할 때라고 판단한다. 요컨대 어업권 확보의 EEZ는 물론 광업권 확보의 대륙붕의 경계획정문제에 관건적인 가치를 갖고 이어도와 주변해역에 대하여 원대하면서도 치밀한 종합적·동태적 연구, 분석과 대응전략을 강구해 나가야만 할 것이다.[126]

희망 아포리즘 15선

1. 해는 또다시 떠오른다.   - E. 헤밍웨이

2. 희망은 잠자고 있지 않은 인간의 꿈이다.

              - 아리스토텔레스

3. 희망은 사상이다.   - W. 셰익스피어

4. 우리 모두 리얼리스트가 되자. 그러나 가슴속에는 항상 불가능
   한 꿈을 가지자.

              - 체 게바라

5. 꿈을 밀고 나가는 힘은 이성이 아니라 감성이며, 두뇌가 아니
   라 심장이다.   - F.M. 도스토예프스키

6. 생명이 있는 한 희망이 있다. 희망은 만사가 쉽다고 가르치고
   실망은 만사가 어렵다고 가르친다.

              - J. 위트

7. 실천 없이 희망만 먹고 사는 사람은 굶어 죽는다.

              - B. 프랭클린

8. 희망은 햇빛을 닮았다. 희망은 거친 마음의 깨끗한 꿈이 되고
   햇빛은 진흙에 금빛을 띤다.   - P. 베를렌

9. 보잘것없는 재산보다 훌륭한 희망을 품는 게 좋다.

- M. 세르반테스

10. 희망에 사는 자는 음악이 없어도 춤춘다.

- 영국 속담

11. 희망의 왕국에는 겨울이 없다.

- 러시아 속담

12. 세계의 종언이 명백하더라도 자기는 오늘 사과나무를 심는다는 것이다.

- C.V. 게오르규

13. 꿈을 날짜와 함께 적어 놓으면 그것은 목표가 되고, 목표를 잘게 나누면 그것은 계획이 되며, 그 계획을 실행에 옮기면 꿈이 실현되는 것이다.

- S. 레이드

14. 오랫동안 꿈을 그리는 사람은 마침내 그 꿈을 닮아간다.

- 앙드레 말로

15. 인간은 꿈이 있어 위대하다. 실패는 죄가 아니다. 목표가 없거나 너무 낮은 것이 죄다. 목표가 없는 삶은 살아도 산 목숨이 아니다. 정신적 식물인간이다. 눈 감은 꿈은 몽롱해도 되지만, 눈 뜬 꿈, 희망의 목표는 명료해야 한다.

- 강효백

주(註)

1) 영고삼(永高三)은 나의 별호다. '영원한 고3'처럼 열심히 공부하다 죽을 각 오라는 뜻이다.

2) 문협(文俠)은 나의 필명이자 호다. 칼 대신 필을 쥔 협객처럼 살겠다는 뜻 이다.

3) "학문은 세상의 모든 마침표를 물음표로 바꾸는데서 시작한다"는 좌우명 을 갖고 있다. 『중앙일보』 2016-11-16.

4) 프랑크푸르트의 구시청사 앞 뢰머 광장에 있는 디케 상이 유명하다. 정의 의 여신은 구시청사를 뚫어지라 감시하고 있다.

5) 법조문은 절대불변의 수학공식이 아니다. 법조문은 암기 해석하라고만 있 는 게 아니다. 물(氵)이 흐르듯(去) 사회발전에 보조를 맞추어 끊임없이 개 선해나가라고 있는 것이다.

6) 『아주경제』, 2018-06-08.

7) 삼국시대 이후 현재까지 공수처가 없는 시절은 1894~2018 현재까지 125 년간 뿐. 신라(사정부), 발해(중정대), 고려(어사대), 조선(사헌부).

8) 『경향신문』 2012-11-29.

9) 김영주 고용노동부 장관은 2017.8.14. 취임사를 통해 '근로자'라는 단어 대신 '노동자'라는 표현을 쓰기로 선언했다. 문재인 대통령은 2018.3.26. '근로'를 '노동'으로 수정하는 헌법개정안을 발의했다. "일은 반드시 이름 을 바르게 한 다음 이루어진다. - 정도전"

10) 한국과 일본의 법학이 해석법학임에 반하여 미국의 법학은 사회의 근본 문제 해결을 위한 정책제안까지 포함하는 광범위한 것으로서 법현상에 대한 경험과학적 분석을 통하여 그것에 대한 해결책을 모색하고 처방을 내리는 것이다. 안경환, [법과 사회와 인권], 돌베개, 2009, 63쪽.

11) 21세기 미국, 중국, EU 등 G3를 비롯한 국제사회의 주류법학은 구 독일 과 일본의 19세기 후반에서 20세기 전반의 주류법학인 법해석학의 영역 으로부터 발전하여 정치학, 경제학, 행정학, 경영학, 사회학 등 사회과학 은 물론 심리학, 인류학, 언어학, 통계학 기타 인접학문영역, 심지어는 이공계와 예체능계의 연구방법을 다각도로 응용하면서 각각의 과정의 동태적인 현상을 종합적으로 객관적인 사회사실에 의거한 자료를 통하 여 파악하는 방향으로 연구를 진행하고 있다. 강효백, [법철학] 강의록 2013년 9월 2주째.

12) "백성이 스스로 법을 만들어 따른다(民自權立法 민자권입법)." 『신포의(身 布議)』 정약용은 법이란 본래 백성의 뜻에 따라야 한다. 그런데 악법이 백성의 삶을 현저히 괴롭힐 경우, 백성은 스스로 법을 고치거나 만들어

쓸 수도 있다는 혁명적 입법론을 주장했다.

13) '판결문 실명제'입법을 제안한다. 즉 모든 판결문에 실명을 명기하여 그 재판한 법관에 무한 법적 책임을 지도록 하는 제도적 장치인 '판결문 실명제'를 제정 시행할 것을 촉구한다. 기존의 '대판2018다 503716' 식의 신비화 성역화 암호 붙이지 말고 '양승태 2018다 503716' 식으로 고칠 것을 제언한다.

14) 『서울신문』 2008-02-21.

15) 『매일경제』 2015-01-30.

16) 강효백, 『중국 경제법(1) 기업법』, 율곡출판사, 2015, 76쪽.

17) "지득, 게기, 가료 …법령 속 일본식 한자, 우리말로 바꾼다"『한겨레 신문』 2018-05-30.

18) 흔히들 '오지선다' '사지선다'로 쓰고 있는데 이는 잘못된 옛 일본식 표현이다. 오늘날에도 여전히 아무런 비판 없이 그대로 따라 쓰고 있는 잘못된 옛 일본식 용어가 많다.
   예: 사지선다X, 사지택일O / 선진국X, 개발국O / 위안부X, 일본군성노예O / 노동자X, 노동자O / 통일신라시대X, 신라발해 남북국시대O / 문화재 반환운동X 문화재 환수운동O / 내국민대우X 국민대우O / 헌법전문X, 헌법서문O / 제6공화국X 제6공화정O / 특히 대다수 법률용어가 일본식 법률용어를 따르고 있어 큰 문제다.

19) 우리나라는 지정학상 미·중·일·러 주변 4강과 대등한 우방으로서 친하게 지내야 하며 맹목적 반일은 맹목적 반미나 반중만큼 해롭다는 게 필자의 기본적인 대외관이다. 다만 우리 사회 저변, 특히 입법계와 사법계는 아직도 법과 제도를 우리 실정에 맞게 독창적으로 제·개정하려 하기보다는 소수의 특정국, 특히 일본의 법제를 거의 그대로 '도입' 또는 유지하려는 성향이 없지 않다는 점을 지적하고자 한다.

20) 『경향신문』 2007-01-31.

21) 중국 충칭직할시(8.1만 ㎢)나 일본 북해도(8.4만 ㎢)나 도긴개긴 좁은 남한 땅(9.9만 ㎢)에 무슨 지역갈등인가?

22) 『서울신문』 2008-05-01.

23) 국회,『배타적 경제수역 및 대륙붕에 관한 법률』2017. 03. 21. 제정.

24) 『경향신문』 2007-11-29.

25) "아동·청소년에 대하여 강제추행의 죄를 범한 자는 1년 이상의 유기징역 또는 5백만원 이상 3천만원 이하의 벌금에 처한다"(아동.청소년의 성의 보호에 관한 법률 제7조 3항)라는 구 규정은 2013년 6월 19일 "2년 이상 징역 또는 1천만 원 이상 3천만 원 이하의 벌금에 처한다"로 개정되었다.
   즉 개정 아동강제추행죄의 징역형은 '1년 이상'에서 '2년 이상'으로, 벌금형은 5백만 원~3천만 원에서 '1천만 원~3천만 원'으로 최저벌금 금액이 5백만 원에서 1천만 원으로 증액되었을 뿐이다. 여전히 징역형과 벌금형을 선택적으로 부과하도록 규정되어 있다.

26) 필자는 우리나라 '미투운동'의 핵심 타켓은 '성폭력범죄에 대한 솜방망이 형벌규정'이어야 한다고 생각한다. 천인공노할 강제추행범과 아동 청소년 강제추행범에게도 돈 몇 천만 원만 물면 그만인 반인권적 반인류적 반시대적 형벌규정의 법제 개혁이 무엇보다 우선되어야 한다고 판단한다.

27) 흔히들 판례, 판례 하는데 대한민국 법조문 중 법률에 규정이 없으면 판례에 의한다는 대목이 단 한 자라도 있는가? (민법 제1조 위반) 성문법 우선의 한국이 판례를 법원으로 삼는 건 엄밀히 말해 탈법적 편법적 사법적용 관행이다. * 판례를 법원으로 삼으려거든 '법률에 규정이 없으면 판례에 의한다'라고 민법 제1조를 개정한 후에 하라.

28) 법을 고치지 못하는 건 위정자 본인의 잘잘못 탓이다(法之不能改 由本人之 賢愚)-정약용, [경세유표].

29) 싱가포르는 강제추행범에게 살점이 찢겨나가 엉덩이뼈가 드러날 정도로 강력한 태형으로 처벌한다. 한민족 역사상 최초의 왕국 고조선에서도 성범죄자를 태형으로 다스렸다. 고조선 8조 금법 중 제7조: 음란한 짓을 한 자는 태형에 처한다(邪淫者笞刑). 태형은 현대에도 시행을 고려해볼 만한 성범죄 형벌의 하나로 판단된다.

30) 『데일리안』 2016-06-14.

31) 이는 필자 생애 최초의 제도개혁에 관한 칼럼. 필자가 최초로 국내도입을 주장한 영수증 복권제는 우여곡절 끝에 2000. 1. 1.부터 시행되어 세원 확보에 많은 효과를 거두었다. 그러나 이 제도는 기득권의 저항과 법적 재정적 보장이 미흡 등으로 시행 10년 만에 폐지되었다. 사회 지배계급의 이익에 반하는 제도는 실패 확률이 높다. 제도로 생기는 이익은 전체 사회에 고르게 분배되는데 손해는 특정 이익집단에 집중된다면 실패 가능성이 크다. 예: 검찰제도개혁 실패, 토지공개념 및 금융실명제의 형해화, 종부세, 한국의 세금영수증 복권제 등.

32) 『세계일보』 1994-12-28.

33) 이념이 귀에 걸면 귀걸이 코에 걸면 코걸이면 더욱 멋진 이념이 될 수도 있다. 이념은 모호할수록 포괄적일수록 지지자가 많다. 법률이 이현령비현령이면 그건 이미 법률이 아니다. 법률이라는 신비화된 이름으로 지배집단이 피지배집단에게 가하는 폭력일 뿐이다.

34) 강효백, 「한국과 대만의 세금영수증 복권제 비교」 한국동북아학회, 2014, 72~73쪽.

35) 中華民國法規資料庫 中華民國法務部 http://law.moj.gov.tw/LawContent를 참고로 필자가 직접작성.

36) 시진핑 주석의 최측근인 왕치산은 2018년 3월 국가부주석으로 승진하였다.

37) 문재인 정부는 2018년 법인세율 최고세율을 22%에서 25%(과세표준 3000억 원 초과)로 인상했다.

38) 『데일리안』 2016-05-08.

39) 『The University Life』 2007-12-05.

40) 각하, 간주, 구술, 궁박, 기속, 내역, 명세, 변제, 병합, 원본, 차압, 최고,

하자, 해태, 흠결 …. 헤아릴 수 없을 만큼 많은 일본식 용어를 그대로 사용하고 있다.

41) 제O공화'국'은 일본이 프랑스 제5공화'정'을 공화'국'으로 국체(國體)와 정체(政體)를 혼동하여 오역한 부적합한 용어. 제1공화국 대한민국이 언제 망해 제6공화국이 되었나? 지금은 대한민국 제6공화정 시대다.

42) 페리 제독이 1854년 2~3월 7척의 군함을 이끌고 에도만에 나타나 일본 개항 조약인 가나가와 조약을 강제 체결했다. 당시 페리 제독은 일본 막부에 프랭클린 피어스(Franklin Pierce) 미국 제14대 대통령의 친서를 교부했다.

43) 구 일본식 낡고 썩은 사법제도를 혁파하지 않는 한, 법조문과 판례 암기 해석에만 몰입하는 현 법조인력 시스템하에서의 법조인은 체계 선도적 사고보다는 권력에 영합하는 체계 내적 사고에 익숙하기 마련이다.

44) 『아주경제』 2017-09-11.

45) 강효백, 『중국의 습격』, Human&Books, 2012, 183~184쪽.

46) 노무현 대통령은 이 칼럼이 게재된 지 하루 만인 2007년 1월 9일 이 칼럼을 인용하며 대통령 4년 연임제 개헌을 제안했다.

47) 『경향신문』 2007-01-08.

48) 『국정브리핑』 2007-01-09.

49) 『서울신문』 2008-06-06.

50) 국민투표법 개정 시한 종료로 문재인 대통령 발의한 개헌안은 사실상 무산되었다. 『경향신문』 2018. 4. 24.

51) 노무현 정부 당시 헌법재판소가 "서울이 수도"라는 관습헌법을 들어 행정수도 이전의 근거였던 신행정수도 특별법을 위헌이라고 판단한데 따른 조치로도 풀이된다.

52) OECD 국가 중 그리스와 멕시코를 제외하고는 헌법에 영장청구 주체를 규정한 나라는 없다. 이에 다수 입법례에 따라 영장청구 주체에 관한 부분을 삭제했다. 그러나 검사의 영장청구권 규정이 헌법에서 삭제된다고 하더라도 검사의 독점적 영장청구권을 인정하는 현행 형사소송법은 그대로 유효하다. - 조국 청와대 민정수석의 문재인 대통령 개헌안 1차 발표(2018. 3. 20.)

53) 국민 배심원들이 상식이라는 판단력과 정의감에 의해 재판을 주도하는 민주적 사법제도의 미국-영국 연합국이 비민주적 사법 관료가 독단 재판하는 일본-독일 동맹국에 승리했다. 낡고 썩은 일제 강점기식 사법제도의 전반적 개혁이 시급하다.

54) 우리나라 국회의원 임기는 비록 임기가 4년이라 하더라도 도중에 해산되는 경우가 잦은 내각제 국가의 그것에 비해서도 긴 편이다.

55) 2018. 6. 13. 지방선거와 동시에 치러진 국회의원 재선거는 잔여임기가 2년 남은 재선거임에도 불구하고 출마 희망자들이 많아 4년 임기의 총선 때 못지 않은 치열한 선거전을 전개했다.

56) 『아주경제』 2018-05-18.

57) 강효백, "최순실 국정농단에 감사원은 뭘 했나" 『월간중앙』 2016년 12월호 72~81쪽을 참조하여 재작성.

58) ・내가 한글이 세계 최고 문자라고 생각하는 근거 셋
  ① '사람과 사랑' 세상에서 가장 소중한 두 낱말이다. '사람과 사랑' 한국어처럼 발음도 글자도 닮은 외국어는 없다. 이것이 바로 내가 한국인 선민사상가가 된 까닭이다.
  ② 나는 한글이 한자보다 압도적으로 아름답고 심오하다고 생각한다. 왜냐고? 한글에는 한자에 없는 우주의 원(原)형이자 원(圓)형 'ㅇ'이 있기 때문이다.
  ③ 내 20년 중국인 절친 인민일보 국제부장은 '사람'의 ㅅ을 사람人으로 ㅁ을 입口로 이해했다. '사랑'의 ㅅ을 사람 人으로 ㅇ을 사랑으로 바라봤다. 한글은 미학과 철학의 극치라고 무한 엄지척 했다.

59) 이 칼럼이 계기가 되어 현재 '한글과컴퓨터'는 '한자변환 가능단어 첨삭 및 한자 단어 정렬 가능 최적화 작업'을 진행하고 있다. 『아주경제』 2018-01-22.

60) 우리가 흔히 술자리에서 외치는 건배 구호 '위하여'도 사실은 일종의 군사문화의 잔재이다. 문협은 '위하여'보다 '의하여'를 외치라고 권하고 싶다.

61) 『대학주보』 2007-11-12.

62) 『머니투데이』 2008-11-20.

63) 하성봉 베이징 특파원, 『한겨레』 2001-08-16.

64) 정운현 기자, 『서울신문』 2000-08-16.

65) 『人民日報』 2000. 7. 18. 한글번역본.

66) 『대학경제신문』 2018-03-01.

67) 음식을 먹는 사람과 음식을 만드는 세프(chef), 누가 더 음식을 잘 알겠냐? 필자가 외교관 생활을 마치고 대학으로 전직한 후 지난 15년간 제자들에게 법을 암기하고 해석하라기보다는 법을 고쳐보든지 만들어 보라고 했다. 그 결과 학습만족도와 학업성취도가 차원 자체가 다를 만큼 탁월했다. 법조문도 저절로 암기 해석될 뿐만 아니라 국가사회발전을 위한 시스템 디자인과 제도창조 차원으로 업그레이드를 거듭해나가게 되었다. 우리의 법학강좌는 항상 재미있고 알차고 생동하고 미래의 꿈으로 충만했다. 맛있는 법학! 멋있는 법학! 살아 있는 법학!

68) 율사회학 카페 http://cafe.naver.com/lawsong2010 과제의 광장.

69) 일부 법조계 엘리트들이 1920년대 구일본식 법조문 암기기계로 전락해 전례를 답습하고 체제 내에 영합하여 일신의 영달을 추구하려만 하는 경향이 없지 않아서 안타깝다.

70) 2017년 2학기 [생활속의 법] 강의 카페 http://cafe.naver.com/seng17/774

71) 『中韓研究学会』 2018-02-26.

72) 나를 칭찬하는 자는 나의 적이고 나를 비판하는 자는 나의 스승이다. 칭

찬은 나를 방심하게 만들고 비판은 나를 성장시킨다. 국가와 민족의 적을 제외하고 나의 진짜 적은 없다. - 위 글을 읽고 대오각성.

73) "서민들은 가진 것을 남에게 나누어 주며 기뻐하는데 그 잘난 1%들은 남의 것을 뺏으면서도 화를 낸다"는 현대 사회의 상류층 행태와 일맥상통.

74) 신자유주의를 표방하던 한국의 뉴라이트는 2006년경부터 일본의 식민통치가 한국의 근대화에 기여했다는 '식민지근대화론'을 주창하고 있다. 그러나 '식민지근대화론'은 임신시켜준 강간범에게 고마워해야 한다는 천인공노할 궤변과 다름없다.

75) 『경향신문』 2006-10-23.

76) 『문협(글의 협객, Learning Knight)』
http://blog.naver.com/kahova/115755478.

77) 지금 개혁하지 않으면 나라는 필망한다(今不改 國必亡). - 다산 정약용,『경세유표』 서문 1817년.

78) 『경향신문』 2006-12-12.

79) <세계 단 2개국뿐> *2018년 현재 국체가 공화국인 세계 159개 국가 중 모든 지폐 인물이 왕조시대 나라 인물은 한국과 몽골 단 두 나라뿐. * 유엔회원국 193개국 중 전시작전권 없는 나라 한국과 부탄(인도군이 보유)뿐, * 전범국 일본을 '선진우방국'으로 둔갑시켜 세뇌교육당한 나라, 대만과 한국 뿐.

80) 『조선일보』 2016-10-30.

81) 『조선일보』 2006-11-12.

82) 『아주경제』 2017-01-03.

83) 수도의 왕릉을 신수도로 이장한 사례는 간혹 있다. 예: 졸본(중국 랴오닝성 환런)에 있던 고구려 초대왕, 동명왕릉을 평양으로 이장한 사례.

84) 『아주경제』 2017-02-09.

85) 『아주경제』 2016-01-01.

86) 강효백,『중국의 습격』, Human&Books, 2012, 64~68쪽.

87) 개살구도 살구냐, 너도밤나무도 밤나무냐, 필자는 진흙 활자는 활자로서의 자격이 없다고 생각한다.

88) 『데일리안』 2016-10-10.

89) 역사는 과거의 팩트이고 언론은 현재의 팩트이다. 한국 역사는 일제에 의해 오염된 '과거의 팩션'(팩트+픽션)이고 한국 언론은 일제에 길들어진 '현재의 팩션'이다.

90) 이 글은 필자가 상하이 총영사관 근무 시절(1995~1999) 실제 현지를 답사하며 틈틈이 기록하였던 [가흥에서의 김구(金九在嘉興)]의 발췌.

91) 후일 이 부분 글은 [백범일지]에 교정을 가하여 수록되었음.

92) 이 글은 1996년 11월 3일 천궈선(陳國琛) 가흥시절 백범을 물심양면으로 노운 주부청(裙輔成) 신생의 양손(養孫), 중국은행 장시성 기점장 여인)이

당시 상하이총영사관에서 일하던 필자에게 한국에 소개해달라고 전해준 원고(문협일지 1996년 11월 3일자 참고)의 번역본.

93) 조선이 망한 제1원인은 사색당파 싸움 때문이 아니라 지도층의 부정부패와 친일매국 반역행위이다. 대한민국 광복의 제1원인은 미국의 원조 때문이 아니라 백범을 비롯한 무수한 항일독립애국지사와 깨어난 민중이 흘린 선혈 덕분이다.

94) 『한겨레』 1999-06-18.

95) 강효백, 『중국의 습격』, Human&Books, 2012, 90~92쪽.

96) 제215회 국회통일외교통상위원회 회의록(2000년 10월 17일).

97) 필자는 윤봉길 의사 사진 진위문제가 언론에 공개될 무렵 이미 거사 당시 현장 1차 자료를 사상 최초 한글번역하고 분석, 평가하는 학술논문을 발표한 바 있다. '윤봉길 연행 시 사진 진위 문제', 『중국학연구』,제2권-제1호, 2000. 3. 참조.

98) 필자에 대한 처벌을 요구하였던 박명환, 김덕룡 의원은 윤경빈 당시 광복회장(김구 주석 경호대장 역임)에 의해 "당신들은 눈이 없는가? 23세 잘생긴 젊은 윤봉길의 골상이 어떻게 단 3일만에 못난 늙은 왜놈으로 변해버렸나?" 대면 비판을 받았다(2000년 12월경). 박명환 의원은 이듬해 봄 필자에게 유선상으로 유감을 표한 바 있고 김덕룡 의원은 필자가 교수로 전직한 후인 2006년 12월경 한 송년회 모임에서 정중한 사과를 표했음. 당시 소수의견으로 필자를 옹호하여 주었던 이낙연 의원은 전남지사를 거쳐 현재 국무총리 재직 중.

99) 강양구 기자, 『프레시안』2005-03-17.

100) 『MBC 뉴스테스크』2007-02-25.

101) 3년 후 국가보훈처는 '윤봉길 의사 연행사진이 진짜'가 국가보훈처의 공식적 견해는 아니라고 스스로 밝혔다. (SBS 2011. 3.1절 특집다큐 참조). 국가기관의 섣부른 개입이 오히려 진실을 밝히는데 장애가 되는 결과를 초래했다.

102) 『연합뉴스』 2008-10-08.

103) 김수한 기자, 『헤럴드 경제』 2008-10-09.

104) 강양구 기자, 『프레시안』 2008-12-16.

105) 『SBS』, 2011-02-28, 8시 뉴스.

106) 『위키백과』
https://ko.wikipedia.org/wiki/%EC%9C%A4%EB%B4%89%EA%B8%B8.

107) "사건이 터졌을 때, 다른 신문사들은 아직 행사장에 오지 않았다. 나는 최초의 사진 1장을 찍은 뒤 공원 부근 지국장의 사택으로 가서 전화로 지국에 제1보를 보냈다. 그래서 그 후의 상황은 찍을 수가 없었다. 나중에 어떤 사진가로부터 받은 사진을 냈다." - 일본 아사히신문, 황천 기자.

108) 이상과 같이 윤봉길 의사 사진이 일본 아사히신문 조작으로 완전히 밝

혀지기까지 12년이 걸렸으며 이는 쇼펜하우어가 말한 진실 3단계 법칙 (모든 진실은 세 가지 단계를 밟는다. ① 조롱당한다. ② 격렬한 저항을 받는다. ③ 명백한 것으로 받아들인다)를 거쳤다.

109) 『국민일보』 2012-05-12.

110) 강효백, 『중국의 습격』, Human&Books, 2012, 169~175쪽.

111) 『데일리안』 2013-05-23.

112) 『국민일보』 2010-06-15.

113) 『경향신문』 2015-02-05.

114) 『데일리안』 2012-08-09.

115) 필자가 언론매체 칼럼으로는 한국 최초로 '대마도 반환요구' 카드를 제기한 지 1개월이 채 안 된 시점에 부산지역 국회의원 11인은 '대마도 역사연구회'를 결성(2008. 7. 17.)하고, 국회는 '대마도는 한국영토, 즉시 반환요구' 결의안을 발의(2008. 7. 21.)하였다.

116) 『서울신문』 2008-06-19.

117) 『국민일보』 2009-04-14.

118) 강효백, 『한중 해양 경계획정 문제: 이어도를 중심으로』 「한국동북아논총」, 2010, 36~38쪽.

119) 『조선일보』 2012. 03. 26.

120) 琉球国者, 南海勝地而钟三韩之秀, 以大明为辅车, 以日域为唇齿, 在此二中间涌出之蓬莱岛也, 以舟楫为萬国之津梁, 異产至寶.

121) 설성경, 『홍길동전의 비밀』, 서울대학교출판부, 2004 참조.

122) 『KBS』 역사추적 '삼별초 오키나와로 갔는가' 2009-04-20 방송 참조.

123) 우리나라의 흑산도, 칠산도의 원래 이름은 '흑산', '칠산'이었다.

124) 중국에서는 수중 암초인 '이어도'를 '수엔자오(蘇岩礁)'라고 부른다. 사람이 상주하는 '섬'이 아닌 바다 밑 암초라는 것이다.

125) 일본은 1996년 국제 사회의 비판에 아랑곳하지 않고 「배타적 경제수역 및 대륙붕법」을 제정하면서 류큐 군도 해역과 '오키노도리시마' 해역, 그리고 태평양상의 '미나미도리시마' 해역(약 43만㎢) 등 총 447만㎢의 관할 해역을 선포했다.

126) 강효백, 『이어도 저널』, 2018, 권두논단.

강효백

강효백은 경희대학교 법과대학을 졸업하고 타이완 국립정치대학에서 법학박사 학위를 받았다. 베이징대학과 중국인민대학 등에서 강의했으며 주 타이완 대표부와 주 상하이 총영사관을 거쳐 주 중국대사관 외교관을 12년간 역임했다. 상하이 임시정부에 관한 기사를 『인민일보』(人民日報)에 대서특필하게 했으며 한국인 최초로 기고문을 싣기도 했다. 지금은 경희대학교 법무대학원 교수(법학전문대학원 겸임교수)로 있다. 『창제-법률과 창조의 결혼』, 『중국의 슈퍼리치』, 『중국법 통론』, 『동양스승 서양제자』, 『꽃은 다 함께 피지 않는다』 등 20권을 저술하고 논문 50여 편과 칼럼 500여 편을 썼다. 법과 제도개혁을 중심으로 정치, 사회, 경제, 문화, 역사, 지리 등 여러 영역을 아우르는 인문사회과학자인 동시에 시인이다.

법은
고치라고 있다

초판인쇄 2018년 7월 23일
초판발행 2018년 7월 23일

지은이 강효백
펴낸이 채종준
펴낸곳 한국학술정보㈜
주소 경기도 파주시 회동길 230(문발동)
전화 031) 908-3181(대표)
팩스 031) 908-3189
홈페이지 http://ebook.kstudy.com
전자우편 출판사업부 publish@kstudy.com
등록 제일산-115호(2000. 6. 19)

ISBN 978-89-268-8495-9 03040